Ernst Ludwig

Quellen und Forschungen zur hessischen Geschichte 191

Hessische Historische Kommission Darmstadt
und
Historische Kommission für Hessen

Quellen und Forschungen
zur hessischen Geschichte

191

Ernst Ludwig
Großherzog von Hessen und bei Rhein

GESCHEHNISSE UND MENSCHEN
Erinnerungen

Bearbeitet von Thomas Aufleger

Darmstadt und Marburg 2023

Selbstverlag der Hessischen Historischen Kommission Darmstadt
und der Historischen Kommission für Hessen

Gedruckt mit Unterstützung des Landes Hessen
und der Kulturstiftung des Hauses Hessen

Bibliographische Information der Deutschen Bibliothek
Die Deutsche Nationalbibliothek verzeichnet diese Publikation in der Deutschen Nationalbibliographie; detaillierte bibliographische Daten sind im Internet über http://dnb.d-nb.de abrufbar.

ISBN 978-3-88443-346-1

Titelbild: Philip Alexius de László: Großherzog Ernst Ludwig von Hessen und bei Rhein im Musiksalon des Neuen Palais in Darmstadt, Öl auf Leinwand, 1907, Hessische Hausstiftung, WO M 8157.
Rückseite: Otto Eckmann (Entwurf): Schreibtisch für Großherzog Ernst Ludwig von Hessen und bei Rhein (Detail), Buche, dunkel gebeizt, Perlmutteinlagen, 1897/98, Hessische Hausstiftung, WO B 8251.

Satz und Layout: Angela Schmidt, Obla Design, 64732 Bad König
Herstellung: Druckerei Lokay e.K. Reinheim, 64354 Reinheim
© 2023 Hessische Historische Kommission Darmstadt

INHALTSVERZEICHNIS

	Seite
Rainer von Hessen – **Grußwort**	10
J. Friedrich Battenberg – **Vorwort**	13
Thomas Aufleger – **Einleitung und editorischer Bericht**	17
Danksagung	28

**Geschehnisse und Menschen:
Die Erinnerungen Großherzog Ernst Ludwigs von Hessen und bei Rhein**

I. Anekdoten und Jugendzeit	33
II. Studienzeit	51
III. Verwandte	59
IV. Malerei, Musik, Kunst, Theater	129
V. Politik	157
VI. Weltkrieg	171
VII. Fürstlichkeiten	179
VIII. Regierungszeit, Anekdoten	191
Stammtafel	208
Quellen- und Literaturverzeichnis	210
Personenregister	218
Abbildungsnachweis	232

Foto: Julia Worringer

Grußwort

Rainer von Hessen

Es war eine gute Idee der Hessischen Historischen Kommisssion, die vergriffene Erstedition der Erinnerungen des letzten hessischen Großherzogs[1] neu und in der ungekürzten Originalfassung herauszubringen. Als Urenkel von Ernst Ludwigs ältester Schwester, Victoria Battenberg/Mountbatten/Milford-Haven, habe ich das Vorhaben meinem Neffen, Donatus Landgraf von Hessen, empfohlen, der sich als Vorstandsvorsitzender der Kulturstiftung des Hauses Hessen gerne bereitfand, die Publikation zu fördern.

Wie Ernst Ludwig in der Einleitung bemerkt, waren es seine beiden Söhne, die ihn veranlassten, die Lebenserinnerungen aufzuschreiben. Dabei mag deren Sorge um den Gesundheitszustand des Achtundsechzigjährigen eine Rolle gespielt haben, der sich seit Anfang 1937 zusehends verschlechterte. Im Oktober erlag Ernst Ludwig auf seinem Lieblingswohnsitz Wolfsgarten den Folgen eines Leidens, das damals als *chronische Lungenentzündung* umschrieben, jedoch später von Ernst Ludwigs Schwiegertochter Margaret als *Lungenkrebs* bezeichnet wurde.[2]

---

[1] Franz (1983).
[2] Großherzogliches Familienarchiv im Hessischen Staatsarchiv Darmstadt (im Folgenden HStAD) D 24 Nr. 31/3, maschinenschriftliche Nachricht über die Todesumstände mit handschriftlichem Zusatz „M[argaret] v[on] H[essen]".

Dass der im November 1918 abgesetzte Großherzog, der stolz darauf war, als einziger deutscher Bundesfürst nicht abgedankt zu haben, nicht für die Öffentlichkeit schrieb, sondern nur die Söhne und seine Frau als Publikum im Blick hatte, ist im Text unübersehbar.³ Die familiäre Perspektive erlaubte dem Autor eine spontane, zwanglos unbefangene, anekdotenreiche, mitunter ätzende Erzählweise, die auf Empfindlichkeiten Dritter keine Rücksicht zu nehmen brauchte. Dazu passt auch, dass schmerzhafte biografische Zäsuren wie das Scheitern der ersten Ehe, die eigene Absetzung infolge der revolutionären Ereignisse 1918 oder das Ringen um die staatliche Abfindung im Narrativ des Familienvaters keine Rolle spielen.

Wichtiger war ihm festzuhalten, was er für seine Nachkommen für erinnerungswürdig hielt: die europäische Verwandtschaftsszene, seine Beziehungen zu Künstlern und seine schöpferischen Leistungen. Über die Künstlerkolonie auf der Mathildenhöhe resümierte er: *Es war eine ganz herrliche Zeit, denn sie bestand immer aus Kampf, damit unsere Zukunftsideale durchgesetzt würden.*⁴ Dann verrät er, wie er einmal aufs Baugerüst des Hochzeitsturms geklettert sei, dem Geschenk der Stadt Darmstadt anlässlich seiner zweiten Ehe, um den Maurern zu zeigen, *wie man die Ziegel ganz unregelmäßig aneinanderlegen müsse.* Der leitende Architekt der Künstlerkolonie, Joseph Maria Olbrich, habe sich *sehr zufrieden über die Bauart* gezeigt. *So ist der Hochzeitsturm eigentlich von mir aus gemacht worden,*⁵ betont Ernst Ludwig stolz die eigene Mitwirkung an dem Baudenkmal, das bald zum Wahrzeichen Darmstadts wurde.

Während der Erzähler im Familienkreis seine Gefühle bedenkenlos äußern konnte, hatte fast ein halbes Jahrhundert später seine Schwiegertochter Margaret im Hinblick auf die erste Veröffentlichung des Manuskripts Bedenken. Um das posthume Andenken des Großherzogs zu schützen, bat sie den Herausgeber Eckhart Franz vor allem zwei belastende Tagebucheinträge, von 1921 und 1933, herauszunehmen.

Als zeithistorisch bedeutsames Bekenntnis des Autobiografen sind diese heute für das objektive Bild Ernst Ludwigs in der Geschichte unverzichtbar. Bereits im September 1921, lange bevor Hitler über Bayern hinaus bekannt war, erhofft der ehemals liberale Großherzog sich die Rettung Deutschlands durch einen Diktator, *denn der Parteihader zerreißt das Volk, sodass der gegenseitige Hass* wachse. *Käme ein Diktator, so müsse es einer sein, der keinen Egoismus und Parteianschauung* habe. *Das Beste wäre, wenn das Volk über die Parteien hinaus ihn auf seine Schultern hebt.*⁶

---

³ Vgl. S. 65, 91, 95, 121, 174.
⁴ Vgl. S. 135.
⁵ Vgl. S. 203.
⁶ Vgl. S. 200.

Zwölf Jahre später sieht er dann *meinen Traum und meine Hoffnung* erfüllt: *Wir haben einen Kanzler, der Diktator ist.* Er räumt zwar ein, dass *Missverständnisse und Ungerechtigkeiten [...] durch kleine Unterbeamtenmenschen gesät würden, aber die würden alle vergehen. Groß ist unsere Zeit! Und ich weiß jetzt, warum ich lebe.*[7] Vergegenwärtigt man sich, dass Ernst Ludwig diesen Tagebucheintrag von 1933 nach vier Jahren Hitler-Diktatur in seinem letzten Lebensjahr 1937 bewusst ans Ende seiner Erinnerungen gesetzt hat, so ist das ein einigermaßen verstörendes Bekenntnis.

Anstelle der zensierten beiden Passagen hatte der Herausgeber der Erstedition Ernst Ludwigs „Grundideen eines konstitutionellen Fürsten" an den Schluss des Bandes gestellt. Gedanken, die der Großherzog in loser Abfolge über die Jahre für seine Nachfolger als eine Art Fürstenspiegel niedergeschrieben hatte. Bemerkenswert ist, dass sich in diesen Grundsätzen der kurz zuvor abgesetzte Herrscher mit einem Eintrag vom 25. November 1918, mitten in den Wirren der Revolution, ausdrücklich *zum Rechtsstaat* bekennt, der *wieder erstehen* müsse. Egal, *ob er Republik oder Monarchie heißt, aber es muß ein Rechtsstaat sein, damit die Elemente, welche Terror, Anarchie und Zerstörung wollen, in ihre Schranken zurückgetrieben werden, ehe es zu spät ist.*[8]

Mit dieser Forderung hat Ernst Ludwig sich selbst den Maßstab gesetzt, der ihm während der Hitlerdiktatur abhanden gekommen ist. Der Tod bewahrte ihn davor, deren verheerende Auswirkungen einschließlich der Zerstörung Darmstadts zu erleben.

Wolfsgarten, im Juni 2023

---

[7] Ebd.
[8] Zit. nach Franz (1983), S. 176

Vorwort

Prof. Dr. J. Friedrich Battenberg
Vorsitzender der
Hessischen Historischen Kommission

Bereits 1983, vor mehr als vierzig Jahren, erschien im Verlag der Hessischen Historischen Kommission eine von dem damaligen Kommissionsvorsitzenden, Ltd. Archivdirektor Prof. Dr. Eckhart G. Franz, betreute Edition der Erinnerungen des Großherzogs Ernst Ludwig. Sie wurde unter dem Titel „Erinnertes. Aufzeichnungen des letzten Großherzogs Ernst Ludwig von Hessen und bei Rhein" zusammen mit einem Essay des bekannten Historikers Golo Mann publiziert. Wie in der Einleitung der hier nun vorgelegten Neuedition näher ausgeführt wird, handelte es sich um eine Auswahledition, die einzelne Passagen der Vorlage aus unterschiedlichen Gründen wegließ und außerdem den Gesamttext der Erinnerungen themenbezogen umstellte. Dies ermöglichte einem größeren interessierten Publikum einen leichteren Zugang zu den Inhalten, da die vom Bearbeiter gewählten Themenbereiche schnell dem jeweiligen historischen Kontext zugeordnet werden konnten. Die Sichtbarkeit des ursprünglichen Charakters des Originals ging dabei freilich verloren.

Trotz dieser editorischen Eingriffe wurde zunächst ein unveränderter Nachdruck der ersten Edition ins Auge gefasst. Den Anlass dazu gab der – inzwischen verstorbene – Eckhart G. Franz, der gegenüber dem jetzigen Kommissionsvorsitzenden, Prof. Dr. J. Friedrich Battenberg, mit Schreiben vom 24. Oktober 2013, als Verhandlungsgegenstand der damals unmittelbar bevorstehenden Kommissionssitzung die folgende Bitte äußerte: *Der zweite Punkt* [zum Publikationsprogramm der Kommission] *wäre ein Nachdruck unseres schon seit mehreren Jahren vergriffenen Bandes „Erinnertes" mit den Erinnerungen Großherzog Ernst Ludwig*[s] *und der biografischen Einleitung von Golo Mann, der beim Museums-Shop auf der Mathildenhöhe offenbar wiederholt gefragt wurde und wohl auch für den Verkauf im Schlossmuseum interessant wäre. Eine Überarbeitung wäre dabei nicht nötig.* In mehreren persönlichen Gesprächen wiederholte Herr Franz seine Ansicht, dass kein Korrekturbedarf bestehe, er selbst allenfalls zu einem Vorwort zur zweiten Auflage bereit sei. Da aus damaliger Sicht diesem Vorhaben nichts in Wege stand, traf die Kommission wenige Monate später mit der Einholung von Kostenvoranschlägen erste Vorbereitungen zur Drucklegung, nicht zuletzt auch deshalb, weil man den Wunsch des Bearbeiters nicht einfach übergehen wollte. Da andere Projekte im Publikationsprogramm jedoch Vorrang hatten, wurde das Vorhaben eines Nachdrucks zunächst zurückgestellt. Als Eckhart G. Franz im März 2015 überraschend verstarb, entstand dann jedoch eine neue Situation.

In mehreren Sitzungen befasste sich der Kommissionsvorstand mit dem Projekt der Neuedition der „Erinnerungen". Das damalige Vorstandsmitglied, Dr. Rainer Maaß, als Nachfolger von Prof. Franz Leiter des Großherzoglichen Familienarchivs, empfahl der Kommission, dass bei einer Neuedition die Textauslassungen der alten Edition vermieden werden sollten, da sie wichtige Informationen zur Person des Großherzogs enthielten. Auf seinen Vorschlag hin entschied der Kommissionsvorstand, dass eine Neuedition der „Erinnerungen" sich doch stärker an der Vorlage orientieren und damit eine möglichst authentische Textwiedergabe bringen sollte. Als geeigneter Bearbeiter eines so rekonstruierten Textes wurde der Kunsthistoriker und Historiker Thomas Aufleger gefunden, der sich intensiv mit der Person des Großherzogs Ernst Ludwig, seiner Familie und seiner Umgebung beschäftigt. Ab 2020 konnte Herr Aufleger mit den Arbeiten beginnen, indem er den Text der Erinnerungen völlig neu transkribierte und wissenschaftlich bearbeitete. Auch das Bildmaterial der alten Edition von 1983, das damals noch konventionell reproduziert worden war, genügte modernen Ansprüchen nicht mehr. So hat sich die Kommission dazu entschlossen, neue und teilweise bisher unbekannte Abbildungen zur Illustration der „Erinnerungen" aufzunehmen. Da die Vorlage in der Fassung, wie sie den Aufzeichnungen Ernst Ludwigs entsprach, übernommen und damit auf eine moderne thematische Umordnung des Textes verzichtet wurde, wurde ein Register notwendig, mit dem der Text leichter erschlossen werden kann. Hingegen wurde auf den – nicht mehr zur Neuedition passenden – Essay Golo Manns verzichtet.

Die Kommission dankt Herrn Thomas Aufleger dafür, dass er in vergleichsweise kurzer Zeit nicht nur die Edition nach modernen wissenschaftlichen Kriterien neu erstellt hat, sondern auch durch eine profunde Einleitung – die durch einen ausführlichen wissenschaftlichen Beitrag in Band 81 der Zeitschrift „Archiv für hessische Geschichte und Altertumskunde" ergänzt wird – in den damaligen historischen Kontext gestellt hat. Die weiteren an diesem Projekt Beteiligten sind in den „Danksagungen" am Ende der Einleitung aufgelistet, so dass darauf verwiesen werden kann. An dieser Stelle jedoch soll ausdrücklich dankend hervorgehoben werden, dass Rainer Prinz von Hessen als Vertreter des Großherzoglichen Hauses mit seinem kompetent formulierten Vorwort seine Freude und Zustimmung zur Neuedition zu erkennen gegeben hat. Gedankt werden soll außerdem S.K.H. Donatus Landgraf von Hessen, stellvertretend für den Vorstand der Kulturstiftung des Hauses Hessen, ebenso wie dem Hessischen Ministerium für Wissenschaft und Kunst, ohne deren Zuschüsse das Projekt nicht hätte realisiert werden können.

Darmstadt, im Juli 2023

Großherzog Ernst Ludwig von Hessen in der Bibliothek des Schlosses Wolfsgarten, Aquarell von Franz Huth, 1915.

Otto Eckmann (Entwurf): Schreibtisch für Großherzog Ernst Ludwig von Hessen, 1897/98.

Die Erinnerungen Großherzog Ernst Ludwigs von Hessen und bei Rhein
Einleitung* und editorischer Bericht
Thomas Aufleger

In den letzten Monaten seines Lebens setzte sich Großherzog Ernst Ludwig von Hessen und bei Rhein (1868–1937) intensiv mit der von seinen Söhnen[1] erbetenen Aufgabe auseinander, Rückschau zu halten und *über Geschehnisse und Menschen* dasjenige zu Papier zu bringen, was er sich *genau erinnern konnte*.[2] Die so entstandenen Lebenserinnerungen, acht Kapitel auf über einhundertsechzig maschinenschriftlichen Seiten, gehören ihrem Umfang und Aussagegehalt nach zu den wichtigsten Selbstzeugnissen des letzten hessischen Regenten. Inhaltlich breitgefächert und stellenweise mit frappierender Offenheit formuliert, sind sie einzigartig in der Überlieferung des Darmstädter Fürstenhauses: Kein weiteres regierendes Mitglied der Familie hat – abgesehen von Schreibkalendereinträgen und Tagebüchern – eine vergleichbare autobiografische Quelle hinterlassen.[3]

Durch ein Konvolut von teils eigenhändigen, teils maschinenschriftlichen Entwürfen mit zahlreichen Korrekturen und Ergänzungen ist Ernst Ludwigs Vorgehensweise gut dokumentiert. Jenseits des eigentlichen Schreibprozesses lässt sich die Genese des Typoskriptes hingegen nur bedingt rekonstruieren; in den erhaltenen Familienkorrespondenzen finden sich kaum Hinweise auf die Arbeit und die damit verbundenen Intentionen des Großherzogs. Zwei kurze Erwähnungen im Briefwechsel seiner Ehefrau, Großherzogin Eleonore,[4] mit dem jüngeren Sohn, Ludwig, ermöglichen jedoch erstmals eine exakte zeitliche Einordnung des undatierten Quellenmaterials: *Papsi hat seine Erinnerungen an die Hirth's vorgelesen, die sich sehr dafür interessierten und ihm noch einige Anregungen gaben*, schrieb Eleonore am 23. Februar 1937 aus dem oberbayerischen Luftkurort Untergrainau, wo das großherzogliche Paar regelmäßig im Haus der ihnen eng befreundeten Eheleute Walter und Johanna Hirth[5] logierte. Einen Monat später, am 26. März, berichtete die Großherzogin, zwischenzeitlich nach Darmstadt zurückgekehrt: *Wir lebten sehr gemütlich und Papsi las mir aus seinen Erinnerungen vor, die sich noch ganz schön vermehrt haben.*[6] Demnach entstanden die Aufzeichnungen im Winter 1936/37, während der letzten Lebensmonate des an einer schweren Krebserkrankung leidenden

---
* Bei dieser Einleitung handelt es sich um die komprimierte Fassung meines Aufsatzes „*Nazi versus Großherzog* oder das selektive Gedenken. Zur Intention und posthumen „Emendation" der Lebenserinnerungen Großherzog Ernst Ludwigs von Hessen und bei Rhein", in: Archiv für Hessische Geschichte und Altertumskunde 81 (2023), S. 277-297

[1] Wenn auch keine Dokumente vorzuliegen scheinen, die hierüber nähere Auskunft geben, schreibt Ernst Ludwig doch in seiner Vorrede explizit, dass er die Erinnerungen auf Wunsch seiner Söhne Georg Donatus (1906–1937) und Ludwig (1908–1968) verfasst habe.
[2] Für beide Zitate s. die Vorrede der Erinnerungen, S. 31.
[3] Fürstin Marie zu Erbach-Schönberg (1852–1923), die dem Hause Battenberg, einer Seitenlinie des großherzoglichen Hauses, angehörte, veröffentlichte in den 1920er Jahren ihre dreibändige Autobiografie. Während des Zweiten Weltkrieges entstanden die privaten Memoiren von Ernst Ludwigs Schwester Victoria Marchioness of Milford-Haven (1863–1950), die 2021 erstmals zusammenhängend publiziert wurden, s. Erbach-Schönberg (1923) bzw. Milford-Haven (2020).
[4] Großherzogin Eleonore von Hessen und bei Rhein (1871–1937), geb. Prinzessin zu Solms-Hohensolms-Lich.
[5] Walther Hirth (1881–1952), Journalist, und seine Ehefrau Johanna (1889–1977), geb. Preetorius.
[6] Beide Zitate HStAD D 26 Nr. 11/3.

Ernst Ludwig. Zumindest Teile des abschließenden achten Kapitels tragen folglich den Charakter eines Vermächtnisses seiner 26-jährigen Regierungszeit. Es enthält Aufzählungen von teils ausgeführten, teils nur avisierten und durch den Ausbruch der Revolution des Jahres 1918 verhinderten Projekten kultureller, wirtschaftlicher und karitativer Art.[7] Überwiegend jedoch erzählt der Großherzog in thematisch loser Abfolge und zumeist ohne erkennbare chronologische Struktur. Die Niederschriften setzen mit den ersten vagen Eindrücken einer Reise ein, die das noch nicht 5-jährige Kind 1873 mit seinen Eltern in die Schweiz unternahm, und spannen einen zeitlichen Bogen bis zum Sommer des Jahres 1936, nahezu zwei Jahrzehnte nach dem Ende der Monarchie in Deutschland. Dem in seiner kurzen Vorbemerkung formulierten Ziel einer sachlich-neutralen Berichterstattung wird der Autor freilich kaum gerecht; naturgemäß durchzieht die Subjektivität des Erlebten die einzelnen Episoden: Emotionale und humorige Szenen werden ebenso festgehalten wie schonungslos sarkastisch vorgetragene Kritik, stereotype Ansichten und unverblümte Antipathien. Besonders zahlreich sind die Charakterisierungen prominenter Zeitgenossen, primär von Mitgliedern des Ernst Ludwig in vielen Fällen nahe verwandten europäischen Hochadels. Der mitunter polemische, ja beleidigende Ton lässt darauf schließen, dass die Erinnerungen ursprünglich für eine rein private Nutzung im engeren Umfeld des Großherzogs bestimmt gewesen sein dürften. Der Wunsch nach einer Veröffentlichung ist seinerseits nicht überliefert.

Oftmals erinnert sich Ernst Ludwig an vergleichsweise lapidar erscheinende Begebenheiten, darunter kostümierte Hoffestlichkeiten oder auch Anekdoten, die er detailreich und wortgewandt rekapituliert. Biografisch bedeutendere Zusammenhänge werden häufig nur in Ansätzen berührt oder gänzlich übergangen: Die international beachteten Ausstellungen der 1899 von ihm gegründeten und 2021 zur Welterbestätte der UNESCO erklärten Darmstädter Künstlerkolonie, die in fürstlichen Kreisen außergewöhnliche und dadurch skandalträchtige Scheidung der ersten Ehe im Jahr 1901[8] oder der durch die Revolution erzwungene, mit jahrelangen Entschädigungs-Verhandlungen verbundene Thronverlust[9] am Ende des Ersten Weltkrieges zählen zu den wichtigsten jener kaum thematisierten Marksteine im Leben des Großherzogs.

Hingegen bildet das im Folgenden wiedergegebene politische Bekenntnis zum Regime der Nationalsozialisten, niedergeschrieben bereits im Jahr 1933 und gleichsam als Selbstzitat wiederholt, einen dezidierten Abschluss der Erin-

---

[7] Teile dieses VIII. Kapitels übernahm der Großherzog, sich selbst zitierend, aus älteren Aufzeichnungen. Eine exakte Datierung des Schreibprozesses fehlt in der Erstedition, vgl. Franz (1983), S. 180. Prinz Ludwig von Hessen bestätigt die späte Entstehungszeit durch die Angabe „noch kurz vor seinem Tode", s. Hessen (1950), S. 45.
[8] Hierzu maßgeblich Holzhauer (2005).
[9] Zu den näheren Umständen der Entmachtung vgl. Ausst.kat. 2021, S. 195. Die fehlende Beschreibung ist bemerkenswert, zählte Ernst Ludwig doch nicht zu jenen Fürsten, die Machtan (2008), S. 13, als „monarchische Prinzipienreiter" bezeichnet, die weggelaufen seien, als der „Machtschutz" um das Privileg der fürstlichen Herrschaft 1918 brüchig geworden sei. Der Großherzog selbst hatte in einem Notizbuch, Hessische Hausstiftung, Schlossmuseum Darmstadt, Inv. Nr. DA H 22537, die Daten des Sturzes der einzelnen Bundesfürsten genau notiert. Unter „Hessen" heißt es dazu: „Thronverlust infolge der Erklärung Hessens zum Freistaat". In Bleistift fügte er, offenbar in späteren Jahren, hinzu: „aber kein Verzicht".

nerungen. Betont euphorisch positioniert sich Ernst Ludwig:

Mein Traum und meine Hoffnung sind erfüllt. Wir haben einen Kanzler, der Diktator ist. Aus dem Volk entstanden, hat er um die deutsche Seele gerungen und gekämpft. Das Volk hat ihn gewählt! Der ganzen Welt gegenüber hat das deutsche Volk seine Einheit mit seinem Kanzler, seinem Führer entgegengerufen. Auswüchse können entstehen, werden aber ausgetilgt. Missverständnisse und Ungerechtigkeiten werden durch kleine Unterbeamtenmenschen gesät, aber auch diese werden alle vergehen, denn alles lebt und webt jetzt für Deutschland. Groß ist unsere Zeit! Und ich weiß jetzt, warum ich lebe.[10]

Augenscheinlich billigte er das radikale Vorgehen der neuen Machthaber in der Annahme, dass sie die *Größe* und *Einheit* der Nation nach den Jahren des *zerreißenden Parteihaders*[11] der Weimarer Republik wiederherstellen würden, dass ein neues Zeitalter für die Deutschen angebrochen sei. Indem er die Rückschau seiner Memoiren mit der Rückkehr in die Gegenwart beschloss, verlieh Ernst Ludwig diesem Credo ein besonderes Gewicht. Wiewohl politische Aussagen keineswegs den Grundtenor der Erinnerungen bilden, hat dieses Statement die Frage nach ihrer Veröffentlichung noch Jahrzehnte nach dem Tod des Großherzogs maßgeblich beeinflusst.

Der Gedanke an eine mögliche Publikation war bereits wenige Tage nach Ernst Ludwigs Tod im Oktober 1937 zumindest angeklungen, als ein kleiner Kreis von Verwandten und engen Vertrauten seinen schriftlichen Nachlass sichtete. Der ehemalige Adjutant, Freiherr Fabian von Massenbach,[12] bemerkte am 13.9. in seinem Journal, der Verstorbene habe *viele schriftliche Reflexionen und Berichte über die wichtigsten Ereignisse in seinem Leben hinterlassen*. Er fügte hinzu: *Ich frage mich, ob man nicht später ein Buch daraus machen wird.*[13] Tatsächlich sollten Jahrzehnte vergehen, bis das letzte Mitglied der großherzoglichen Familie, Prinzessin Margaret von Hessen und bei Rhein,[14] die Genehmigung zu einer Edition erteilte. Nachdem 1969, ein Jahr nach dem Tod des Prinzen Ludwig, einige versiegelte und bis dato unbekannte Vorarbeiten des Großherzogs in den Beständen des Großherzoglichen Familienarchivs gefunden worden waren, rückten die Niederschriften offenbar erstmals in das Interesse von Ernst Ludwigs Schwiegertochter. Sie bat den damaligen Archivleiter, Dr. Ludwig Clemm,[15] um eine genaue Durchsicht und inhaltliche Einschätzung des gesamten Ma-

---

[10] Vgl. S. 200. Auch hier zitiert Ernst Ludwig aus seinem zuvor genannten älteren Notizbuch, Hessische Hausstiftung, Schlossmuseum Darmstadt, Inv. Nr. DA H 22537. Die 1977 von Manfred Knodt zusammengestellte biografische Kompilation zu Ernst Ludwig bringt Teile dieses Zitates, eine kritische Einordnung bleibt jedoch aus; vgl. Knodt (1978), insb. S. 388 und 397.
[11] Vgl. in diesem Zusammenhang das Zitat des Großherzogs aus dem Jahr 1921, S. 200. Auch 1923 hatte Ernst Ludwig entsprechende Gedanken zu der *unglaublichen Verwirrung* festgehalten, die die *Parteienwirtschaft* nach der Revolution hervorgerufen und sich *schlussendlich selbst das Genick gebrochen* habe. Angesichts einer *Sehnsucht nach Ordnung* müssten *alle Stämme wieder gesunden und ein Aufstieg für Deutschland eingeleitet* werden. Hessische Hausstiftung, Schlossmuseum Darmstadt, DA H 22537, Eintrag vom 9.11.1923.
[12] Freiherr Fabian von Massenbach (1872–1949).
[13] HStAD D 24 Nr. 62/6, Tagebuch 1935–1945, Eintrag vom 13.9.1937, französisch im Original.
[14] Prinzessin Margaret von Hessen und bei Rhein (1913–1997), geb. Campbell-Geddes. Ehefrau des Prinzen Ludwig.
[15] Dr. Ludwig Clemm (1893–1975).

terials. In seinem Bericht bezeichnete Clemm die Erinnerungen lakonisch als *für eine Publikation nicht geeignet*.[16] Margaret selbst äußerte in einer zeitgleich entstandenen Notiz die Meinung, die Aufzeichnungen seien *painful for winy people* und enthielten außerdem – wenn auch *not too much – Nazi talk*. In der Folge verblieb der überwiegende Teil der Typoskripte weiterhin unter Siegel im Archiv, ein Band wurde auf Schloss Wolfsgarten nördlich von Darmstadt, dem Wohnsitz der Prinzessin, verwahrt.[17]

1983 schließlich stimmte Margaret einer Veröffentlichung zu. Aus Anlass ihres 70. Geburtstages erschienen die Erinnerungen in der Reihe der „Arbeiten der Hessischen Historischen Kommission Darmstadt". Bei seiner Edition ging der damalige Herausgeber, Eckhart G. Franz,[18] jedoch in hohem Maße selektiv vor: Entgegen seiner Aussage, die Authentizität der Quelle sei angesichts *einiger weniger Emendationen*[19] unberührt geblieben, zeigt ein Abgleich mit dem Wortlaut des Großherzogs deutliche Eingriffe. Die einzelnen Episoden wurden an zahlreichen Stellen umgruppiert, um einen vermeintlich kohärenteren Sinnzusammenhang zu bilden: Die Vorlage sei *etwas willkürlich gereiht*, die einzelnen Kapitel teils sehr *zusammengestoppelt*. Vorgenommen wurde außerdem eine Bereinigung *stilistische[r] Unebenheiten*, wobei man sich nicht scheute, selbst in die originalen Papiere Korrekturzeichen einzutragen. Bei seiner Arbeit wurde Franz von dem namhaften Historiker und Schriftsteller Golo Mann[20] beraten, einem engen Freund Prinzessin Margarets, der für den Band einen einleitenden biografischen Essay verfasst hatte.[21] Wie aus der gemeinsamen Korrespondenz hervorgeht, akzeptierte Mann die beschriebenen Maßnahmen bereitwillig: *Ihre beiden Kürzungsvorschläge billige ich absolut. [...] Was die beiden Umgruppierungen betrifft, die Sie im Auge haben, so halte ich sie für durchaus gut. Es trifft ja zu, dass das Ganze ein bisschen ‚Kraut und Rüben' ist*.[22] In dem Bestreben, eine Assoziation der Person Ernst Ludwigs mit dem NS-Regime zu vermeiden, galt das besondere Augenmerk solchen Passagen, die der Meinung beider Historiker nach als kritisch einzustufen waren: Sie wurden eigenmächtig umformuliert oder kommentarlos gestrichen. Auf diese Weise entfiel ein Abschnitt zu der Pianistin Frieda Kwast-Hodapp[23] (laut Franz eine *unnötige, antisemitische Anekdote*), insbesondere jedoch die Aussa-

---

[16] Clemms Bericht findet sich unter HStAD D 24 Nr. 32/8a.
[17] Es bleibt unklar, zu welchem Zeitpunkt und von wem die Papiere dem Archiv übergeben worden waren. Die Notiz der Prinzessin im Archiv des Hauses Hessen (im Folgenden AHH), Schloss Fasanerie, GVI HessD 1983 2.
[18] Prof. Dr. Eckhart G. Franz (1931–2015), Leiter des Hessischen Staatsarchivs Darmstadt und Großherzoglicher Hausarchivar. Die Aufzeichnungen erschienen unter dem nicht auf Ernst Ludwig zurückgehenden Titel „Erinnertes", s. Franz (1983). Einzelne Zitate daraus waren zuvor bei Hessen (1950), Mann (1976) sowie Knodt (1978) publiziert worden.
[19] Die nachfolgenden Zitate stammen aus dem zwischen November 1982 und Januar 1983 geführten Briefwechsel zwischen E.G. Franz und Golo Mann im Archiv der Hessischen Historischen Kommission für Darmstadt (Hessisches Staatsarchiv Darmstadt), HStAD N22 Nr. 1.
[20] Prof. Dr. Golo Mann (1909–1994).
[21] Die biografische Skizze war bereits 1976 im Rahmen der Jubiläumsausstellung „Ein Dokument Deutscher Kunst" publiziert und unverändert übernommen worden, s. Mann (1976). Auf Wunsch der Prinzessin war eine Passage, die Ernst Ludwigs Verhältnis zu den Nationalsozialisten andeutete, gestrichen und auch 1983 nicht wieder eingefügt worden, vgl. HStAD D 26 Nr. 125/1-5, Schreiben Golo Manns an Prinzessin Margaret von Hessen und bei Rhein vom 1.6.1976. Der Wortlaut der gestrichenen Passage bei Aufleger (2023), S. 289.
[22] Entgegen der Annahme von E.G. Franz deuten u.a. die im Verlauf des Arbeitsprozesses vorgenommenen Änderungen von Daten darauf hin, dass Ernst Ludwig durchaus Literatur bzw. in seinem Archiv vorhandene Dokumente zur Hand genommen haben dürfte; vgl. Franz (1983), S. 181.
[23] Frieda Kwast-Hodapp (1880–1949), Pianistin, großherzogliche Kammervirtuosin; vgl. S. 144

gen bezüglich eines *deutschen Diktators* (1921) und zur sog. Machtergreifung (1933).[24] Diesbezüglich bemerkte Mann lapidar, dass der Großherzog *nicht im Ernst ein Antisemit* gewesen sei: *Es war so eine Laune, eben schon im Dritten Reich niedergeschrieben und der Schreibende war alt und nachgiebig geworden.*[25]

Indem sie kritische Passagen tilgte, unterließ es die Erstedition, den Diskurs um die politische Haltung Ernst Ludwigs nach 1933 anzustoßen – ungeachtet der Tatsache, dass dieser seine Befürwortung der nationalsozialistischen Politik explizit an das Ende seiner Aufzeichnungen gestellt hatte. Auch die von Franz zu einem wesentlich späteren Zeitpunkt verfassten Einträge zu Ernst Ludwig im Darmstädter Stadtlexikon bzw. im Biografischen Lexikon des Hauses Hessen enthalten sich jeglicher kritischen Einordnung für die Zeit nach der Weimarer Republik.[26] Mehr als 85 Jahre nach dem Tod Großherzog Ernst Ludwigs mag die ungekürzte Veröffentlichung der Erinnerungen nicht mehr ausschließlich zum bloßen „Gelesen werden"[27] einladen, sondern dazu beitragen, eine differenziertere Aufarbeitung der Biografie des letzten hessischen Regenten anzuregen, die bis dato noch aussteht.

Überlieferung und editorische Bemerkungen

Der vorliegende Band bringt die Erinnerungen Großherzog Ernst Ludwigs – erstmals seit ihrer Entstehung vor mehr als 85 Jahren – so vollständig zur Publikation, wie sie in den erhaltenen Fassungen im Großherzoglichen Familienarchiv (Hessisches Staatsarchiv Darmstadt) sowie im Archiv des Hauses Hessen vorliegen. Die von ihrem Urheber intendierte Abfolge bleibt dabei vollständig gewahrt. Das Typoskript trägt keine Überschrift; der vom Herausgeber gewählte Buchtitel „Geschehnisse und Menschen" entspricht der Formulierung des Großherzogs in seiner kurzen, dem Text vorangestellten Einführung.

Die Überlieferung umfasst zwei in Velourleder gebundene, maschinenschriftliche Exemplare des Textes, von denen der sog. rote bzw. orangefarbene Band unter der Signatur G VI HessD 1983 2 im Archiv des Hauses Hessen verwahrt wird.[28] Der sog. braune Band, Signatur HStAD Best. D 24 Nr. 32/8, ist Teil des Nachlasses von Ernst Ludwig im großherzoglichen Familienarchiv in Darmstadt. Unter der Signatur HStAD D 24 Nr. 32/8 a und b ist dort auch eine Reihe von Vorarbeiten erhalten geblieben. Diese umfassen ein schwarzes, laut Klebeetikett in der Darmstädter Papierhandlung Otto Weitz erworbenes

---

[24] s. S. 200
[25] Zur detaillierten Aufarbeitung des Sachverhaltes wie auch zur Haltung des großherzoglichen Hauses zu den Nationalsozialisten s. Aufleger (2023). Neue Erkenntnisse bezüglich des Verhältnisses der großherzoglichen Familie zum Nationalsozialismus lässt auch der noch zu publizierende Essay „Handlungsspielräume nach der Revolution. Die Sammelbriefe der ehemaligen Großherzogin Eleonore von Hessen 1919-1937" von Rainer Maaß erwarten.
[26] Vgl. Ernst Ludwig Großherzog von Hessen und bei Rhein (darmstadt-stadtlexikon.de), Onlinequelle (Stand 01/2023) sowie Franz (2012), S. 375.
[27] So formulierte Eckhart G. Franz 1983 die primäre Intention seiner Edition, s. Franz (1983), S. 182.
[28] Im Inventar des Archivs des Hauses Hessen wird das Exemplar als orangefarben bezeichnet. Der Autor bedient sich weiterhin der bei Clemm, HStAD D 24 Nr. 32/8 a, überlieferten Bezeichnung „roter Band".

Schreibheft des Großherzogs mit eigenhändig in Bleistift geschriebenen Passagen sowie zahlreiche maschinenschriftliche Seiten im DIN A 4 Format.[29] Die unter D 24 Nr. 32/8 a archivierten Blätter sind mit dem Wasserzeichen „Überland Bankpost" versehen und stammen demnach aus der Fabrikation der Gebrüder Rauch, Heilbronn, welche das Papier seit 1932 herstellte.[30]

Die beiden erstgenannten Bände sind, abgesehen von marginalen, meist nur einzelne Worte betreffenden Abweichungen, inhaltlich identisch. Aufgrund von wenigen Ergänzungen bzw. Korrekturen, die im roten Band handschriftlich vorgenommen, im braunen jedoch bereits maschinenschriftlich umgesetzt worden sind, kann der letztere wohl als die abschließende Version im Sinne des Urhebers angesehen werden. Gestützt wird diese Annahme durch die Tatsache, dass zwischen die Seiten des braunen Bandes eine handschriftliche Notiz von Ernst Ludwigs ältester Schwester, Victoria Marchioness of Milford-Haven, gebunden wurde, in der sie einen von ihm erinnerten Ausspruch Kaiser Wilhelms II. korrigierte.[31]

Der braune Band diente der Neuedition dementsprechend als Druckvorlage. Ein sorgfältiger Abgleich des erhaltenen Materials stand am Beginn der Editionsarbeit. Dem Aufbau des Textkorpus scheint, abgesehen von den gliedernden Kapitelüberschriften, keine spezifische Struktur zugrunde zu liegen. Vielmehr handelt es sich um eine eher zufällige Reihung von Gedanken und Beobachtungen ohne stringente chronologische Abfolge. Innerhalb der Kapitelunterteilungen ist der Text jedoch, wie die erhaltenen Notizen und Vorarbeiten belegen, durchaus das Resultat mehrfacher Ergänzungen und Korrekturläufe, die offensichtlich auf der Basis von Stichwortlisten erfolgten. Anhand eines inhaltlichen Vergleiches der einzelnen Vorarbeiten bzw. Bände lässt sich die Genese der Erinnerungen gut nachvollziehen. Demnach schrieb der Großherzog seine Gedanken zunächst eigenhändig und mehr oder weniger ungeordnet in das o.g. Notizbuch; die Rückschau eröffnete er mit einem Porträt der 1901 verstorbenen Großmutter mütterlicherseits, Königin Victoria von England. Es folgte die maschinenschriftliche Übertragung jener Erinnerungen, bereits erweitert um zusätzliche Passagen und nach Kapiteln geordnet.[32] Dieses Material wurde wiederum mit handschriftlichen, teils in Tinte, teils in Bleistift ausgeführten Anmerkungen überarbeitet und resultierte schließlich in dem braunen Band als der spätesten vorliegenden Version. Dort wo inhaltliche Abweichungen zum roten Band vorliegen, erfolgte ein entsprechender Hinweis im Anmerkungsapparat; marginale Korrekturen, die beispielsweise einzelne Buchstaben betreffen und

---

[29] Zur Erstedition des Jahres 1983 schreibt Franz, dass die Erinnerungen nicht handschriftlich überliefert seien, vgl. Franz (1983), S. 180. Dies deutet darauf hin, dass o.g. Notizheft, welches Teile der Kapitel II–V sowie VII und VIII enthält, Franz nicht bekannt war. Wann es im Familienarchiv des großherzoglichen Hauses deponiert wurde, konnte im Rahmen dieser Arbeit nicht ermittelt werden.

[30] http://www.papierstruktur.ce/feyerabend/?view=DE-SFH-2038 (Onlinequelle: Stand 09/2022)

[31] Das Zitat des deutschen Kaisers Wilhelm II. (1859–1941) auf S. 161. Victoria las die Erinnerungen kurz nach dem Tod ihres Bruders im Oktober 1937; der Trauerrand der Notiz könnte darauf hindeuten, dass sie zu dieser Zeit entstand und die Erinnerungen erst posthum gebunden wurden.

[32] Ob der Großherzog die maschinenschriftlichen Übertragungen selbst vornahm, war aufgrund fehlender Quellen bis dato nicht festzustellen. Die von Franz vertretene Ansicht, nach der „phonetische Fehlschreibungen, vor allem bei Eigennamen, die dem Großherzog selbst so kaum passiert wären", auf Diktat hindeuteten, vgl. Franz (1983), S. 180, ist aufgrund zahlreicher eigenhändiger Notizen des Großherzogs, die eben solche Fehler bzw. Abweichungen aufweisen, nicht haltbar.

auf offensichtliche Verschreibungen zurückzuführen sind, wurden hingegen nicht eigens gekennzeichnet.

Das Typoskript der Bände umfasst je 164 Seiten, die in acht Kapitel untergliedert sind. Jede Seite weist eine doppelte Nummerierung auf, was sich durch den Umstand erklärt, dass die einzelnen Kapitel ursprünglich – vermutlich durch den Großherzog selbst – zunächst autonom, d.h. jeweils wieder mit Seite 1 beginnend, nummeriert wurden. Wohl im Rahmen des bereits erwähnten, 1969 durch Dr. Ludwig Clemm vorgenommenen inhaltlichen Vergleiches[33] der Bände und des übrigen Materials, erfolgte eine weitere, diesmal durchgehende Nummerierung. Diese Seitenzahlen wurden mittels eines schwarzen Stempels in der unteren Mitte einer jeden Seite aufgebracht. Außerdem fügte Clemm dem Typoskript zusätzliche Seiten, kenntlich durch die abweichende Farbe und Struktur des Papiers, bei. Sie tragen die Überschrift des jeweils nachfolgenden Kapitels. Diese Titel waren nicht ursprünglich Teil des eigentlichen Textkorpus, sondern wurden mit der Maschine auf großformatige Kuverts geschrieben, in denen ein Teil der o.g. Vorarbeiten (HStAD Best. D 24 Nr. 32/8 a) kapitelweise auf losen Blättern aufbewahrt wurde.[34] Clemm erstellte darüber hinaus ein Inhalts- sowie ein Namensverzeichnis, wobei letzteres lediglich dem roten Band eingegliedert wurde. Zu den weiteren, den Erinnerungen nicht ursprünglich zugehörigen Ergänzungen, zählt außerdem in beiden gebundenen Exemplaren eine maschinenschriftliche Seite mit dem von Ernst Ludwig verfassten Gedicht *Es ist mein Wunsch*. Es thematisiert den bevorstehenden Tod und die Verfügung des ehemaligen Regenten, unter freiem Himmel im Park Rosenhöhe am östlichen Rand der Stadt Darmstadt beigesetzt zu werden. Das Gedicht ist mit dem Vermerk versehen, der Großherzog habe jene Verse *kurz vor seinem Tode* verfasst. Der Textur des Papiers nach zu urteilen stammen diese Abschriften ebenfalls von Clemm, und dürften somit auf Wunsch Prinzessin Margarets, Ernst Ludwigs Schwiegertochter, beigefügt worden sein. Das Gedicht ist in beiden Bänden dem eigentlichen Textkorpus vorangestellt; im Rahmen der Edition wurde es aufgrund der offensichtlich posthumen Hinzufügung jedoch als Anhang berücksichtigt.

Der Wortlaut der Druckvorlage wurde unverändert übernommen. Dazu zählen Schreibweisen wie *choquiert*, *Intrigue* und *Compromittierung* ebenso wie die vereinzelte Verwendung der bis zur Jahrhundertwende gebräuchlichen Dehnungslaute bei *Thüren* oder *Bescheerung*. Beibehalten wurden außerdem die vielfach fehlerhaft geschriebenen Eigennamen wie

---
[33] Vgl. Fußnote 16.
[34] Die Authentizität dieser Überschriften als ursprünglich von Ernst Ludwig stammend belegt der handschriftlich überlieferte Titel „Anekdoten", HStAD D 24 Nr. 32/8 a.

Winifrid Wagner, Lord Beakonsfield oder *Herzog von Conought*, die nicht mit [sic] gekennzeichnet, sondern im Anmerkungsapparat korrekt aufgelöst wurden. Im Falle der Notation von Kose- und Rufnamen wurde der Wortlaut der Druckvorlage (*Viktoria*) auch dort beibehalten, wo Abweichungen zu den handschriftlichen Vorarbeiten (*Victoria*) vorlagen.

Die Orthographie wurde in Bezug auf die Verwendung von „ß" und „ss" durchgängig dem gegenwärtigen Standard angeglichen, häufig fehlende Satzzeichen nicht ergänzt. Wortdopplungen in direkter Folge wurden stillschweigend ignoriert, fehlende Worte oder Präpositionen nur dort, wo es der Sinnzusammenhang erforderlich machte, in eckigen Klammern ergänzt. Gelegentliche Abkürzungen von Eigen- oder Ortsnamen wurden auf dieselbe Art aufgeschlüsselt. Unterstreichungen, insbesondere von Eigennamen, wurden als solche übernommen.

Der überarbeitete Anmerkungsapparat der Neuedition dient primär dem Verweis auf Personen bei ihrem ersten Vorkommen, der Erläuterung von Sachverhalten in Ernst Ludwigs Ausführungen sowie vereinzelten Hinweisen auf die einschlägige Fachliteratur. Vermerkt wurden darüber hinaus die oben genannten Text-Auslassungen der Erstedition des Jahres 1983.

(handschriftlich oben): Eltern waren wir an den Englischen und Russischen Verwandten es bleibt Teil für die Kinder unseres Vaters waren und deren Kinder wie zu keiner Preussen waren gehört es letzte sie mir[?] sagten.

Alle meine englischen Verwandten waren mir die Nächsten, weil sie mich am verwandtschaftlichsten behandelt haben. Leider war es nicht so mit den deutschen. Nur die Schwestern des Kaisers standen mir näher, besonders die älteste Charlotte (Herzogin von Meiningen) die, solange sie lebte, immer mir gegenüber die Gleiche blieb.

<u>Wilhelm (W II.)</u> war immer ein sehr wankelmütiger Charakter. Schlimm war die Zeit vor dem Tode Kaiser Friedrichs. Ich war gerade in Berlin für mein Offizierexamen. *1888* Er war natürlich furchtbar aufgeregt, konnte aber oft die Wahrheit vom Klatsch nicht unterscheiden. Dabei wurde der Kampf auf beiden Seiten auf gehässigste Weise geführt.

Wie sehr er an Klatsch glaubte zeigt die Geschichte von 1893, als ich zum ersten Mal als Grossherzog zu seinem Geburtstag nach Berlin kam. Heinrich holte mich an der Bahn ab. In meiner Wohnung angekommen sagte er mir, er müsse mich etwas fragen, ich solle aber nicht dabei lachen. Den Abend vorher hätte Wilhelm mit ihm gesprochen und gesagt, es wäre doch zu arg was ich für ein Leben führe, ich hätte ein Verhältnis mit ungefähr 3 Choristinnen und vier Baletteusen. Wir platzten beide doch heraus, denn Heinrich sowohl wie ich kannten das damalige Theater und wussten, dass die meisten dieser Damen alt und sogar Mütter und Grossmütter waren. Heinrich hätte unter Lachen seinem Bruder widersprochen, aber Wilhelm sagte, er wüsste die Nachricht aus authentischer Quelle, denn der Gesandte von der Goltz hätte es berichtet. Zuletzt erwiderte Heinrich, dass er und ich so nahe zueinander ständen, dass ich sofort auf seine Frage ihm die volle Wahrheit sagen würde. Da beruhigte sich Wilhelm. Deshalb hatte Heinrich die Frage gestellt. Was für ein Gesandter! Ich habe ihn auch schnellstens hinausgeekelt. Die Gesandten mussten immer zu oft berichten und wenn nichts geschehen war, so tischten sie Klatsch auf, damit der Kaiser sähe wie geschäftig sie wären.

(handschriftliche Seite, etwa:)

Noch eins der letzten Male wo viele Verwandte zusammen waren war die Hochzeit von Alice Battenberg mit Andrea von Griechenland. Da sind sie von allen Seiten zusammen gekommen und ich glaube es war auch um mir zu zeigen daß sie zu mir hielten nach meiner Scheidung.

Die zwei Palais und das Schloss waren voll. Im Neuen Palais wohnten ich mit meinen Kleinen, Alice und Nicky mit ihren Kindern, Serge und Ella, Irene und Heinrich mit ihren zwei Söhnen. Tante Alix (England) und Toria.

Im alten Palais wohnten Victoria Ludwig und ihre Kinder, Tante Beatrice und sämtliche Gäste.

Im Schloss wohnten Onkel Willy und Tante Olga von Griechenland, Tino mit Sophie, George, Nicki mit Ellen, Andrea und Christo. Paul von Russland mit Dimitri u. Marie, Georg mit Minnie, und Vera die Schwester und Tante Olga.

Die Hochzeit wurde mit vielem Gepränge gefeiert. Die Civiltrauung im Alten Palais

Typoskriptseite aus Kapitel III. der Erinnerungen mit handschriftlichen Ergänzungen Großherzog Ernst Ludwigs.

QUELLEN UND LITERATURVERZEICHNIS

Quellen

Archiv des Hauses Hessen (AHH), Schloss Fasanerie
GVI HessD 1983 2

Hessische Hausstiftung, Schlossmuseum Darmstadt
Inv. Nr. DA H 22537

Hessisches Staatsarchiv Darmstadt (HSTAD)
D 24 Nr. 31/3
D 24 Nr. 32/8a
D 24 Nr. 62/6, Tagebuch 1935–1945
D 26 Nr. 11/3
HStAD D 26 Nr. 125/1-5

Archiv der Hessischen Historischen Kommission für Darmstadt (Hessisches Staatsarchiv Darmstadt) HStAD N22 Nr. 1

Literatur

Ausst.kat. 2021: Götterdämmerung II. Die letzten Monarchen, Augsburg (Haus der Bayerischen Geschichte), Margot Hamm, Evamaria Brockhoff, Linda Brüggemann et al. (Hgg.), Augsburg 2021.

(Aufleger 2023) Aufleger, Thomas: Nazi versus Großherzog oder das selektive Gedenken. Zur Intention und posthumen „Emendation" der Lebenserinnerungen Großherzog Ernst Ludwigs von Hessen und bei Rhein", in: Archiv für Hessische Geschichte und Altertumskunde 81 (2023), S. 277–297.

(Erbach-Schönberg 1923) Erbach-Schönberg, Marie Fürstin zu: Bd. 1 Entscheidende Jahre; Bd. 2 Aus stiller und bewegter Zeit; Bd. 3 Erklungenes und Verklungenes, Darmstadt 1923.

(Hessen 1950) Hessen und bei Rhein, Ludwig Prinz von: Die Darmstädter Künstlerkolonie und ihr Gründer Grossherzog Ernst Ludwig, Darmstadt 1950.

(Holzhauer 2005) Holzhauer, Heinz und Eckhart G. Franz: Ernst Ludwig und Victoria Melita.

Eine landesherrliche Ehescheidung im Jahre 1901 zwischen Feudalrecht und bürgerlichem Recht, in: Archiv für hessische Geschichte und Altertumskunde, Neue Folge 63. Band 2005, herausgegeben vom Hessischen Staatsarchiv Darmstadt in Verbindung mit dem Historischen Verein für Hessen, Darmstadt 2005, S. 217-254.

(Franz 1983) Franz, Eckhart G. (Hg.): Erinnertes. Aufzeichnungen des letzten Großherzogs Ernst Ludwig von Hessen und bei Rhein. Arbeiten der Hessischen Historischen Kommission Darmstadt, Darmstadt 1983.

(Franz 2012) Franz, Eckhart G.: Ernst Ludwig, reg. Großherzog von Hessen und bei Rhein, in: Haus Hessen. Biografisches Lexikon, hg. v. Eckhart G. Franz, Arbeiten der Hessischen Historischen Kommission Neue Folge Band 34, Darmstadt 2012, S. 373-375.

(Knodt 1978) Knodt, Manfred: Ernst Ludwig Großherzog von Hessen und bei Rhein, Darmstadt 1978.

(Machtan 2008) Machtan, Lothar: Die Abdankung. Wie Deutschlands gekrönte Häupter aus der Geschichte fielen, Berlin 2008.

(Mann 1976) Mann, Golo: Der letzte Großherzog, in: Ausst.kat. 1976, Ein Dokument Deutscher Kunst, Darmstadt (Hessisches Landesmuseum Darmstadt, Kunsthalle Darmstadt, Institut Mathildenhöhe), 5 Bde, Band 1, S. 29-34.

(Milford-Haven 2020) Milford-Haven, Victoria: Reminiscences, hg. v. Arturo Beeche und Ilana D. Miller, o.O. 2020.

Onlinequellen

Ernst Ludwig Großherzog von Hessen und bei Rhein (darmstadt-stadtlexikon.de) www.darmstadt-stadtlexikon.de/e/ernst-ludwig-grossherzog-von-hessen-und-bei-rhein. htm

http://www.papierstruktur.de/feyerabend/?view=DE-SFH-2038 (Onlinequelle: Stand 09/2022)

Danksagung

Mein besonderer Dank gilt Seiner Königlichen Hoheit Donatus Landgraf von Hessen, stellvertretend für den Vorstand der Kulturstiftung des Hauses Hessen, für die großzügige Förderung des Editionsprojektes und die Genehmigung zahlreiche Objekte aus dem Besitz Großherzog Ernst Ludwigs abzubilden.

Rainer Prinz von Hessen hat die Arbeit an diesem Band von Beginn an mit dem größten Interesse begleitet und sich überdies zum Verfassen eines Grußwortes bereit erklärt. Hierfür, wie auch für die kritische Redaktion, die Überlassung wertvollen Archivmaterials sowie für viele erhellende Hinweise, sage ich ihm meinen herzlichsten Dank.

Mein besonderer Dank gilt Herrn Dr. Rainer Maaß (Hessisches Staatsarchiv Darmstadt, Großherzogliches Haus- und Familienarchiv), dessen wertvoller Rat und unermüdliche Unterstützung bei zahllosen (oft sehr kurzfristigen) Anfragen ganz wesentlich zum Entstehen der Edition beigetragen haben.

Herrn Prof. Dr. Friedrich Battenberg und Herrn Lothar Lammer, stellvertretend für den Vorstand und die Geschäftsführung der Hessischen Historischen Kommission Darmstadt, danke ich für die gute Zusammenarbeit und zahlreiche Hilfestellungen im Laufe der Bearbeitungszeit.

Frau Angela Schmidt hat vorliegenden Band als Grafikerin gestaltet. Für das wunderbare Resultat und die exzellente Zusammenarbeit möchte ich Ihr an dieser Stelle recht herzlich danken.

Frau Prof. Dr. Ursula Kramer, Herrn Dr. Rouven Pons und Frau Dr. Claudia Selheim danke ich für ihre vielfältige Unterstützung.

Mein herzlicher Dank gilt außerdem den folgenden Personen und Institutionen:

Dr. Markus Miller, Andreas Dobler M.A., Christine Klössel M.A. (Museum Schloss Fasanerie bzw. Archiv des Hauses Hessen); Nasser Amini, Maria Bernardo, Eva Haberkorn, Michael Scholz (Hessisches Staatsarchiv Darmstadt); Dr. Peter Engels (Stadtarchiv Darmstadt); Alexa Christ M.A., Roswitha Müller (Schlossmuseum Darmstadt); Julia Hichi (Institut Mathildenhöhe, Städtische Kunstsammlungen Darmstadt); Daniel Partridge (Royal Archives, Windsor Castle); Melanie Helwig, Birgit Reeg-Lumma (Universitäts- und Landesbibliothek Darmstadt, Historische Sammlungen); Franziska Moll (Bundesarchiv); Annegret Wilke (Politisches Archiv des Auswärtigen Amts); Katrin Vonderheid-Wunderlich (Stadt Groß-Umstadt); Kristina Unger (Richard Wagner Museum Bayreuth); Wolfgang Bersch; Nico Kröger; Lisa Micko; Astrid Neynaber; Vanessa Novak-Geib; Klaus Schäfer-Wilkens; Nike Wagner.

Großherzog Ernst Ludwig von Hessen, Kreidezeichnung von Hanns Pellar, 1914.

Großherzog Ernst Ludwig von Hessen mit seinen Söhnen Georg Donatus (links) und Ludwig, um 1925.

Geschehnisse und Menschen

Die Erinnerungen Großherzog Ernst Ludwigs von Hessen und bei Rhein

Auf Wunsch von euch, meinen Söhnen,[1] habe ich aus meinem Gedächtnis heraus über Geschehnisse und Menschen das hingeschrieben, was ich mir genau erinnern konnte.

Ich habe keine persönlichen Anschauungen niedergeschrieben, denn über die wird meistens nachher gestritten. Ich habe die Tatsachen für sich reden lassen, denn sie sprechen so deutlich für sich so wie es einstens war, dass man meine Anschauungen klar aus ihnen herausfühlen kann.

---

[1] Erbgroßherzog Georg Donatus (1906–1937) und Prinz Ludwig (1908–1968) von Hessen und bei Rhein.

Großherzog Ludwig IV. und Großherzogin Alice von Hessen mit ihren Kindern im Garten des Neuen Palais in Darmstadt, v.l.n.r. Irène, Ernst Ludwig, Elisabeth (im Vordergrund), Victoria, Friedrich Wilhelm, Oktober 1872.

I.
Anekdoten und Jugendzeit

"Ich erinnere mir die breite Straße, die durch den Ort führte, in der ich mit den Ortskindern spielen durfte"
Wolfach im Schwarzwald, Bleistiftzeichnung der Großherzogin Alice von Hessen, 1876.

Meine ersten Erinnerungen sind aus dem Jahre 1872 als wir, alle Kinder mit unseren Eltern, in Heiden wohnten.[2] Am besten erinnere ich mich des Raumes, in dem wir Kinder waren und des Wohnzimmers, welches mir in seiner Länge ganz riesenhaft erschien.

Im Sommer 1873 war ich allein mit meiner Mutter[3] in Wolfach (Schwarzwald). Es war nach dem Tode meines Bruders Fritz.[4] Meine Mutter, die sehr schwach geworden war, sollte sich da erholen. Ich erinnere mir die breite Straße, die durch den Ort führte, in der ich mit den Ortskindern spielen durfte. Als einstens die Fronleichnamsprozession durch den Ort zog, da stand gerade ein Altar vor unserem Hause und ich hatte nichts eiligeres zu tun als unbemerkt von hinten in den Altar zu kriechen um alles mitanzusehen. Da der Priester lateinisch sprach, verstand ich kein Wort und dabei hatte ich Angst, man würde mich zuletzt noch entdecken. Es ging aber alles gut ab und ich konnte unbemerkt wieder herausschlüpfen. Ein Mädchen in unserem Hause war Braut. An ihrem Hochzeitstage kam sie zu meiner Mutter, um sich in ihrem Staat zu zeigen. Auf dem Kopfe hatte sie das eigentümliche hohe Nest aus Flitter und bunten Perlen. Sie musste hinknien, um meiner Mutter zu zeigen, wie es auf dem Kopf befestigt war. Ich hatte nichts eiligeres zu tun als auch hineinzusehen. Es war mit stählernen

---

[2] Wie das Tagebuch von Ernst Ludwigs Vater, Großherzog Ludwig IV. von Hessen und bei Rhein (1837–1892), belegt, fand der Aufenthalt im Hotel Schweizerhof in Heiden/Appenzeller Land, erst ein Jahr später, vom 27.9. bis 15.10 1873 statt. Hessisches Staatsarchiv Darmstadt (im Folgenden HStAD), D 24 Nr. 6/5, Band 13 (1873).
[3] Großherzogin Alice von Hessen und bei Rhein (1843–1878), geb. Prinzessin von Großbritannien und Irland.
[4] Die Reise nach Wolfach fand tatsächlich im Mai und Juni 1876 statt, wie Alices Briefe an ihren Ehemann, HStAD D 24 Nr. 11/4, belegen. Der jüngere Bruder, Prinz Friedrich Wilhelm von Hessen und bei Rhein (1870–1873), war bereits drei Jahre zuvor, im Mai 1873 verstorben.

Haarnadeln befestigt und einige waren durch die Haut gegangen, so dass man vertrocknetes Blut sehen konnte, was mir einen höchst gruseligen Eindruck machte.

Als ich älter wurde, hatte ich später meinen Unterricht im Hause, und bekam einen Erzieher, von Dadelsen, der aber bald wieder verschwand. Mein zweiter Erzieher war Herr Muther, der März 1879 kam.[5] Als Erzieher von jungen Kindern war er sehr gut, denn er regte einem zu vielen Sachen an, wie Aquarium, Markensammeln, Blumenkunde, Tierliebhaberei, häusliche Beschäftigung und dergleichen. Später hätte er gehen müssen, denn es war ihm unmöglich, sich in heranwachsende Jungen zu versetzen. Meine Ausbildung war die vom Realgymnasium und für alle Fächer, die Muther nicht gab, kamen Lehrer aus derselben Schule zu mir. Der Rektor des Realgymnasiums, Münch,[6] gab mir die Chemiestunde, die ich sehr liebte, besonders durch die anregende Art, wie er sein Thema vortrug. Er blieb immer mein Freund und ich half ihm später viele praktische Neuerungen einzuführen. Da ich Musik gern hatte, bekam ich Klavier- und Violinunterricht. Ich hatte meine Lehrer mehr oder weniger gern wie jeder Junge in dem Alter, aber meine Liebe zu meinem Erzieher schwand immer mehr, denn wenn er auch ein redlicher Mensch war, so war er aber sehr jähzornig und übelnehmerisch. Als Bub hatte ich dadurch wenig moralischen Mut. Zum Beispiel hatte ich einst gelogen, da nahm er einen von mir sehr geliebten Spazierstock, den meine Großmutter[7] mir geschenkt hatte und in seiner Wut zerbrach er ihn beim Hauen auf meine Schienbeine. Die Strafe hatte natürlich keinen Effekt, denn die Beleidigung, dass er sich auf solche Art an meinem Eigentum vergriffen hatte, war sehr viel grösser als Letztere. Ein anderes Mal erzählte ich ihm etwas. Er sagte, es wäre gelogen. Ich wusste aber, dass es stimmte, weil mein Vater es

„Da nahm er einen von mir sehr geliebten Spazierstock […] und in seiner Wut zerbrach er ihn beim Hauen auf meine Schienbeine" Karikatur auf Ernst Ludwig und seinen Erzieher Moritz Muther (?), Aquarell der Prinzessin Victoria von Battenberg auf einem an den Bruder adressierten Briefkuvert, Cowes, 1885.

---

[5] Großherzogin Alice wünschte einen Erzieher, der die englische Sprache fließend beherrschen und England gut kennen, jedoch kein Brite sein sollte. Das Amt bekleidete 1877/78 zunächst Dr. Hans von Dadelsen (*1852), der nachmalige Hofrat Moritz Muther (1847–1912) von 1878 bis 1886. Vgl. die Einstellungsunterlagen Muthers in HStAD D 24 Nr. 29/5.
[6] Ludwig Münch (1852–1922), seit 1894 Direktor des Darmstädter Realgymnasiums.
[7] Königin Victoria von Großbritannien und Irland (1819–1901), oder Prinzessin Elisabeth von Hessen und bei Rhein (1815–1885), geb. Prinzessin von Preußen.

Ernst Ludwigs ältere Schwestern, die Prinzessinnen Victoria (stehend), Elisabeth (Mitte) und Irène von Hessen, 1875.

gesagt hatte. Aber noch ehe ich erwidern konnte, sagte er mir, wenn ich es nicht gleich eingestehen würde, würde er mich bestrafen. Aus Angst vor der Strafe gestand ich, was er von mir wünschte, da brauste er noch mehr auf und sagte, jetzt würde er mich erst recht bestrafen, weil ich wissentlich gelogen hätte.

Es gab immer Streit mit den Hofdamen und Herren, weil er fest glaubte, dass sie ihn zurücksetzen wollten. Da hatte er einmal einen Streit mit den Damen, dafür durfte ich nicht mit meinen Schwestern verkehren und beim Spaziergang beschimpfte er alle, auch meine Schwestern. Von Letzteren sagte er, meine Schwester Viktoria[8] sähe aus als ob sie in einem Schnupftuch eingewickelt wäre, meine Schwester Ella[9] sänge wie ein quietschendes Schwein und meine Schwester Irene[10] wäre schlimmer als ein Bock (wer weiß, ob er nicht vielleicht etwas recht gehabt hat). Ich musste alles schlucken, denn wehe mir, wenn ich den Mund aufgetan hätte. Solche Stimmungen ließ er dann immer an mir aus. Dass ich noch irgendwelchen moralischen Mut hatte, bleibt mir ein Wunder. Ich war immer nur mit ihm zusammen, wenn es keine Ferien gab. Meine Mutter war tot, so hatte ich niemand, an den ich mich wenden konnte und fühlte mich oft sehr einsam, denn mein Vater, der so gut war, hatte keine Zeit für mich.[11]

---

[8] Prinzessin Victoria von Battenberg, Marchioness of Milford-Haven (1863–1950), geb. Prinzessin von Hessen und bei Rhein.
[9] Großfürstin Elisaweta Feodorowna von Russland (1864–1918), geb. Prinzessin Elisabeth von Hessen und bei Rhein.
[10] Prinzessin Irène von Preußen (1866–1953), geb. Prinzessin von Hessen und bei Rhein.
[11] Als Thronerbe wurde Ernst Ludwig meist nicht zusammen mit seinen älteren Schwestern unterrichtet. Prinzessin Victoria erinnerte sich: „My poor father was somewhat lost as the head of the household of growing children, as his military and, later, State duties had occupied him most of the day." Zit. nach Milford-Haven (2021), S. 31.

Mein Religionslehrer war Pfarrer Sell,[12] der meine älteren drei Schwestern konfirmiert hatte. Wir hatten ihn alle sehr gerne, denn im Unterricht war er nie kleinlich und fasste alles von der großen, tiefen Seite auf. Am Morgen um 8 Uhr vor meiner Konfirmation war die Prüfung vor meinem Vater, meiner Großmutter, meinen Onkels Alexander, Heinrich und Wilhelm,[13] meinen älteren Schwestern und ihren Männern und noch verschiedenen Leuten, wie z.B. Wilhelmine von Grancy,[14] Christa von Schenck[15] etc. Letztere hatte ich selbst dazu gebeten und sie half mir sehr mit ihrem Augenzwinkern, wenn ich nicht sicher war, ob meine Antwort stimmte. Es ging aber alles sehr gut ab.[16] Am 25. April 1885, dem Geburtstag meiner Mutter, war die Konfirmation. Alle Gäste und Verwandten fuhren in die Schlosskirche und ich fuhr zuletzt mit meiner Großmutter Königin Viktoria. Die ganze Kirche war voll Menschen. Bei der Konfirmation musste ich das Glaubensbekenntnis und die Antworten von Luther sagen. Das Glaubensbekenntnis war mir beinahe verleidet worden, weil Herr Muther es mit mir so durchnahm, dass er am Ende von drei großen Zimmern stand und ich musste es laut brüllen. Wenn es nicht laut genug war zankte er mich aus, weil die Menschen glauben würden, er hätte mich nicht genug zur Selbstsicherheit erzogen. Es ging aber alles gut ab, denn ich war doch so von der Handlung ergriffen, dass ich an gar nichts anderes dachte. Am Nachmittag war die Taufe der ältesten Tochter meiner Schwester Viktoria und ich fühlte mich sehr stolz, weil ich zum ersten Mal ein Pate war und die Kleine auch halten durfte.[17]

Königin Victoria von England, Marmorbüste von Joseph Edgar Boehm. Konfirmationsgeschenk der Queen an ihren Enkelsohn Ernst Ludwig, 1885.

---

[12] Dr. Karl Sell (1845–1914), Oberpfarrer in Darmstadt.
[13] Prinz Alexander von Hessen und bei Rhein (1823–1888), Großonkel Ernst Ludwigs. Die Prinzen Heinrich (1838–1900) und Wilhelm (1845–1900) von Hessen und bei Rhein waren die jüngeren Brüder von Ernst Ludwigs Vater.
[14] Wilhelmine Freifrau Senarclens de Grancy (1837–1912), zunächst Hofdame der Prinzessin Alice von Hessen, später Großherzoglich Hessische Oberhofmeisterin.
[15] Christiane „Christa" Freiin von Schenk zu Schweinsberg (1834–1918), Hofdame der Prinzessin Alice von Hessen.
[16] Queen Victoria notierte in ihrem Tagebuch: „Ernie stood, all alone, wearing an evening tailed coat, for the first time. […] The form of service was just the same, as in Victoria and Ella's confirmation, only that poor Ernie had to answer the questions alone. […] When the service was concluded, dear Ernie came up to Louis and me, and we kissed him very warmly." Royal Archives (im Folgenden RA), VIC/QVJ/1885, 25. April.
[17] Prinzessin Alice von Griechenland (1885–1969), geb. Prinzessin von Battenberg. Ihr Sohn Philip (1921–2021) heiratete die englische Königin Elizabeth II. (1926–2022).

1885 auf 1886 war Hauptmann Schwarzkoppen[18] mir als militärischer Begleiter zukommandiert, um mich in militärisches Denken einzuführen und mit mir als Herr in die Gesellschaft auszugehen. Das erste Jahr war Herr Muther noch da. Man kann sich den Kampf der beiden denken, in dem ich natürlich der Mittelpunkt war. Da lernte ich diplomatisch denken, denn aus Selbsterhaltung und Ruhebedürfnis spielte ich die beiden gegeneinander aus. Als Herr Muther ging, war es viel einfacher, denn Schwarzkoppen war ein Gentleman. Ich hatte ihn sehr gerne, denn er war klar und einfach. Später, als ich ins Regiment eintrat, bekam er daselbst eine Kompagnie, so dass ich ihn noch oft um Rat fragen konnte.

Alles was mit Sport zu tun hatte, liebte ich mit Leidenschaft, aber damals gab es in dieser Frage bei uns noch viel zu wenig. Mit meinen Spielkameraden machten wir immer Wettrennen und Ringkämpfe oder Springen, in letzterem Fach schlug ich alle. Um die Anschauungen der damaligen Zeit zu zeigen, will ich nur eine Kleinigkeit erzählen. In Darmstadt gab es zu der Zeit eine Menge junger Engländer, welche da waren um Deutsch zu lernen oder eine englische Presse zum Offiziersberuf besuchten. Sie hatten einen richtigen Fußballklub. Nun wollten ältere von meinen Kameraden, die unter der Hand mitgespielt hatten, in den Klub eintreten. Dieses wurde von dem Rektor des Gymnasiums streng verboten, denn: „Es wäre ein blutiges Spiel". Man kann sich die Wut der jungen Menschen denken. Schon 1880 fing ich an, feste Tennis zu spielen, welches ich leidenschaftlich viele Jahre hindurch betrieb, bis ich im Jahre 1893 durch einen unglücklichen Fall bei dem Spiele meine Sehnen und Bänder des einen Knies zerriss.[19] Ich war so gut geworden, dass ich die damaligen Champions wie die zwei Brüder D'ohertys,[20] Graf Voss[21] etc. zum Spielen einladen konnte und sehr gut bei ihnen abschnitt. Ich kannte sie alle durch die jährlichen Tournements in Homburg.

Die erste Uniform: Ernst Ludwig als Seconde-Lieutenant des Leibgarde-Infanterie-Regiments (1. Großherzoglich Hessisches) Nr. 115, Darmstadt, 1885.

---

[18] Maximilian von Schwartzkoppen (1850–1917), später General der Infanterie, wurde im Oktober 1885 von einem Kommando an der Deutschen Botschaft in Paris nach Darmstadt abgeordnet und tat bis 1888 Dienst bei Ernst Ludwig.
[19] Die *Darmstädter Zeitung* berichtete am 28. Juli 1893: „Seine Königliche Hoheit der Großherzog haben Sich einen Riß der Gelenkkapsel des rechten Knies zugezogen und sind hierdurch genötigt, einige Zeit zu Bett zu liegen. […] Bis auf Weiteres wird infolgedessen kein Empfang im Großherzoglichen Residenzschloss stattfinden". Darmstädter Zeitung 117. Jg. Nr. 349, S. 1327.
[20] Reginald (1872–1910) und Laurence (1875–1919) Doherty, mehrfache Olympia- bzw. Wimbleton-Sieger.
[21] Victor Graf Voss-Schönau (1868–1936), mehrfacher deutscher Meister im Tennisspiel.

Einladung zur „Großherzoglichen Tafel" anlässlich von Ernst Ludwigs 18. Geburtstag, Darmstadt, 25.11.1886.

Am 9. Juni 1884 bekam ich die Uniform des Leibgarde-Regiments zur Hochzeit meiner Schwester Ella in Russland. Ich hätte sie erst 1886 bekommen sollen, da aber in Russland kein Prinz ohne Uniform existieren konnte, so gab sie mir mein Vater schon damals.[22] Zu meinem Geburtstag [am] 25. November 1886 wurde ich in die Leibkompagnie des Regiments eingereiht.[23]

Mein Vater hatte das ganze Offizierskorps an dem Tag ins Neue Palais bestellt. Es stand im Kreis um den Saal unten herum. Er hielt eine kleine Ansprache und nun ging ich von einem Offizier zum andern und musste ihnen die Hand geben. Was alles sehr erleichterte, war der Umstand, dass ich schon viele von den Bällen her kannte. Am 11. Dezember begann ich meinen

---

[22] Die Ernennung zum Seconde-Lieutenant à la Suite des Leibgarde-Infanterie-Regiments (1. Großherzoglich Hessisches) Nr. 115 wurde am 9. Juni 1884 in St. Petersburg ausgefertigt. Vgl. die Personalpapiere in HStAD D 24 Nr. 31/1. Prinzessin Elisabeth „Ella" von Hessen heiratete den Großfürsten Sergej Alexandrowitsch von Russland (1857–1905).

[23] Der eigentliche Diensttritt Ernst Ludwigs erfolgte am 16. November 1886, kurz vor seinem 18. Geburtstag. Vgl. die Personalpapiere in HStAD D 24 Nr. 31/1.

Dienst. Ich genoss die Zeit sehr, denn mein Vorgesetzter war Hauptmann von Stolzenberg, der ein weitsichtiger und guter Mensch war, trotzdem er sehr streng sein konnte. Ich war nicht tot zu kriegen. Alles musste ich mitmachen. 7 Uhr Instruktion, dann Rekruten auf dem Exerzierplatz oder auf dem Kasernenhof, darauf schnell etwas in der Kantine essen und hinaus ging es zum Eislauf. Dann wieder Rekruten, darauf bei Beleuchtung zum zweiten Male Schlittschuhlaufen, schnell nach Hause, sich umziehen und darauf zum Essen ins Casino, dann auf einen Ball oder ins Theater. So machte ich es den ganzen Winter hindurch. Ich hatte viele Freunde im Regiment, aber besonders nahe standen mir Brauchitsch und Frankenberg. Wir waren ein ganz bekanntes Kleeblatt, aber mein besonderer Freund war Frankenberg, mit dem ich alles teilte.[24] Natürlich gab es auch Reibereien im Regiment, denn einige Kameraden waren nicht auf der Höhe, da ihre Charaktere zu wünschen übrigließen. Unser Oberst war Chapuis[25], ein sehr eingebildeter und als Charakter minderwertiger Mensch, den wenige liebten. Eine Geschichte muss ich noch von ihm erzählen: Als Leutnant im Ersten Garderegiment war er in Berlin Vortänzer gewesen. Da hatte er sich Visitenkarten auf Französisch drucken lassen, weil er glaubte, dass dieses vornehm sei. Unter seinem Namen stand: „Danseur en avant de sa Majesté la Reine de Prusse." Viele Jahre später, als er pensioniert in Frankfurt lebte, gab es ein großes Wohltätigkeitsfest daselbst. Ich war auch dort und hatte an einem runden Tisch mit Anderen zusammen mein Abendessen, serviert von Frankfurter Damen. Da höre ich zu meinem Entsetzen wie er einer Dame zuruft: „Schöne Rebecca gib mir zu trinken". Gleich kam die Antwort: „Mit Freuden, denn Rebecca pflegte Kamele zu tränken!". Ich habe die Geschichte später in den „Fliegenden Blättern"[26] gelesen.

Meine Zeit im Regiment war doch eine sehr schöne. Man war jung und genoss sein Leben und auch den Dienst, besonders die Felddienstübungen, und wenn etwas Unangenehmes passierte, vergaß man es bald. Da die meisten Kameraden gute Freunde von mir waren, fühlte ich mich dort ganz vorzüglich wohl. Die letzte Zeit war ziemlich anstrengend, weil ich zu meinem Dienst noch die Vorbereitung zum Offiziersexamen hatte, deren Fächer verschiedene Offiziere der Garnison mit mir durchnahmen. Ich bestand das Examen in Berlin [im] April 1888 ganz gut, trotz vieler Hindernisse, denn gerade in den Tagen war ein neuer schwerer Zusammenbruch des armen Kaisers Friedrich,[27] sodass ich im Schloss Charlottenburg auch oft sein musste und dann kam Königin Viktoria, wodurch ich wieder nach Charlottenburg eingeladen war. Es ging aber doch gut und in der Befestigungslehre bekam ich zu meinem Erstaunen sehr gut.

---

[24] Ernst Ludwig erwähnt seinen persönlichen Adjutanten, Hauptmann Alexander von Frankenberg und Ludwigsdorff (1861–1911), fast beiläufig. Tatsächlich bestand seit spätestens 1887 eine Liebesbeziehung zwischen den beiden jungen Männern, die wohl bis zur Verheiratung Frankenbergs 1893 andauerte. Im Folgejahr wurde er zum „diensttuenden Kammerherrn" der Großherzogin Victoria Melita (1876–1936), Ernst Ludwigs erster Ehefrau, ernannt und schied 1898 aus diesem Amt aus. Zur intimen Beziehung das gemeinsam geführte, teils codierte Tagebuch in HStAD D 24 Nr. 32/2. Vgl. Regierungsblatt 1894, Beilage 12, S. 92 und Regierungsblatt 1898, Beilage 29, S. 255. Der Dritte im „Kleeblatt" war der spätere Generalleutnant Richard von Brauchitsch (1861–1918).
[25] Hermann von Chappuis (1838–1910), preußischer Generalleutnant und seit 1887 Regimentskommandeur des 1. Großherzoglich Hessischen Infanterie-(Leibgarde-)Regiments Nr. 115 in Darmstadt.
[26] Satirische Wochenschrift, erstmals 1844 bei Braun & Schneider in München erschienen; 1944 eingestellt.
[27] Kaiser Friedrich III. (1831–1888), Ernst Ludwigs Onkel, litt an Kehlkopfkrebs und starb im Juni 1888.

Am 19. November 1886 war ich schon in die Leibkompagnie eingetreten und zog dann bald zum Studium nach Leipzig und Gießen. Am 1. April 1891 trat ich als Premier-Leutnant ins Erste Garde-Regiment, in dem mein Vater auch gedient hatte.[28] Ich kam in die zweite Kompagnie auf besonderen Wunsch des Kaisers, weil er sie selbst geführt hatte und hoffte, ich würde sie auch bekommen. Mein Dienst in Potsdam gefiel mir nicht so wie mein früherer, denn er war Kommiss. Die meisten der Kameraden waren sehr einseitig. Natürlich gab es unter ihnen auch sehr nette, aber wirklich so von Herzen warm wurde man doch nicht. Dabei war der Kommiss die vorherrschende Eigentümlichkeit. Es wurde, wie man zu sagen pflegt, von morgens bis abends immerzu gebimmst. Für den inneren Menschen gab es überhaupt nichts und das Verhältnis der Vorgesetzten untereinander war geradezu unmöglich. Mein Hauptmann von Buttlar[29] war ein ganz verbitterter Mensch, der Major von der Lanken stur, jähzornig mit unglaublichen Ausdrücken um sich werfend, der Oberst von Natzmer[30] beschränkt und ganz zweiter Klasse. Viele andere Kameraden waren ganz gewöhnliche Streber wie Plüskow, Humboldt, Roeder[31] etc., die auch später an verschiedenen Höfen Stellung fanden. Einst erlebte ich auf dem Bornstedter Feld, dass unsere vier Hauptleute mit gezogenem Säbel auf den Major losritten, weil sie sein Kujonieren nicht mehr vertragen konnten. Es endete in einem furchtbaren Geschrei. Vor Oberst von Natzmer, der parteiisch, ungerecht und launenhaft war, musste ich mich bei den Liebesmahlen im Kasino meistens verstecken, denn wenn er betrunken war, wollte er mich immer küssen. Sonst behandelte er mich meistens herablassend aggressiv. Man kann sich denken, dass viel Sympathie für das Regiment nicht in mir war. Meine beste Erholung war, wenn ich nach Berlin zu den verschiedenen Verwandten fahren konnte.

Ende des Winters bekam ich eine so schwere Bronchitis, dass der Stabsarzt Ernesti[32] mich nach dem Süden schickte. Ich reise also von Potsdam nach Nizza, wo mich am 9. März 1892 die Nachricht von der plötzlichen Erkrankung meines Vaters traf. Ich reiste sofort nach Hause, wo ich ihn noch lebend traf, aber zwei Tage nachher starb er und ich wurde Großherzog.[33]

Das goldene Jubiläum der 50-jährigen Regierung meiner Großmutter Königin Viktoria war am 20. Juni 1887. Ich machte es als 19-jähriger mit. Das ganze britische Imperium feierte es mit einer Begeisterung, die gar nicht darzustellen ist. Am Tag selbst, der ein richtiger Sonnentag war, ging der riesige Zug durch alle Hauptstraßen Londons. Er war sehr geschickt zusammengestellt, denn er war ein

---

[28] Laut Personalbogen wurde der Erbgroßherzog am 22. März 1891, direkt im Anschluss an seine vier Studiensemester in Leipzig und Gießen (s. Kapitel II), zum preußischen 1. Garde-Regiment zu Fuß in Potsdam versetzt und trat seinen Dienst am 1. April an. HStAD D 24 Nr. 31/1.
[29] Oswald Freiherr Treusch von Buttlar-Brandenfels (1855–1916).
[30] Oldwig von Natzmer (1842–1899), preußischer Generalleutnant.
[31] Hans von Pliskow (1859–1924), zu diesem Zeitpunkt Premier-Leutnant im 1. Garderegiment zu Fuß; Bernhard von Humboldt-Dachroeden (1863–1934), preußischer Generalmajor; Otto von Roeder (*1870).
[32] Dr. Adolph Ernesti (1837–1905).
[33] Großherzog Ludwig IV. von Hessen und bei Rhein starb am 13.3.1892 an den Folgen eines Schlaganfalls. Ernst Ludwig war zu diesem Zeitpunkt 23 Jahre alt.

endloses Sich-Steigern bis zu der Kavalkade der Fürsten (vorher alle Wagen der Fürstinnen), die von überall zusammengekommen waren, endend mit den Schwiegersöhnen und den Söhnen der Königin. Dann kam ihr Wagen mit den berühmten 8 Isabellen. Sie saß allein im Vordersitz, ihr gegenüber die Prinzessin von Wales (ihre älteste Schwiegertochter)³⁴ und die deutsche Kronprinzessin (ihre älteste Tochter).³⁵ Trotz des großen Prunkes war es der Triumph der Familie, denn sie war ja mit fast allen Fürstenhöfen Europas verwandt und nach dieser Verwandtschaft ging der Zug. Alle nicht verwandten Fürsten kamen zuerst. In der Westminster Abbey war der Dankgottesdienst. Diese alte große Kirche war zum Brechen voll und ganz in der Mitte erhöht und allein stand der uralte Krönungsstuhl, in dem der Stein von Scone ist, auf den Jakob seinen Kopf gelegt haben soll, als er die Engelsleiter vor sich sah. Auf diesem saß die alte Dame, die Beherrscherin über beinahe die ganze Welt. Nach dem großen Tedeum war der ergreifendste Moment, als der Prinz von Wales³⁶ und die Kronprinzessin aufstanden, sich tief vor ihrer Mutter verneigten und von ihr geküsst wurden. Dann kamen erst die anderen Kinder, Schwiegerkinder und Enkel. Man war ganz benommen von dem ewigen Schreien einer vor Begeisterung frenetischen Menge. Für uns Reiter war es anstrengend in der großen Sonnenhitze stundenlang auf nervös gewordenen Pferden durch die Millionen Menschen, deren Schreien pausenlos war, zu reiten.

Am 20. Juni 1897 war das diamantene Jubiläum. Die Begeisterung war, wenn möglich, noch grösser wie vor 10 Jahren und die Straßen waren noch viel reicher geschmückt. Der Zug war sogar noch länger. Der einzige Unterschied war, dass man das Tedeum nicht in Westminster Abbey hielt, weil die Königin in ihrem Alter nicht mehr gut gehen konnte und man fürchtete, sie zu sehr zu ermüden. So war das Tedeum vor St. Pauls Cathedral. Sie fuhr in ihrem Wagen bis vor die große Freitreppe. Es war ein unglaublicher Anblick, denn die ganze riesige Freitreppe war von Geistlichen und hinter ihnen die Sänger, alles in Weiß, besetzt. Ganz vorne waren die Bischöfe, alle in Gold. Der ganze Platz war wie ein großer Raum dekoriert. Tribünen zogen sich bis hoch hinauf, die Wagen der Prinzessinnen standen im Kreis um denselben und wir Fürsten zu Pferd hielten neben dem Wagen der Königin. Es war ein unvergesslicher Anblick, denn alles war von der strahlenden Sonne beleuchtet und dabei rauschte das schöne Singen hinauf zur Höhe. Die Rückfahrt dehnte sich noch länger aus als früher und die Begeisterung und das Hurraschreien war so unglaublich stürmend geworden, dass der Erzherzog Franz Ferdinand,³⁷ der neben mir ritt, ganz erschüttert war. Er

---

[34] Alexandra Prinzessin von Wales (1844–1925), geb. Prinzessin von Dänemark, spätere Königin von Großbritannien und Irland, Kaiserin von Indien.
[35] Victoria, deutsche Kaiserin (1840–1901), Princess Royal von Großbritannien und Irland.
[36] Albert Edward Prinz von Wales (1841–1910), später König Edward VII. von Großbritannien und Irland, Kaiser von Indien.
[37] Erzherzog Franz Ferdinand von Österreich (1863–1914).

„Es war ein unvergesslicher Anblick, denn alles war von der strahlenden Sonne beleuchtet"
Tedeum zu Ehren des 60-jährigen Regierungsjubiläums der Königin Victoria von England vor St. Paul's Cathedral,
London, 20. Juni 1897.

sagte mir, dass er so eine Begeisterung eines Volkes nicht für möglich gehalten hätte. Als wir zuletzt abstiegen, hatte keiner von uns einen trockenen Faden am Körper.

Und nun die Beerdigung meiner Großmutter am 5. Februar 1901. Grau und kalt die Luft und wieder der große Zug durch London und wir Fürsten hinter dem Sarg reitend. Alles war absolut still und alles war schwarz und unter den Millionen Menschen keiner, der nicht schwarz angezogen war. Alle Menschen in den Straßen und in den Häusern und Tribünen senkten die entblößten Köpfe, wie der Sarg mit der Königsflagge bedeckt vorbeikam und alle weinten. Man hatte das Gefühl, ein Volk weint seiner Mutter nach.

Eine andere Beerdigung machte ich schon früher mit. Es war die vom alten Kaiser Wilhelm[38] am 16. März 1888. Hoher Schnee, auf dem sich die Menschen in den Straßen und auf den Bäumen schwarz abhoben. Auch ein endloser Zug durch die Linden mit allen Fürstlichkeiten zu Fuß hinter dem Katafalk. Überall Soldaten, eine riesenhafte militärische Leichenparade. Man fühlte, dass mit dem alten Herrn die Vergangenheit abgeschlossen hatte. Große Ergriffenheit war nicht zu bemerken, es war mehr Neugierde. Dann wieder die Beerdigung König Eduard VII. am 20. Mai 1910, der sehr beliebt war. Wieder der Zug durch London, aber in voller Sonne und wie früher wir alle zu Pferde. Und wieder fühlte man das pochende Herz des trauernden Volkes. Der Sarg lag auf der Lafette wie bei Königin Viktoria. Nie vergesse ich den Anblick, als bei einigen Straßen, die nicht flach waren, über dem schwarzen Meer der Sarg, mit der Königsstandarte bedeckt, auftauchte und auf ihm die glitzernde leuchtende Königskrone über alles hinwegstrahlte.

Drei Krönungen habe ich mitgemacht. Die von meinen Geschwistern in Moskau am 26. Mai 1896,[39] die von meinem Onkel Eduard VII. am 9. August 1902 und die von meinem Vetter Georg V. am 22. Juni 1911. Die von Georg V. war genau wie die seines Vaters.[40]

Die Krönung in Moskau von einer überschäumenden Schönheit, an das Orientalische grenzend. Die Krönung in London auch hervorragend schön, aber gebändigt durch Kultur und Zivilisation. In Moskau die Kathedrale voller Heiligenmalereien auf Goldgrund und alle Priester in Gold mit Stickereien und Edelsteinen. Ein großer mystischer Zug zog sich durch alle Zeremonien und man fühlte die Tradition von Byzanz. Durch die Salbung sind der Kaiser und die Kaiserin geheiligt. Der Kaiser nimmt das Abendmahl als Priester im Allerheiligsten. Nun nimmt der Kaiser vor dem Thron seine

---

[38] Wilhelm I., deutscher Kaiser (1797–1888).
[39] Ernst Ludwigs jüngere Schwester, Prinzessin Alix von Hessen und bei Rhein (1872–1918), hatte Zar Nikolaus II. von Russland (1868-1918) geheiratet und den Taufnamen Alexandra Feodorowna erhalten. Das Paar wurde in der Auferstehungskathedrale des Moskauer Kreml gekrönt. Vgl. die Ausführungen des Großherzogs auf S. 101.
[40] Die Krönungsfeierlichkeiten für den englischen König Edward VII. und seinen Sohn George V. (1867–1936) fanden in Westminster Abbey, London statt.

Krone ab, kniet nieder und betet laut das wunderbare Gebet für sein Volk. Und darauf beim Gebet für den Kaiser ist er der einzige stehende Mensch im ganzen russischen Reiche. Der Zug, bestehend aus Uniformen, Gold, Silber, Kaiser und Kaiserin unter einem riesenhaften goldenen Baldachin in ihren Goldhermelinen und alle Fürstinnen mit Juwelen übersät. Zum Ansehen muss er wie ein fantastischer Traum gewesen sein, denn die Sonne strahlte auf alles hernieder.[41]

Die Krönung in London so ganz anders. Die alte Westminster Abbey in ihrer grauen vornehmen himmelsteigenden Gotik. Alle Tribünen darin in einem wunderbaren altblauen Samt mit diskreten Goldfransen. Alle Peers und Peeresses in ihren altvorgeschriebenen Purpur- oder roten Kleidern und Mänteln. Alle Prinzen in ihren Ordensmänteln und alle Prinzessinnen in ihren vorgeschriebenen violetten Hermelinschleppen. Alle Unterkleider der Damen waren Weiß und Gold. Der Baldachin des Königs von vier Herzögen in Silber und Dunkelblau (Garter Roben)[42] getragen, der Baldachin der Königin von vier Herzoginnen in Purpur und Gold. Auch dort die altehrwürdigen Zeremonien. Im Augenblick wie der König gekrönt wird, setzen alle Peers ihre ihrem Rang gehörigen Kronen auf, desgleichen bei der Krönung der Königin die ganzen Peeresses. Es war ein merkwürdiger

Trauerzug für Königin Victoria von England, hinter dem Sarg gehend v.l.n.r. Kaiser Wilhelm II., König Edward VII. von England, Herzog Arthur von Connaught; dahinter, in der Reihe mit hellen Uniformröcken, Großherzog Ernst Ludwig als 2.v.r., London, Januar 1901.

---

[41] In seiner Beschreibung geht der Großherzog nicht auf die Katastrophe ein, die sich vier Tage nach der Krönungszeremonie auf dem Chodynka-Feld bei Moskau ereignete: Unter der zu einem Fest geladenen Bevölkerung brach eine Massenpanik aus, in deren Verlauf gut 1400 Menschen zu Tode getrampelt oder zerquetscht wurden; mehrere Hundert wurden schwer verletzt. Das Unglück wurde als schlechtes Omen für die Herrschaft Nikolaus II. angesehen.

[42] Den sog. Hosenbandorden (engl.: Order of the Garter), die höchste Auszeichnung des englischen Königshauses, trugen vor Ernst Ludwig bereits sein Vater Ludwig IV. und sein Großonkel Ludwig III. (1806–1877). Zur Tracht der Ordensträger gehört der charakteristische weite Mantel aus dunkelblauem Samt mit weißen Schleifen.

Schmuckblatt auf die Krönung von Zar Nikolaus II. und Zarin Alexandra Feodorowna von Russland, geb. Prinzessin von Hessen, Mai 1896.

Anblick, als die hunderte von Frauenarmen sich über ihre Köpfe erhoben um sich ihre Kronen aufzusetzen. Man fühlte doch stark die Tradition des Adels, durch welche er dem König Johann seine Reichskonstitution aufnötigte. Im Augenblick der Krönung erstrahlte der alte Bau in einem warmen Licht, welches von tausenden von Glühbirnen herrührte, welche hinter den alten Säulenkapitälen versteckt lagen.

Der Kaiser und die Kaiserin von Russland sahen beide wie zwei mit Juwelen bedeckte Götter oder Heiligenbilder aus. Der König und die Königin von England genau wie zwei zum Leben erwachte Holbeins. Diese Krönungen sind die Symbole zweier Welten. Die Welt des Ostens byzantinisch absolut, der Kaiser steht und sein ganzes Millionenvolk kniet, um für ihn zu beten. Die Welt des Westens konstitutionell, der König (und Kaiser von Indien) wird gekrönt, aber die Großen des Reiches krönen sich mit ihm.

Durch die Freundlichkeit des Onkels durfte ich den berühmten Krönungs-Durbar in Delhi am 1. Januar 1903 mitmachen. Man sagt, dass nie vorher und wahrscheinlich nie nachher eine solche Versammlung von allen Großen und Fürsten aus Indien, Burma etc. stattfinden wird. Denn zur Zeit der Großmoguln hatten diese nur einen Teil von Indien unter sich und dieses Mal kam das ganze Indien in all seiner alten Pracht zusammen, um die Krönung des Kaisers zum ersten Mal zu feiern.[43] Der große Einzug in Delhi am 29. Dezember war der Haupttag für die Allgemeinheit. Die Festtage dauerten bis zum 11. Januar. An diesem Einzug nahmen der Vizekönig Lord Kurzon mit Gemahlin, der Herzog und die Herzogin von Conought, ich, die ganzen indischen Fürsten mit ihren Gefolgen und alle Gouverneure teil.[44] Letztere in vierspännigen Wagen mit Eskorten, ich gleichfalls. Alles andere auf Elefanten, von denen es mehr als 300 waren. Dieser Zug in all seinem Pomp durch die malerische Stadt war ganz unglaublich. Alle Elefanten bemalt mit purpurnen, goldenen und silbernen stark bestickten Decken und Haudas. Die indischen Fürsten in allen Farben des Regenbogens, ganz bedeckt mit Schmuck. Einer schien mir ein leuchtend grünes Wams zu tragen, es waren aber nur vier Reihen von riesigen, flachen Smaragden. Ein anderer glitzerte unglaublich, er hatte fünf Reihen von enormen Brillanten. Noch einer war ganz weiß, weil er mit Reihen und Reihen von Perlen überhängt war. Es war der phantastischste Anblick, den ich je gesehen habe.

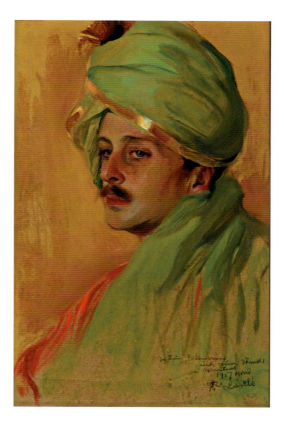

Großherzog Ernst Ludwig in orientalischem Kostüm, Ölgemälde von Philip Alexius de László, 1907.

---

[43] Zu der in Tagebuchaufzeichnungen und vier großformatigen Fotoalben dokumentierten, mehrmonatigen Reise Ernst Ludwigs anlässlich der Krönung seines Onkels, des englischen Königs Edwards VII., zum Kaiser von Indien, s. insbesondere Franz (2003). Vgl. HStAD D 24 Nr. 32/3 und D 27 A, 92-95.
[44] George Nathaniel Curzon, 1. Marquess Curzon of Kedleston (1859–1925), indischer Vizekönig von 1899 bis 1905, und seine Ehefrau Lady Mary geb. Leiter (1870–1906). Anwesend waren außerdem Herzog Arthur von Connaught (1850–1942), Ernst Ludwigs Onkel, und seine Gemahlin Luise Margarethe (1860–1917), geb. Prinzessin von Preußen.

„Es war der phantastischste Anblick, den ich je gesehen habe"
Krönungs-Durbar zu Ehren König Edwards VII. von England: Der Einzug der indischen Fürstlichkeiten vor der Westseite der Jama Masjid, Delhi, 1. Januar 1903.

Ernst Ludwig mit seinen Leipziger Studienfreunden, v.l.n.r. unbekannt, Gustav von Römheld, Ernst Ludwig, Rudolf G. Binding, 1889/90.

II.
Studienzeit

Als die Sprache darauf kam, wo ich studieren sollte, hatte mein Vater beschlossen, ich solle nach Göttingen, wo er selbst studiert hatte. Ich bat ihn davon abzusehen, denn die juristische Fakultät, die zu seiner Zeit dort sehr gut gewesen war, hätte sich verändert und die besten Juristen wären jetzt alle in Leipzig und dann wolle ich gerne in eine große Stadt, wo ich in der Masse mehr untergehen könne. In Göttingen würde es unmöglich sein, denn dort würde ich immer als Erbgroßherzog behandelt werden. Mein Vater sah mein Argument ein und stimmte zuletzt zu, obwohl ihm zuerst der Gedanke unsympathisch war.

Also zog ich nach Leipzig, März 1889 – Frühling 1891.[45] Ich wohnte daselbst in dem Hotel Hauffe, denn da war alles da und man brauchte nicht für den Unterhalt zu sorgen. Ich hatte ein kleines Schlafzimmer und ein Wohnzimmer, daneben war ein Zimmer, welches ich als Esszimmer gebrauchte. Nebenan hatte mein Begleiter, Kreisamtmann Römheld,[46] sein Zimmer. Ich sollte zuerst einen Offizier als Begleiter mitbekommen. Ich bat meinen Vater das nicht zu tun, denn der würde aus vielen Gründen nur ein Hindernis sein. Ich möchte lieber einen Begleiter haben, der sich für dieselben Fächer interessiere, welche ich gerade studierte, sodass ich mit ihm darüber sprechen könne. So wurde Römheld meinem Vater auf Anraten von Minister Finger[47] und Pfarrer Sell als der Geeignetste vorgeschlagen. Er war der Richtige, denn er war sehr bescheiden, aber auch gescheit und ging von sich aus in viele der Vorlesungen, weil er sich selbst weiterbilden konnte. Viele Fragen besprachen wir zusammen und er schlug mir auch Bücher vor, wo ich nachlesen konnte. Wie gesagt war er sehr bescheiden, sodass er sich nie in mein Leben hineinmischte, und wenn ich ihn haben wollte, war er immer da. Da er sehr freundlich war, hatte man ihn gerne und so wurde er mit mir oft eingeladen, weil er dem Gastgeber sympathisch war. Er bat mich zu Anfang, ich solle ihm doch bei seinen Kleidern helfen, denn er wisse doch nicht, was man tragen

Ernst Ludwig mit seinen Leipziger Studienfreunden, v.l.n.r. unbekannt, Ernst Ludwig, Rudolf G. Binding, Gustav von Römheld, 1889/90.

---

[45] Ernst Ludwig gibt hier irrtümlich die Dauer seiner gesamten, vier Semester umfassenden Studienzeit an. Der Aufenthalt in Leipzig endete jedoch bereits nach drei Semestern (Sommersemester 1889 bis einschließlich Sommersemester 1890) im August 1890. Das Wintersemester 1890/91 verbrachte er, wie er weiter unten selbst berichtet in Gießen.
[46] Gustav von Römheld (1861–1933), Jurist, Geheimer Kabinettsrat und zuletzt Direktor des Hessischen Landesmuseums Darmstadt, zählte zu den engsten Beratern des Großherzogs in kulturpolitischen Fragen. Kurz vor seinem Tod verfasste er seine Lebenserinnerungen, aus denen in diesem Band erstmals zitiert wird, s. Römheld (1933).
[47] Jakob Finger (1825–1904), 1884–1893 Staatsminister des Großherzogtums Hessen.

müsste und wie die Kleider aussehen müssten, da er ja doch aus kleinen Verhältnissen stamme und er nicht wolle, dass ich wegen ihm mich genieren müsse. Wir wurden gute Freunde.

Ich bin nie in ein Corps eingetreten, weil ich schon das viel bessere Muster in der Armee kannte. Ich war zweimal von Corps eingeladen, aber der Stumpfsinn und der niedere geistige Standpunkt schreckten mich so ab, dass ich nie mehr in ihre Nähe ging. Meine Freunde suchte ich mir selber aus. Es war sehr viel Glück dabei, denn diese passten so gut zueinander, dass wir wie eine geschlossene Gesellschaft meistens immer zusammen waren. Unter ihnen war mein bester Freund Rudi Binding, der jetzige Dichter, Sohn meines Strafrechtslehrers Professor Binding,[48] der auch studierte. Andere Freunde waren Hans List, der Sohn eines Großkaufmanns; Meiner, ein junger Patrizier; Schmidt ein Student und noch verschiedene. Ich bin viel eingeladen gewesen, besonders von der Professorenschaft. Da gab es eine alte Sitte, das sog. Professorium. Im Winter luden die jeweiligen Professoren einige ihrer ihnen näherstehenden Schüler ein, mit ihnen und ihrer Familie auf das Professorium zu gehen. Nun zog man zusammen, d.h. die ganze Familie mit Schülern, in die jeweiligen Festräume. Da man sich doch gegenseitig gut kannte, war dieses Fest sehr angeregt, meistens war es einfach ein Ball, aber man musste immer wieder zu seiner Familie zurückkehren. Zum Schluss gab es Kaffee, da saßen nun die getrennten Gruppen nebeneinander und tranken Kaffee aus großen Tassen. So ging man auch geschlossen nach Hause, d.h. bis zur Wohnung des Professors. Es gab sehr komische Momente, wenn man von verschiedenen Professoren eingeladen und sich winden und drehen musste, um nicht anzustoßen. Denn ich glaube, diese Professorien waren dazu da, damit die jungen Studenten die jeweiligen Töchter kennen lernen sollten. Trotzdem bekam man dann von der anderen Seite oft saure Bemerkungen von den Mamas zu hören, da man aber jung war, focht einem das wenig an. Im Sommer gab es zwei Professorien, diese waren aber längere Ausflüge, die sehr stark besucht waren, so dass zwei lange Extrazüge nötig waren. Dabei gab es auch dasselbe Hin und Her zwischen den jeweiligen Professorenfamilien. Immer musste man sich zwischendurch bei seiner jeweiligen Familie zeigen. Aber lustig war es trotz alledem, da man in der freien Natur oder in der Wirtschaft, wo man tanzte, sich vergnügen konnte.

Die Gesellschaft Leipzigs war damals in ganz getrennten Kreisen verteilt, die eigentlich nichts voneinander wussten. Da ich von überall her sehr stark eingeladen wurde, machte es mir besonders Spaß, immer in den jeweiligen Krei-

---

[48] Rudolf G. Binding (1867–1938), deutscher Schriftsteller, Sohn des Rechtswissenschaftlers Prof. Dr. Karl Binding (1841–1920). Gustav Römheld schreibt: „Das Haus Binding wurde für uns ausserordentlich angenehm und anziehend. Da war der geistvolle Hausherr, die feine, liebe, gute Mama Binding, der Sohn Rudi, nunmehr als Dichter Rudolf G. Binding hoch angesehen. [...] Wir waren öfter bei Bindings Gast und bald verband eine nahe Freundschaft den Erbgroßherzog mit Rudi [...]". Zit. nach Römheld (1933), S. 15. Von Binding stammt das Gedicht „Der Tag geht über mein Gesicht ..." an der Sonnenuhr des Darmstädter Hochzeitsturmes, der 1905-08 anlässlich der zweiten Eheschließung Ernst Ludwigs errichtet wurde.

sen von den Anderen zu erzählen. Es nämlich den Professorenkreis, den Kreis der Patrizier, der Kaufleute, des Reichsgerichts, der Armee und der Theaterkünstler. Bei allen verkehrte ich mit Genuss, denn ich war sehr lebensfroh und nichts konnte mich ermüden. So z.B. im Frühling nach Bällen liefen Rudi Binding und ich sofort nach Hause, zogen uns um, gingen zu einem Pferdehändler, der uns immer gerne seine Pferde lieh, weil wir sie stark bewegten ohne sie zu übermüden oder zu schädigen und gegen 5 Uhr morgens waren wir schon aus der Stadt, entweder auf dem Rennplatz oder im Gelände. Im Winter gab es viele Gesellschaften, Bälle und Theater. Im Sommer Ausflüge, Landpartien, Tennis und Gartenfeste. Viel verkehrte ich auf den Landgütern der alten Tauchnitz, Freise, Limburger etc. Da gab es Lawntennispartien, Bootsfahrten etc. und abends Einladungen mit Tanz. Dadurch, dass die Kreise so verschieden waren, wurde ich unmerklich zur Vielseitigkeit erzogen, denn in jedem Kreis war das Interesse ein total anderes und immer sah der jeweilige Kreis auf den anderen herab.

Das Wintersemester 1890-91 verbrachte ich in Gießen. Da war es nun ganz anders. Dort war ich der Erbgroßherzog. Mein Verkehr war dort hauptsächlich die jungen Professoren und Dozenten, auch die Kaufleute, unter denen es sehr feine Menschen gab wie Geil[49], Schirmer etc.

Das Officiercorps der 116er lud mich auch öfters ein. Mit den Studenten verkehrte ich beinahe garnicht, denn immer wäre ein Corps auf das andere eifersüchtig geworden, wenn ich mit einem verkehrte. So machte ich auch keine Freunde, die Zeit war zu kurz. Es wäre ja noch gekommen, aber da musste ich schon im April nach Potsdam.

Man hatte für mich [in Gießen] ein reizendes kleines Haus um ungefähr 1780 genommen. Es lag dort wo jetzt das Theater steht.[50] Da fühlte ich mich ganz als Hausherr und gab kleine Diners oder Bierabende. Große Freude bereitete es mir, diese Abende so künstlerisch schön zu machen wie ich es nur konnte. Da saß man dann bis zum frühen Morgen in eifrige Diskussionen vertieft. Da es viele gute musikalische Dilettanten gab, machte ich auch musikalische Tees, die sehr zu gefallen schienen, denn jedermann war bereit mitzuwirken. So habe ich damals den Chor der Huris aus „Paradies und Peri" von Schumann selbst einstudiert. Das ganze Wintersemester war mehr gesellschaftlich als etwas anderes und ich lernte zu repräsentieren, was ja auch für spätere Zeiten sehr nötig war.[51]

Die Zeit, die ich in Leipzig zubrachte, genoss ich aus vollen Zügen, denn da es eine Großstadt war, hatte ich sehr viel Abwechslung, z.B. das Schauspiel und ganz besonders die Oper,

---

[49] Karl Wilhelm Gail (1854–1925), Tabakfabrikant und Landtagsabgeordneter in Gießen.
[50] Das Gießener Adressbuch für das Jahr 1891 weist Ernst Ludwigs damalige Anschrift mit Neuenweg Nr. 74 aus. An der Stelle des Wohnhauses steht heute das 1907 eröffnete Stadttheater, dessen ausführende Architekten, Fellner & Helmer, 1904/05 auch die Neugestaltung des Logenraumes im Großherzoglichen Hoftheater in Darmstadt vorgenommen hatten.
[51] Bereits von den Leipziger Studiensemestern berichtet Gustav Römheld, Ernst Ludwigs Begleiter und „Mentor": „Die Kollegien wurden pünktlich besucht. Aber meine besonders im Anfang nachdrücklich gemachten Versuche, zuhause Repetitionen mit dem Erbgroßherzog zu halten, hatten wenig Erfolg, so dass ich sie schließlich aufgab." In Gießen hörte Ernst Ludwig hingegen „nur Collegia Privatissima, zu denen die Professoren in seine Villa kamen.". Zit. nach Römheld (1933), S. 15 u. S. 20.

„Erst nachmittags 4 Uhr kann ich ausgehen"
Ernst Ludwigs Vorlesungsplan während des ersten Studiensemesters an der Universität Leipzig, Mai 1889.

die auf eine sehr große Höhe durch Direktor Stegemann[52] gebracht worden war. Da gab es Sänger wie Scheidemantel,[53] Perron,[54] Alvary,[55] Lederer,[56] Schelper,[57] Moran-Olden,[58] Stamer-Andrissen[59] etc. und bei Abenden des Direktors Stegemann lernte man alle die großen Solisten kennen, was für einen jungen Menschen wie mich von großem Reiz war.

Zu der Zeit war die Universität in ganz Deutschland berühmt, denn alle großen Geister hatten sich dort vereint. Besonders waren

---

[52] Max Staegemann (1843–1905), Schauspieler, Opernsänger und Theaterintendant.
[53] Karl Scheidemantel (1859–1923), Opernsänger.
[54] Carl Perron (1858–1928), Opernsänger.
[55] Max Alvary (1856–1898), Opernsänger.
[56] Gemeint ist wohl der Opernsänger Georg Lederer (1843–1910).
[57] Otto Schelper (1844–1906), Opernsänger.
[58] Fanny Moran-Olden (1855–1905), Opernsängerin.
[59] Pelagie Greef-Andriessen (1860–1930), geschiedene Stahmer-Andriessen, Opernsängerin.

es die großen Juristen, die den Ruf Leipzigs überallhin verbreiteten. Wach (Strafrecht), Binding (Strafrecht), Friedberg (Allgemeines Recht), Windscheid (Römisches Recht), Sohm (Kirchenrecht), L. Brentano (Nationalökonomie), Wundt (Philosophie), Springer (Kunstgeschichte) etc. Und erst die Ärzte wie Kurschmann etc.[60] Hauptsächlich habe ich bei Binding gehört. Er war unglaublich geistreich und klar, dabei sehr bestimmt. Man wurde einfach von ihm mitgerissen. An Körper war er so beweglich wie an Geist, denn er war ein sehr guter Schlittschuhläufer und focht leidenschaftlich gern mit dem Fleurette. Hospitiert habe ich bei Wach[61] mit dem umfassenden Gehirn, der aber sehr sarkastisch sein konnte. Später wurde er ja sächsischer Minister.

Sohm, der ein rührender Mensch war, brachte alle seine Gedanken uns Jungen mit seltener Geduld vor. Leider war er sehr taub geworden, sodass ein richtiger Verkehr mit ihm nie entstehen konnte. Wund[62], bei dem ich auch hospitierte, war ja als Philosoph sehr berühmt, aber sein Vortrag war nicht sehr gut und dadurch sehr anstrengend zu folgen, sodass er sehr oft seine jungen Zuhörer langweilte. Lujo Brentano machte seinem Namen alle Ehre. Es war, als ob man einem Italiener zuhörte. Sprudelnd, geistreich, witzig und sich selbst an seinem Thema begeisternd. Der alte Springer, der ein Böhme war, war noch so sanguinisch und sprudelnd, dass wir alle ihm mit großem Genuss folgten. Bei einer von seinen Vorlesungen schimpfte er weidlich über die jetzige Zeit, wo alles so verschnörkelt und überfeinert wäre, dabei stellte er in seinem Zorn einen Stuhl so fest auf, dass er sofort zerbrach. „Da haben wir den Beweis", schrie er. Wir lachten alle laut mit ihm.

Damals bekümmerten sich die Professoren sehr viel um ihre Schüler, z.B. hatte Binding einen Tag in der Woche, an dem die Schüler, die es gerne wollten, zu ihm kommen konnten um ihn um Aufklärung in bestimmten Fragen, die sie nicht begriffen, zu bitten, so dass man stets in nahem Kontakt mit seinen Lehrern war. Sie erzogen auch ihre Schüler. So als im Sommer bei Binding man auf ihn wartete, zwei Studenten am offenen Fenster rauchten. Als er auf den Catheder stieg, schnüffelte er herum und plötzlich sagte er: „Hier hat man geraucht. Meine Vorlesung ist keine Tabagie. Guten Morgen, meine Herren". Weg war er und wir machten dumme Gesichter und zogen gleichfalls ab. Er sowohl wie Wach waren die beiden großen Konkurrenten und nichts war begeisternder als die beiden, die gute Freunde waren, zu hören, wenn sie im Streit über eine Frage sich befehdeten und jeder den Anderen durch Argumente und geistreiche bissige Bemerkungen zu besiegen strebte.

---

[60] Nach dem für das Sommersemester 1839 erhaltenen Stundenplan belegte Ernst Ludwig „National-Öconomie" bei Prof. Ludwig Brentano (1844–1938) (7-8 Uhr), „Rechtsencyclopädie" bei Prof. Karl Binding (8-9 Uhr), „Institutionen" bei Prof. Bernhard Windscheid (1817–1892) (9-10 Uhr), „Deutsche Rechtsgeschichte" bei Prof. Rudolph Sohm (1841–1917) (10-11 Uhr) sowie „Monumentalkunst und Kunst in der Gegenwart" bei Prof. Anton Springer (1825–1891) (zweimal pro Woche, 11-12 Uhr). HStAD D 24 Nr. 13/3.
[61] Prof. Adolf Wach (1843–1926), Rechtswissenschaftler. Entgegen Ernst Ludwigs Aussage war Wach zu keiner Zeit Minister im Königreich Sachsen.
[62] Wilhelm Wundt (1832–1920), Psychologe, Physiologe und Philosoph.

In Leipzig unter den vielen Menschen, die ich kennen lernte, war auch der alte Geheimrat von Simson.[63] Er war erster Präsident des deutschen Reichsgerichts gewesen und früher, 1848, war er in der Paulskirche in Frankfurt der Präsident des Parlaments gewesen. Er war ein kleiner Mann mit sehr scharfen klaren Augen und einem freundlichen gütigen Wesen. Es machte ihm Spaß von Zeit zu Zeit junge Studenten abends zu einem Glas Bier und kalten Aufschnitt einzuladen. Bewirtet wurde man von zwei kleinen alten Damen, die entweder seine Töchter oder Nichten waren. Sobald er glaubte, dass sie ihre Schuldigkeit getan hätten, schickte er sie prompt hinaus und blieb dann ganz allein mit uns Jungen zusammen. Es war ungeheuer interessant und belehrend, was er alles hervorbrachte und mit Genuss reizten wir ihn, uns aus der Vergangenheit zu erzählen, dabei war er doch so bescheiden, dass er sich immer nur als eine Nummer unter den anderen Menschen betrachtete, obwohl man genau durchfühlte, dass er einer der wichtigsten Faktoren in jener furchtbar komplizierten Zeit war. So z.B. war er mit Einer von der Abordnung, die Friedrich Wilhelm IV.[64] die Kaiserkrone anbot. Überhaupt fand er, dass der König sehr unterschätzt worden wäre. Er hielt viel von ihm. Ich frug ihn einstens nach Treitschke, der gerade einen neuen Band seiner großen Geschichte zu der Zeit herausgebracht hatte.[65] Da wurde er einfach böse. Er sagte, er hätte Treitschke sehr gut gekannt und hätte Vieles seiner Arbeit für gut befunden. Aber die letzte Zeit hätte er wissentlich die Geschichte nach seinem Wunsche gefälscht. So etwas könne er nicht verzeihen. Treitschke hätte mit ihm noch viele Einzelheiten besprochen, sodass er ganz genau orientiert war. Und nun schriebe er Sachen, die einfach nicht wahr wären. Besonders über die deutschen Südstaaten hätte er Sachen zu ihrem Nachteil erfunden, um Preußen grösser darzustellen. Es wäre überhaupt unerhört. Dieser Mensch hätte nun vor kurzem die Dreistigkeit gehabt ihn besuchen zu wollen, da hätte er nur antworten lassen, für so jemand wäre er nie zu sprechen.

---

[63] Eduard von Simson (1810–1899), Jurist und Politiker.
[64] Friedrich Wilhelm IV. (1795–1861), König von Preußen. Die Kaiserwürde nahm erst sein jüngerer Bruder und Nachfolger Wilhelm 1871 an.
[65] Der vierte Teil („Bis zum Tode König Friedrich Wilhelms III.") des von Heinrich von Treitschke (1834–1896) verfassten fünfbändigen Werkes „Deutsche Geschichte im Neunzehnten Jahrhundert" erschien 1889 im Leipziger Verlag von S. Hirzel.

Der 45. Geburtstag Großherzog Ludwigs IV. von Hessen, vordere Reihe v.l.n.r. Prinzessin Maud von Wales (Königin von Norwegen), Prinz Albert von Schleswig-Holstein, Prinzessin Irène von Hessen. Mittlere Reihe (sitzend) v.l.n.r. Prinzessin Alix von Hessen, Königin Alexandra von England, Prinzessin Victoria von Hessen, Prinzessin Louise von Wales (Herzogin von Fife). Hintere Reihe v.l.n.r. Prinz Albert Victor von Wales, Prinzessin Helena von Schleswig-Holstein, Erbgroßherzog Ernst Ludwig von Hessen, König Edward VII. von England, Prinzessin Elisabeth von Hessen, Prinz Christian von Schleswig-Holstein, Prinz George von Wales (König George V. von England), Prinz Christian Victor von Schleswig-Holstein, Prinzessin Victoria von Wales, Großherzog Ludwig IV. von Hessen, Darmstadt, 12. September 1882.

III.
Verwandte

„Kleine Lämmerche" Großherzog Ludwig III. von Hessen, um 1865.

Ludwig III., Onkel Louis, war der älteste Bruder meines Großvaters.[66] Ein Riese von 2m 7, breit und dick und mit runden Backen und wenn man Sonntags zum Familiendiner als Kinder nachkam, waren wir schön angezogen, immer ängstlich, da Kinder ihm eigentlich unangenehm waren, denn er wusste nicht, was er mit ihnen anfangen sollte. Ich erinnere mir sehr gut, wenn er seine Backen aufblies und eine Grimasse schnitt, dabei auf uns herabsehend sagte: „Kleine Lämmerche, kleine Lämmerche!" Ganz geheuer waren wir ihm nicht und das nicht mit Unrecht, denn einst hörte man nebenan in seinem Schreibzimmer ein Klirren. Als man hineinlief, soll ich mit Geschwindigkeit seinen ganzen Schreibtisch auf den Boden befördert haben. Ich war ungefähr 4 Jahre alt.

Die Zeit 1866 muss ihn schwer mitgenommen haben, wenn man bedenkt, dass z.B. Preußen ihm vorschlug, wenn er mit Preußen ginge, so solle er Aschaffenburg und das dazugehörige Hinterland erhalten. Nun war er der Schwiegersohn Ludwigs I. von Bayern,[67] denn die Großherzogin Mathilde[68] war dessen Tochter gewesen. Wie konnte sich mein Onkel auf diese Art vergrößern? Natürlich schlug er es aus.[69] Preußen wollte damals das ganze Oberhessen bis zum Main schlucken. Onkel Fritz (Kaiser Friedrich) hat meinem Vater, seinem Schwager, die Abschrift des Briefes Kaiser Alexander II. gezeigt, worin er seinem lieben Onkel schreibt, dass es ihm sehr leid täte, aber er müsse ihm mitteilen, dass jeden Schritt, den die Preußen weiter in Hessen machten, seine Truppen in Ostpreußen beantworten würden. So ist Oberhessen gerettet worden. Kaiserin Marie von Russland war die Schwester Ludwig III.[70] Später, wie ich mit meinem Vater über den Brief sprach, sagte dieser, wahrscheinlich wäre der Brief jetzt längst vertilgt.

Ich war 9 Jahre als er 1877 starb, drei Monate nach meinem Großvater. Die beiden Beerdigungen kann ich mir sehr gut ins Gedächtnis zurückrufen, denn es waren natürlich die beiden ersten offiziellen Gelegenheiten, welche ich mitmachte. Den Tod meines Großvaters 20. März 1877 erlebte ich, denn ich war dabei. Ich sehe uns alle in dem dunklen grünen Schlafzimmer und eine weiße Gestalt auf dem Bett liegen und höre das Schluchzen der Verwandten. Bei der Beerdigung hatte ich große Angst, dass man den Sarg beim Heruntertragen fallen lassen

---

[66] Da die Ehe Ludwigs III. von Hessen kinderlos blieb, folgte ihm sein Neffe Ludwig, der älteste Sohn seines Bruders, Prinz Karl (1809–1877), als Großherzog Ludwig IV. nach.
[67] König Ludwig I. von Bayern (1786–1868).
[68] Großherzogin Mathilde von Hessen und bei Rhein (1813–1862), geb. Prinzessin von Bayern.
[69] Im sog. Deutschen Krieg des Jahres 1866 stritten das österreichische Kaiserreich und das Königreich Preußen um die Vormachtstellung unter den deutschen Staaten einerseits, deren Bündnisform andererseits. Das Großherzogtum Hessen stand auf der österreichischen und somit auf der Verliererseite. Als Entschädigung für die preußische Annexion der Landgrafschaft Hessen-Homburg, die erst kurz zuvor an das Großherzogtum gefallen war, bot Bismarck Ludwig III. Teile des Königreiches Bayern: die Rheinpfalz oder Unterfranken mit Aschaffenburg. Das Großherzogtum wurde schlussendlich mit vormals kurhessischen bzw. nassauischen Territorien abgefunden. Die Territorialfrage stellte sich jedoch erst nach Ende des Krieges.
[70] Die engen dynastischen Beziehungen zum Zarenhaus verhinderten offenbar eine totale Annexion des Großherzogtums. Zar Alexander II. von Russland (1818–1881), seit 1841 mit Marie (1824–1880), Schwester Ludwigs III. von Hessen verheiratet, intervenierte und schrieb seinem Schwager am 3./15. Oktober 1866: „Je suis heureux que la voix que j'ai fait entendre à Berlin, en faveur de tes interêts, ne soit pas restée complètement sans résultat, mais je dois avouer que celui que vous y avez obtenu est resté bien au dessous de ce que j'aurai désiré. HStAD D 4 Nr. 7 67/12.
[71] Die *Darmstädter Zeitung* berichtete am 24. März 1877 über das Leichenbegängnis des Prinzen Karl von Hessen: „Im Zuge erschien sodann der mit sechs Pferden bespannte Leichenwagen, in reichem Schmucke von Kränzen prangend. [...] Hinter dem Leichenwagen schritten die Mitglieder der Großherzogl. Familie, darunter Se. Großh. Hoheit Prinz Ludwig mit seinem Sohne, dem Prinzen Ernst Ludwig". Darmstädter Zeitung, Nr. 83, Jahrgang 1877, S. 457.

würde. Dann der lange und endlose Zug durch die Stadt.⁷¹ Darauf im Juni die Aufbahrung Ludwig III. im Schloss. Sehr imponierten mir die vielen Silberleuchter, die Ordenskissen und die Krone. Ich sehe noch meine Mutter und die anderen Prinzessinnen mit ihren langen schwarzen Schleppen und Schleiern. Ich bewunderte sie, aber sie waren mir sehr unmenschlich geworden.⁷² Noch viel länger erschien mir der Zug zur Rosenhöhe, denn es war sehr heiß dabei und die großen Menschenmassen waren für mich erdrückend.

Mein Großonkel Alexander, der jüngste Bruder meines Großvaters, war ein schöner, stolz aussehender Mann. Er hatte Witz, der oft beißend sein konnte. Er war mit der Zeit verbittert geworden, schon durch 1866 und später durch die Verfolgung seiner selbst und seines Sohnes Alexander und auch seiner ganzen Familie durch Bismarck.⁷³ Seine Frau, Prinzessin Julie von Battenberg (geb. Gräfin Hauke)⁷⁴ war bis in ihr Alter eine sehr lebhafte Dame, die ihr Leben ganz nach ihrem Herzen richtete. Voll von Freundschaften und Antipathien. Eine richtige Frau mit all ihren Vorteilen und Nachteilen. Ehrgeiz stand ihr fern, aber sie freute sich über ihre Söhne, wenn sie gute Karriere machten. Sie empfand es als ihren grössten Schlag, als ihr Sohn Alexander Bulgarien verließ und die Sängerin Loisinger (Gräfin Hartenau) später heiratete. Von da an nannte er sich Graf Hartenau.⁷⁵ Diese Heirat machte er, wie er mir selbst sagte, um die ewige Verfolgung los zu werden.

Ich erinnere mir eine Begebenheit im Sommer 1893, als Tante Julie ganz einsam auf dem Heiligenberg⁷⁶ wohnte. König Albert von Sachsen machte mir seinen Gegenbesuch auf ein paar Tage. Ich hatte eine Pürsch für den einen Nachmittag bestellt. Da sagte er mir, er wolle statt dessen die „Julie" gerne besuchen.⁷⁷ Wir fuhren also zu zweien nach Jugenheim. Oben auf dem Heiligenberg ließ ich die Beiden allein und ging im Park spazieren. Sehr lange sprachen sie zusammen über alte Zeiten. Bei der Heimfahrt sprachen wir über die Tante, da sagte Onkel Albert lächelnd: „Wie konnte sich ein großer

---

⁷² Die anlässlich des Todes von Ludwig III. am 13. Juni 1877 verordnete zwölfwöchige Hoftrauer schrieb Damen während des ersten Monats folgende Bekleidung vor: „Schwarze wollene Kleider mit langen Aermeln, schwarze Krepphauben, breite Schneppen mit doppeltem Saum und langen rückwärts herunterhängenden Schleiern von schwarzem Krepp, Fächer von schwarzem Krepp, schwarze Handschuhe." Darmstädter Zeitung Nr. 83, Jahrgang 1877, S. 883.
⁷³ Prinz Alexander von Hessen und bei Rhein hatte in der „deutschen Frage" des Jahres 1866 österreichische Interessen vertreten. Sein gleichnamiger Sohn, Prinz Alexander „Sandro" von Battenberg (1857–1893), war von 1879–1886 regierender Fürst von Bulgarien. Sein Unabhängigkeitsstreben stand der pro-russischen Politik des Deutschen Reiches unter Bismarck entgegen. Der Hinweis auf „Verfolgung" bezieht sich insbesondere auf die sog. „Battenberg-Affäre", nämlich Alexanders Heiratspläne mit Prinzessin Victoria von Preußen, die Kaiser Wilhelm I. und Bismarck hintertrieben. Am 29.4.1888 schrieb Alexander: „Der Erbgroßherzog [Ernst Ludwig] [...] sagte mir, die Stimmung in Berlin wäre schlimmer denn je gegen mich; besonders von Seiten des Kronprinzen [d. späteren Kaisers Wilhelm II.]." HStAD Q 1/324. Zur negativen Haltung Wilhelms II. bezüglich des Hauses Battenberg vgl. den Bericht des preußischen Gesandten vom 17.11.1889. Politisches Archiv des Auswärtigen Amtes (im Folgenden PA, AA, RZ 201/3062.
⁷⁴ Prinzessin Julie von Battenberg (1825–1895), geb. Gräfin von Hauke.
⁷⁵ Nach seiner durch einen Militärputsch erzwungenen Abdankung 1886 lebte Fürst Alexander in Darmstadt und in Österreich. 1889 nahm er mit Genehmigung Großherzog Ludwigs IV. den Titel eines Grafen von Hartenau an. Er heiratete die Opernsängerin Johanna Loisinger (1865–1951). Zur „Namensfrage" vgl. einen undatierten, jedoch auf den Winter 1888 einzugrenzenden Brief Alexanders an seine spätere Ehefrau Johanna in HStAD Q 1/342.
⁷⁶ Schloss Heiligenberg in Jugenheim an der hessischen Bergstraße, seit 1827 im Besitz des Hauses Hessen und später der Prinzen von Battenberg. Ernst Ludwigs Schwager, Prinz Ludwig von Battenberg (1854–1921), verkaufte das Schloss 1920.
⁷⁷ Der „Gegenbesuch" des sächsischen Königs Albert (1828–1902) in Darmstadt vom 2. – 4. Juli 1894 (nicht 1893) bezieht sich auf die nach Regierungsantritt eines Monarchen üblichen Antrittsbesuche an bedeutenden Höfen, vgl. die Ausführungen zu Ernst Ludwigs Aufenthalt in Wien S. 181–183. Die Fahrt nach Schloss Heiligenberg erfolgte direkt am Ankunftstag des Königs. Darmstädter Zeitung, 118. Jg. Nr. 306, S. 126.

und so gescheiter Mann wie Bismarck so täuschen! Er hat diese Frau und ihre ganze Familie verfolgt und warum? Mir sagte er, sie wäre sehr gefährlich, denn wie alle Polinnen sei sie ehrgeizig und wäre deshalb unberechenbar. Sie wolle nämlich das alte Polen wieder herstellen um einen ihrer Söhne auf seinen Thron zu setzen. Ich habe ihm einfach ins Gesicht gelacht. Aber er blieb dabei. Es ist ja unbegreiflich so etwas, denn wer meine Tante kannte, wusste dass sie eine richtige Russin war und sich als solche fühlte. Sie war doch Hofdame der Kaiserin Marie von Russland gewesen. Onkel Alexander verliebte sich in sie und deshalb schied sie aus dem Dienst um ihn zu heiraten. Ihr Vater fiel als russischer General in Warschau an der Spitze der Russen, welche den Aufstand der Polen dort niederwarfen.[78] Der große Schwarm ihres Lebens war Kaiser Nikolaus I.[79] gewesen, von dem sie nie genug erzählen konnte. Die russischen Verwandten waren sehr oft ihre Gäste auf dem Heiligenberg, besonders die Kaiserin Marie mit ihren Kindern.

Das älteste Kind von Onkel Alexander war Marie,[80] die den Grafen, später Fürsten zu Erbach-Schönberg heiratete. Sie war schön und ihrer Art nach eine bedeutende Frau, die viel Interesse an Musik und Literatur hatte. Viele Leute dieser Art kannte sie und hatte sie oft bei sich als Gäste. Eine Sache fiel mir auf, die ich bei anderen Menschen noch nie so markiert bemerkt habe. Nämlich, dass in ihr die Naturen ihrer beiden Eltern getrennt zum Vorschein kamen. Einmal konnte sie begeistert über eine Sache sein (Mutter) und den nächsten Tag sarkastisch darüber sprechen, sogar Witze darüber machen (Vater). Man musste immer beobachten, wenn man zu ihr kam, welcher von den Eltern gerade die Vorherrschaft hatte, dann richtete man sich danach und konnte immer gut mit ihr auskommen. Einmal sagte sie mir, dass die Gedichte eines jungen Menschen ölige Flecke machten, denn so weich wären sie. Den nächsten Tag sagte sie, es wäre sehr viel Ernst und Stärke in ihnen.

Das zweite Kind war Ludwig (mein Schwager), ein schöner Mann. Mit 14 Jahren war er in die englische Marine eingetreten, da es damals keine deutsche gab. Sein Vater wollte ihn in die österreichische tun, aber meine Mutter und ihr Bruder Alfred Herzog von Edinburgh (Coburg)[81], der in der englischen Marine war, überredeten seinen Vater, dass er nachgab. Es war gut so, denn als Mensch passte Ludwig dorthin und hatte die Passion für die Marine. Er war ein unermüdlicher Arbeiter und hat viele Verbesserungen in die englische Marine gebracht. Umso härter war es für ihn, der ein Engländer war und dessen ganze Familie englisch war, beim Ausbruch des Krieges zu fühlen,

---

[78] Moritz Graf von Hauke (1775–1830), General und stellv. Kriegsminister von Kongress-Polen, wurde unter Zar Nikolaus I. in den erblichen Adelsstand erhoben und fiel während des Novemberaufstandes in Warschau. Seine Kinder wurden daraufhin zu Mündeln des Zaren erklärt und auf dessen Kosten ausgebildet. Die sprachbegabte Gräfin Julie ernannte er später zur Hofdame seiner Schwiegertochter, der späteren Zarin Maria Alexandrowna geb. Prinzessin Marie von Hessen und bei Rhein, einer Großtante Ernst Ludwigs.
[79] Zar Nikolaus I. von Russland (1796–1855).
[80] Fürstin Marie zu Erbach-Schönberg (1852–1923), geb. Prinzessin von Battenberg, Ehefrau des Grafen und späteren Fürsten Gustav (1840-1908). Ihre erstmals zu Beginn der 1920er Jahre in drei Bänden publizierten Memoiren „Entscheidende Jahre", „Aus stiller und bewegter Zeit" sowie „Erklungenes und Verklungenes" zählen zu den wichtigsten autobiografischen Quellen im Umfeld des großherzoglichen Hauses.
[81] Prinz Alfred von Großbritannien und Irland, Herzog von Edinburgh und Herzog von Sachsen-Coburg und Gotha (1844–1900), Onkel Ernst Ludwigs.

Die Prinzen von Battenberg mit ihren hessischen Verwandten, sitzend v.l.n.r. Prinzessin Irène und Prinzessin Alix von Hessen, Prinzessin Julie von Battenberg, Erbgroßherzog Ernst Ludwig von Hessen, Prinzessin Victoria von Battenberg mit ihrer Tochter Alice. Stehend v.l.n.r. Gräfin (später Fürstin) Marie zu Erbach-Schönberg, Fürst Alexander von Bulgarien, Prinz Alexander von Hessen, Prinz Heinrich von Battenberg, Graf (später Fürst) Gustav zu Erbach-Schönberg, Prinzessin Beatrice und Prinz Franz Joseph von Battenberg, Großherzog Ludwig IV. von Hessen, Prinz Ludwig von Battenberg, Osborne House, Isle of Wight, Juli 1885.

dass man ihm von einigen Seiten nicht traue. Er war englischer Admiral und 69 Jahre alt[82]. In Deutschland aber schrie man, er habe Sachen aus Deutschland nach England verraten. Sofort nahm er schweren Herzens seinen Abschied.[83] Bei seiner Beerdigung wurde er aber wieder so geehrt, dass Admirale seine Leiche begleiteten. Er war ja als Kamerad und Vorgesetzter sehr beliebt und alle seine Matrosen hingen mit Begeisterung an ihm.

Das dritte Kind war Alexander (Sandro). Er machte den Eindruck eines Hünen mit einem großen Kinderherzen. Er war sehr groß und schön, aber seine Augen waren nicht so groß wie die seines Bruders Ludwig. Er war auch dunkel, hatte aber eine ganz weiße Haut. Die Güte, die aus seinen Augen leuchtete bewirkte, dass alle Menschen ihm zu Füssen lagen und seine Untergebenen für ihn durchs Feuer gingen. Der Beweis war doch der, als er im Krieg gegen Serbien mit seiner viel kleineren und kaum eingearbeiteten Armee die Serben besiegte und das nur durch das absolute Zutrauen, das seine Leute zu ihm hatten. Nach seiner schweren Zeit in Bulgarien ist er nicht wieder zurückgekehrt, sondern nur auf ein paar Tage um die Regierung niederzulegen, weil die Enttäuschung zu groß war und seinem Herzen zu weh getan hatte. Politisch war seine Stellung besonders schwer nach dem Tode Alexanders II. von Russland, der für ihn wie ein Vater gewesen war und Alexander III.[84] ihn aus Eifersucht nicht mochte, man kann sagen hasste. Derselbe ließ seine unehrlichen Gesandten wie Verbrecher dort hausen, auch verfolgte ihn Bismarck aus Freundschaft für Russland und dem Aberglauben, den ich zu Anfang beschrieb. Der schlimmste russische Gesandte in Bulgarien war Hitrowo, der mit sehr viel Geld die ganzen jungen Kadetten, die Sandro besonders in seinen Schutz genommen hatte, bestach. Sie waren es, die ihn in der Nacht überfielen und gefangen nahmen. Das brach ihm das Herz. Nachher änderten sie sich ja alle und erzählten ihm persönlich wie Hitrowo gehandelt hätte, aber es war zu spät. Als Entschuldigung kann man nur sagen, sie waren alle sehr arm und sehr jung. Nach dem Tode seines Vaters heiratete er die Sängerin Loisinger und zog nach Graz, vorher lebte er im Alten Palais.[85] Er war mir einer meiner treuesten Freunde und hat sich ganz in mich jungen Menschen vertieft, sodass ich ihm alles, was mir auf dem Herzen lag, sagen konnte. Und mit welcher Liebe und Weitsichtigkeit hat er mich beraten. Nie werde ich ihn vergessen, denn in Vielem hat er mich gemacht.

Sein Bruder Heinrich (Liko)[86] war viel kleiner und ganz anders veranlagt. Nervös und ehrgeizig, dabei parvenühaft, welche Eigenschaft alle seine Kinder erbten. Er heiratete die jüngste

---

[82] Bei Ausbruch des 1. Weltkrieges war Prinz Ludwig 60 Jahre alt.
[83] Die anti-deutsche Stimmung im Vereinigten Königreich führte am 27. Oktober 1914 zum Rücktritt des Prinzen als First Sealord der britischen Marine. 1917 änderte er den Namen Battenberg in Mountbatten und wurde durch König George V. zum Marquess of Milford-Haven ernannt.
[84] Der liberal eingestellte Zar Alexander II. von Russland, der die Unabhängigkeitsbestrebungen seines in Bulgarien regierenden Neffen förderte, wurde 1881 durch ein Bombenattentat getötet Sein Sohn und Nachfolger, Alexander III. (1845–1984), verfolgte eine auf russische Hegemonie ausgerichtete Politik.
[85] Das im Zweiten Weltkrieg weitgehend zerstörte sog. Alte Palais am Darmstädter Luisenplatz wurde zu Beginn des 19. Jahrhunderts als Residenz des Erb- und späteren Großherzogs Ludwigs II. von Hessen und bei Rhein (1777–1848) errichtet. Prinz Ludwig von Battenberg, Ernst Ludwigs Schwager, verfügte dort über eine Wohnung.

Schwester meiner Mutter, Beatrice, und starb in Afrika am Typhus, wo er hoffte als Militär eine Rolle zu spielen.

Das fünfte Kind war Franz Joseph (Franzjos) ein langer, dünner Mensch und nie sehr kräftig, belesen aber nicht sehr gescheit. Anna von Montenegro war seine Frau, eine gute Gattin und gar nicht intrigant wie ihre älteren Schwestern.[87] Beide aber waren empfindlich, was das Leben mit ihnen nicht erleichterte. So war auch sein Ende. Er und seine Frau waren auf Reisen als der Krieg ausbrach. Das Natürliche wäre gewesen, sofort zurückzukehren. Ich war schon an der Front. Er schrieb, ob er kommen könne und bot sich zur Rotekreuzarbeit an. Da in Darmstadt eine hysterische Suche und Verfolgung nach Allem was russisch war und die Hetze gegen Ludwig gerade im Gange war, so schrieb Eure Mama nach Besprechung mit Staatsminister Ewald, ob er noch eine Woche warten wollte, denn bis dahin würde die Menschheit sich beruhigt haben. Tiefbeleidigt zog er seinen Antrag zurück und blieb bis zu seinem Tode in der Stadt Schaffhausen leben, wo seine Witwe sich noch meistens aufhält.

Mein Großvater Carl ist mir in einigem noch genau in dem Gedächtnis geblieben. Ein großer Mann, etwas vorgebeugt mit traurigen Augen, da er sein ganzes Leben an Migräne litt. Von ihm haben wir alle dieses Übel geerbt, welches aber mit dem Alter immer schwächer geworden ist. In seiner Jugend war die Feinheit seiner Gesichtszüge und die großen langen Augen eine wirkliche Schönheit. Meine Schwester Ella, die so unglaublich schön war, ist ihm die ähnlichste Enkelin gewesen. Er war immer freundlich zu uns und wir liebten ihn, wenn ich ihn mir als Menschen auch nur schwach erinnere. Er starb noch vor seinem Bruder Ludwig III. als ich erst 9 Jahre alt war.

Meine Großmutter Elisabeth (geb. Preußen) liebten wir, aber sehr nahe sind wir ihr nicht gekommen, denn der Unterschied zwischen

Prinz Karl und Prinzessin Elisabeth von Hessen, Ernst Ludwigs Großeltern, Ölgemälde von August Noack, 1888.

[86] Prinz Heinrich von Battenberg (1858–1896) heiratete Prinzessin Beatrice von Großbritannien und Irland (1857–1944), jüngste Schwester der Großherzogin Alice von Hessen. Zu den Kindern des Paares zählte die spanische Königin Victoria Eugenia (1887–1869). Entgegen Ernst Ludwigs Erinnerung infizierte er sich mit Malaria (nicht Typhus), als er an einer militärischen Expedition der britischen Flotte gegen das Aschanti-Reich auf dem Gebiet des heutigen Ghana teilnahm.
[87] Prinz Franz Joseph von Battenberg (1861–1924) und seine Ehefrau Anna (1874–1971) lebten bis 1914 hauptsächlich im sog. Prinz-Emil-Palais in Darmstadt-Bessungen. Im Gegensatz zu allen in England lebenden Mitgliedern ihres Hauses, die aufgrund der kriegsbedingten anti-deutschen Stimmung den Namen Battenberg ablegten, weigerte sich das Paar, den Namen Mountbatten anzunehmen. Die von Ernst Ludwig erwähnten „intriganten" Schwestern Prinzessin Annas waren Militza (1866–1951) und Anastasia (1868–1935) von Montenegro, Großfürstinnen von Russland. Sie führten 1905 den Wanderprediger Grigori Rasputin (1869–1916) bei Ernst Ludwigs Schwester, Zarin Alexandra von Russland, ein. Vgl. die weiteren Ausführungen des Großherzogs auf S. 99–100.

ihrer Zeit und der unsrigen war zu groß.⁸⁸ Sie liebte ihre Kinder, aber überließ sie ganz nach alter Art zu sehr dem Erziehungspersonal. Sie war auch oft hart ihren Kindern gegenüber aus Prinzip. Z.B. erzählte mir mein Vater, dass er als Kind Widerwillen gegen Spinat hatte. Wenn er ihn nicht aß, so bekam er ihn den nächsten Tag kalt. Wenn er dann verzweiflungsvoll versuchte ihn zu essen, so musste er erbrechen. Trotzdem war es immer von Neuem dasselbe. Sie war eine tief religiöse Frau, die auch sehr viel Gutes im Stillen tat. Das Elisabethenstift für Diakonissinnen hat sie gegründet und bis zu ihrem Tod hat sie dafür gearbeitet. Sie war die Bescheidenheit selbst, sodass die Menschen nie merkten, was sie alles leistete.⁸⁹ Ich erinnere mich, dass ich 1884 in Fischbach⁹⁰ von ihr den Auftrag bekam, über meinen Charakter und mich selbst zu schreiben. Nachdem sie das Niedergeschriebene durchgelesen hatte musste ich mich zu ihr setzen und sie sprach alles mit mir durch, mir gute Ratschläge gebend.

Sie hatte immer Angst vor Menschen, aber aus Pflichtgefühl bemeisterte sie diese Schwäche so viel sie konnte. Von ihr erbten ihre drei Söhne diese Eigenschaft, aber sie litten unter derselben ihr ganzes Leben. Meine Schwester Irene hatte sie gleichfalls wie auch Alix und deswegen ist Letztere oft falsch beurteilt worden.⁹¹ Ich habe sie erst mit den Jahren so bezwingen können, dass sie mich jetzt wenig behindert. Wenn man ihren Charakter zusammenfasst, so war sie eine Frau mit sehr gutem Herzen, tiefer Religiosität und festem Pflichtgefühl. Da sie die Tochter des Prinzen Wilhelm von Preußen und der Prinzessin Marianne, einer Prinzessin von Hessen-Homburg war, konnte sie viel aus der schweren Zeit ihrer Eltern erzählen.⁹² Besonders litt sie, dass man ihre Mutter für die Königin Luise zurücksetzte. Sie sagte immer, dass wenn ihre Mutter nicht da gewesen wäre, Königin Luise Vieles nicht getan hätte, was nötig war, denn sie war es, die die starke Entschlossenheit hatte. So z.B. wollte Königin Luise in Tilsit Napoleon I. nicht sehen und es bedurfte all ihrer Überredungskunst um es ihr klar zu machen, dass es ihre heilige Pflicht zu ihrem Gatten und ihrem Volke verlange.⁹³ Als Königin Luise noch jünger war, da liebte sie es sehr mit jungen Leutnants zu „flirten" und oft hat sie dieselbe hinter einem Vorhang in der

---

⁸⁸ Das offenbar ambivalente Verhältnis zur hessischen Großmutter beschreibt auch Ernst Ludwigs Schwester Victoria, vgl. Milford-Haven (2021), S. 10-11.
⁸⁹ Das 1858 in Darmstadt gegründete Diakonissenhaus Elisabethenstift gehört dem AGAPLESION-Konzern an und existiert als (Lehr-)Klinikum mit vielfältigen Fachabteilungen bis heute fort.
⁹⁰ Schloss Fischbach (heute poln. Zamek Karpniki) im Hirschberger Tal wurde 1822 von Prinz Wilhelm von Preußen (1783–1851), Elisabeths Vater, als Sommeraufenthalt erworben.
⁹¹ Die von Ernst Ludwig an anderer Stelle auch als „Sich-genieren" bezeichnete Furcht vor der Interaktion mit Fremden war insbesondere bei seiner Schwester Alix, Zarin Alexandra von Russland, stark ausgeprägt. Ihre Jugendfreundin Antonie „Toni" Bracht (1868–1965) schreibt: „Im Laufe der Jahre beobachtete ich mit einiger Sorge, wie stark sie selbst unter Hemmungen litt, die sie fast menschenscheu werden ließen. Wenn sie sich beobachtet fühlte, verkroch sie sich immer mehr und als sie nun auch [...] offiziell in Erscheinung treten musste, schien ihr dies fast unüberwindlich. Sie klammerte sich direkt an mich und hinterher machte sie sich Vorwürfe, wie dumm und ungewandt sie sich benommen zu haben glaubte." Zit. nach Bracht (1947), S. 2.
⁹² Prinz Wilhelm von Preußen, jüngster Sohn König Friedrich Wilhelms II. Als erklärter Gegner Napoleons hatte er maßgeblichen Anteil am Erfolg der Völkerschlacht bei Leipzig und wurde später zum General der preußischen Kavallerie sowie zum Generalgouverneur der Rheinprovinz und Westfalens ernannt. Auch seine Ehefrau Marianne von Hessen-Homburg (1785–1846) machte sich während der Befreiungskriege durch Gründung des „Vaterländischen Frauenvereins" und den Aufruf „Gold für Eisen" einen Namen.
⁹³ Ernst Ludwigs Erinnerung bietet eine interessante Differenzierung des sog. „Luisenkultes" um die früh verstorbene preußische Königin (1776–1810). Die vielzitierte Begegnung Luises mit Napoleon Bonaparte fand am 6. Juli 1807 in Tilsit statt und hatte zum Ziel, die Friedensverhandlungen nach der vernichtenden Niederlage Preußens bei Jena und Auerstedt positiv zu beeinflussen. Diese Hoffnungen erfüllten sich jedoch nicht.

Fensternische herausholen müssen, ehe es zu sehr auffiel. Die Minister Stein,⁹⁴ Scharnhorst⁹⁵ etc. kamen sehr oft zu ihr um mit ihr ernste Fragen zu besprechen, zu denen sie den König nicht bringen konnten. Dann musste meine Urgroßmutter bei dem König den Weg vorbereiten, auf den die Minister ihn dann hinleiten konnten. Wie große Unruhen in Berlin waren, ist sie einstens mit ihrem Manne unter den Linden Arm in Arm hin und her gegangen. Die ganze königliche Familie war in ihren Räumen geblieben. Man muss sich die Zeit damals denken, wo eine Prinzessin nie (auch noch um 1890) in den Straßen ging. Wenn es sein musste, vielleicht unter den Linden und dann nur unter Begleitung von Damen und Herren und mindestens zwei Dienern.

Der ältere Bruder meines Vaters war Onkel Heinrich, der sein Leben lang Soldat gewesen war. Als Brigadegeneral der Cavallerie musste er seinen Abschied nehmen.⁹⁶ Er war ein ziemlich stiller Mensch, der sich leicht genierte und die Eigentümlichkeit hatte dann undeutlich zu sprechen, wie man sagt, „In den Bart zu murmeln", was er wirklich tat, da er einen dunklen Bart trug. Er heiratete zweimal, erst ein Frl. von Willich (Gräfin zu Nidda), dann die Sängerin Milena Hirzg Tobuska (Freifrau von Dornberg).⁹⁷ Von beiden hatte er je einen Sohn, die beide junge starben, der eine in einer Irrenanstalt, der andere bei einem Lawinenunglück. Er zeigte sich wenig und lebte zuletzt in München. Er war immer freundlich und so hatte man ihn gerne.

Großherzog Ludwig IV. von Hessen (Mitte) mit seinen Geschwistern Anna, Heinrich (rechts) und Wilhelm, Darmstadt, 1861.

---

⁹⁴ Freiherr Karl von und zum Stein (1757–1831), preußischer Staatsmann, Minister für Wirtschaft.
⁹⁵ Gerhard Johann von Scharnhorst (1755–1813), preußischer General.
⁹⁶ Prinz Heinrich von Hessen und bei Rhein wurde 1887 als preußischer General der Kavallerie, formell auf eigenen Antrag, zur Disposition gestellt; er hatte 1876-79 die 16. Kavallerie-Brigade, anschließend die 25. Division kommandiert.
⁹⁷ Neben den Großherzögen Ludwig III. und Ludwig IV. (jeweils in zweiter Ehe) heirateten auch die jüngeren Brüder Ludwigs IV. morganatisch. Die bei der Geburt des ersten Sohnes verstorbene Caroline von Willich gen. von Pöllnitz (1848–1879), Tochter des hessischen Generalmajors Ludwig von Willich, wurde mit ihrer Heirat 1878 zur Freifrau von Nidda erhoben. Aus dieser Ehe ging der Sohn Karl (1879–1920) hervor. Die zweite Ehefrau des Prinzen Heinrich, die Opernsängerin Emilie gen. Milena Hrzic (1868–1961), erhielt den Titel einer Freifrau von Dornberg. Das Paar hatte einen Sohn, Elimar (1893–1917).

Onkel Wilhelm,⁹⁸ der jüngste Bruder war blond. Für viele Sachen war er sehr begabt, z.B. für Musik und Kunst. Er war gescheit und da er sehr viel las, war seine Konversation höchst anregend. Leider heiratete er die Tänzerin Bender (Frau von Lichtenberg).⁹⁹ Sein Sohn fiel im Krieg, hatte aber wieder einen Sohn, der noch lebt. Wegen dieser Heirat zog er sich Jahrelang von der Gesellschaft zurück, sodass man ihn wenig kannte. Er erzog seine Frau, die ganz ungebildet war, sodass sie immer mit ihm nach Bayreuth gehen konnte. Von der ersten Aufführung dort bis zu seinem Tode hat er jeder Aufführung beigewohnt. Frau Cosima schätzte ihn sehr hoch und hatte seine Frau auch gerne, weil sie ein sehr gutes Herz hatte.¹⁰⁰ Jetzt lebt sie noch ganz zurückgezogen und die Leute, welche sie sieht, schätzen sie wegen ihrer Ehrlichkeit. Bei meinem ganzen Verkehr mit ihr bewunderte ich immer ihr großes Taktgefühl. Onkel Wilhelm hatte sehr viel Humor. Oft musste ich bei offiziellen Gelegenheiten mit Mühe an mich halten, wenn er hinter mir leise komische Bemerkungen in mein Ohr über die anwesenden Menschen machte. Sie waren nie boshaft, aber sehr treffend. Er hätte es noch sehr weit bringen können, wenn er nicht die Heirat gemacht hätte. Er hatte mit dem Mädchen angebandelt und damals hätten die Eltern gerne eine Abfindungssumme angenommen. Das Mädchen war eine Bahnwärterstochter. Meine Mutter wollte alles regeln, aber meine Großmutter fand, dass es richtig war, dass ihr Sohn nach Compromittierung eines Mädchens es auch heiratete. Da war nichts mehr dagegen zu machen.¹⁰¹

Meine Eltern waren tiefgläubige Menschen, ohne sich streng von Religion beeinflussen zu lassen. Seit Philipp dem Großmütigen ist unsere Linie des Hauses Hessen immer lutherisch gewesen, was uns sehr erleichterte, die anglikanische und die orthodoxe Religion zu begreifen.¹⁰² Wir alle gingen ungefähr alle 14 Tage in die Kirche, meine Großeltern aber immer jeden Sonntag. Der Palmsonntag war Buß- und Bettag, eine richtige Einleitung zu der Karwoche. Am Gründonnerstag war Beichtgottesdienst und

Großherzog Ludwig IV. und Großherzogin Alice von Hessen, Bildnisminiaturen von Edward Tayler, 1864.

---

⁹⁸ Prinz Wilhelm von Hessen und bei Rhein war General der Infanterie. Ein Schlaglicht auf das Leben des Prinzen bietet die Teiledition seines Briefwechsels mit seinem Cousin König Ludwig II. von Bayern (1845–1886), Seitz (2011).
⁹⁹ Josephine Bender (1857–1942) wurde kurz nach der 1884 erfolgten Heirat zur Freifrau von Lichtenberg geadelt. HStAD O 59 v. Lichtenberg Nr. 10. Der gemeinsame Sohn Gottfried (*1877) fiel 1914 bei Esternay, Département Marne.
¹⁰⁰ Auch Ernst Ludwig selbst war, wie er in einem späteren Kapitel beschreibt, leidenschaftlicher Anhänger der Musik Richard Wagners und jahrzehntelang Gast der Bayreuther Festspiele bzw. im Hause von Wagners Witwe Cosima (1837–1930). Vgl. die Ausführungen auf S. 138–142
¹⁰¹ Ein Bericht des preußischen Gesandten am großherzoglichen Hof vom 17.11.1889 äußert sich über die „wilde Ehe" des Prinzen und die Befürchtung, dass neben dem Hause Battenberg nun eine weitere „morganatische Seitenlinie sich bemerkbar machen" könne. PA AA, RZ 201/3062.
¹⁰² Landgraf Philipp von Hessen, genannt „der Großmütige" (1504–1567) zählte zu den Vorkämpfern der Reformation und beeinflusste die Geschichte Hessens maßgeblich, indem er die Landgrafschaft testamentarisch unter seinen vier Söhnen aufteilte. Ernst Ludwig stammte in direkter Linie von Philipps jüngstem Sohn Georg (1547–1596) ab, der 1567 im Rahmen der Erbteilung zum ersten Landgrafen von Hessen-Darmstadt wurde.

am Karfreitag Morgen 9 Uhr nahm die Familie das Abendmahl in der Schlosskirche. Der alten Sitte gemäß bekamen wir nachher Chokolade, da wir nüchtern gewesen waren, und um 10 ¼ Uhr fing der Karfreitagsgottesdienst an, zu dem die noch nicht erwachsenen Kinder kamen.

Mein Vater (Ludwig IV.) war die Güte selbst. Ich habe noch nie einen Menschen gesehen, von dem die Güte so ausstrahlte wie bei ihm. Seine Soldaten vergötterten ihn und sein Volk liebte ihn und alle Männer, die mit ihm zu tun hatten, waren ihm mit Leib und Seele ergeben. Es gab überhaupt keine Frau, die nicht unter seinem Charme war. Die Frauen liefen ihm nur so nach. In Darmstadt belagerten sie oft das Haus. Wie oft haben wir schon als Kinder aus dem Fenster beobachten müssen ob der Weg frei war, damit mein Vater unbelästigt in die Stadt gehen konnte. Wenn ihm Freunde oder Adjutanten vorschlugen, drastische Mittel zu ergreifen, so lachte er nur und sagte, man solle sie gewähren lassen, er würde schon immer einen Weg finden um zu entkommen.

Er war der Lieblingsschwiegersohn meiner Großmutter, der Königin Viktoria. Er war in Wirklichkeit ihr liebster Sohn, schon dadurch, dass er ihre liebste Tochter geheiratet hatte aber noch mehr durch seine Persönlichkeit, durch welche er den größten Einfluss in der Familie hatte, denn alle Schwäger und Schwägerinnen schütteten ihm ihr Herz aus, sodass er immer das große Bindeglied in der Familie war. Nach seinem Tode habe ich nie eine solche Trauer in einer Familie gesehen, denn er war Allen ihr bester Freund gewesen. Von ihm konnte man sagen, er war lauter Herz. Manchmal, um niemanden wehe zu tun, konnte er sich zu keinem Entschluss aufraffen, was leider auch ein Fehler in unserer hessischen Familie ist, dass wir gerne einer unangenehmen Besprechung aus dem Wege gehen, hauptsächlich um des lieben Friedens willen. So weiß ich z.B., dass nach dem Tode meiner Großmutter die drei Söhne eine bestimmte Sache zu besprechen hatten. Da hat es doch über zwei Jahre gedauert, bis die Besprechung unter den Brüdern stattfand, und dabei hatten die drei sich wirklich gerne. Dadurch kam es, dass meine Mutter in vielen Fragen die Triebfeder wurde. Er war von einer großen Bescheidenheit, sodass es durch ihn kam, dass wir alle den sogenannten Prinzendünkel nicht hatten, weil jeder Mensch uns gleich war. Dadurch kam es auch, dass man der Menschheit gegenüber bescheiden war und oft nicht so fest auftrat wie es nötig war. Auf diese Art kam es auch, dass man mich später oft den „roten Großherzog" nannte, weil ich jedem gegenüber versuchte gerecht zu werden, einerlei was er war oder was er für eine politische Anschauung hatte.

Großherzog Ludwig IV. von Hessen, 1875.

Mein Vater war mit Leib und Seele Soldat, aber im wirklichen großen Sinne, nicht sogenannt „militärisch". Er ließ nie die Kleinigkeiten, von denen es so viele notwendige im Dienst gibt, ihn beherrschen. Frühere Offiziere aus [den Kriegen der Jahre 18]66 und [18]70/71 haben mir erzählt, dass er der mutigste Mann war, den sie kannten. Er wusste nicht, was Furcht war, aber niemals war er tollkühn. So rettete er in Blankenberge 1873 eine Dame, die zu weit geschwommen war und von der Flut überrascht wurde. Sie war schon weit draußen und wie er sagte, wäre sie nicht eine so gute Schwimmerin gewesen, wären sie beide ertrunken.[103] Mir sagte er einstens: „Wer als tüchtiger Soldat einen Krieg mitgemacht hat und später für einen Krieg spricht, sollte gehängt werden".

Ich erinnere mir, dass er um das Jahr [18]90 sehr in Sorgen war, denn er sagte, die deutsche Armee und das deutsche Volk wären zu kriegerisch gestimmt und besonders das Offizierskorps sähe zu sehr auf die Franzosen und Engländer herab, „weil sie von dem militärischen Geist nichts hätten". Das wäre ganz falsch. 1870 hätte er gesehen, dass trotz der schlechten Führung die Franzosen sich gut geschlagen hätten und der Engländer wäre immer zähe bei der Sache, das hätte er schon zu oft bewiesen. Wenn es einen Krieg besonders mit den Franzosen gäbe, würden sie sehr erstaunt sein, wie gut sie wären und wir würden es nicht leicht haben, sie zu schlagen.

Mein Vater, der ein großer Jäger war, kannte den Jagdneid nicht. Oft, zur Verzweiflung

---

[103] Die Rettungsaktion im belgischen Seebad Blankenberghe erfolgte tatsächlich am 16.8.1874. Prinz Ludwig erhielt daraufhin die Medaille der Société Royale et Centrale des Sauveteurs de Belgique. Der Dankesbrief der Geretteten, Margaret Sligo, in HStAD D 24 Nr. 11/1-4, Teil 4. Vgl. die entsprechenden Aufzeichnungen der Prinzessin Victoria von Battenberg, Milford-Haven (2021), S. 20-21.

seiner Jägerei, konnte er einen Rehbock oder Hirsch, auf den er schon oft gegangen war, einem Freund oder Verwandten überlassen. Von einer Jagd zurückkommend, er fuhr beinahe immer selbst und vierspännig, hatte er immer große Eile, weil er noch einen Empfang hatte, da traf er ein armes Bauernmütterchen mit einer Holzlast, an der sie im Walde allein schleppte. Er hielt an und fragte, wo sie hin wolle, das war bis zum nächsten Dorf, aber nicht in seiner Richtung. Schnell wurde das Mütterchen hinter ihn in den Wagen gesetzt und die Kutscher mussten die Holzlast in ihren Armen halten. Nun ging es los und im Galopp jagte er den ganzen Weg bis zum Dorf, setzte Frau und Holz ab, jagte zurück auf seinen Weg und kam noch rechtzeitig in Darmstadt an. Ein anderes Mal, auch von einer Jagd zurückkommend, fuhr er in einem schweren Schneegestöber. Da traf er einen alten Postboten, der gegen den Sturm ankämpfte. Schnell hielt er, der Postbote musste einsteigen, er drehte um und fuhr ihn zum Ort zurück, wo derselbe hinwollte, setzte ihn ab und fuhr weiter nach Hause. So war er, und niemand wusste etwas davon, denn seine Leute hatten den strengen Befehl zu schweigen. Wie oft mag er wohl solche Liebesdienste geleistet haben. Diese zwei Geschichten weiß ich durch Germann,[104] der sein und mein Leibjäger gewesen war, aber viele Jahre nach seinem Tode.

Wir Kinder haben am liebsten immer in seinem Zimmer gesessen. Dort haben wir gelesen, gezeichnet und gearbeitet, dabei saß mein Vater meistens am Schreibtisch. Mir bleibt es ein Wunder, wie er es oft hat aushalten können. Es war ja meistens nach dem Thee, aber doch auch den ganzen Sonntag und wenn wir Ferien hatten. Wenn jemand kam, um ihn zu sprechen, verschwanden wir natürlich, waren aber piquiert, wenn derselbe zu lange blieb. Nie hat er uns gezankt. Wenn es sehr ernst war, dann besprach er die Sache mit einem, aber in einer so gütigen Art, dass man sich gemein vorkam, wenn man etwas pexiert hatte. Aber es kam sehr selten dazu. Hunderte Male fuhr er uns spazieren durch den Wald oder sonst wohin und den Thee nahm man meistens mit. Was haben wir derartige Fahrten genossen. Wir waren daran gewöhnt, dass wenn er „raus" rief, wir nach allen Seiten aus dem Wagen sprangen. Es war auch nötig, denn manchmal fuhr er solche Wege, dass der Wagen am Umkippen war. Auch gingen die Gäule aus irgendeinem Grunde durch, [doch] dieses geschah selten. Einstmals fuhr er fünfspännig, zwei und vorne drei Pferde. Sie gingen durch, in den Wald hinein. Zwischen zwei Bäumen drückten sich die drei Vorderpferde mit voller Wucht durch, sodass das mittelste Pferd alle seine Rippen eingedrückt bekam und sogleich tot war. Nun mussten wir mit dem Umspannen behülflich sein. Überhaupt waren wir an diese Arbeit ganz gewöhnt.

---

[104] Daniel Germann (1847–1922), großherzoglicher Leibjäger und Jagdzeuginspektor.

„Wir Kinder haben am liebsten immer in seinem Zimmer gesessen. Mir bleibt es ein Wunder, wie er es oft hat aushalten können"
Das Wohn- und Arbeitszimmer Großherzog Ludwigs IV. von Hessen im Darmstädter Neuen Palais, 1891.

Er ritt beinahe jeden Morgen aus der Stadt, nahm uns aber niemals mit, denn da liebte er allein zu sein. Ich glaube, immer auf uns acht zu geben war ihm unangenehm. In Wolfsgarten[105] war das ganz anders. Da ritt immer eine ganze Cavalkade. Mein Vater, wir alle, die Verwandten, die da waren und Gäste, der jeweilige Oberstallmeister und Reitknechte. Dabei kamen bisweilen unter den vielen Menschen und Pferden auch unangenehme Zufälle vor.

Es waren immer sehr viele Verwandte bei uns, viele, die Monate blieben. Es muss schon früher so gewesen sein, denn schon Ludwig II.[106] sagte immer, bei uns wäre es bekannt, dass wir „das Hotel zum hessischen Löwen" hätten. So ist es geblieben bis in meine Zeit. Jetzt hat man nicht mehr das Geld dazu. Im Frühjahr siedelten wir nach Kranichstein oder Seeheim[107] und im Juli nach Wolfsgarten seit 1879 über. Im Herbst waren die Manöver. Dann ging es nach Friedberg, Romrod, Mainz etc.

Wir genossen dieses Leben, aber Wolfsgarten war uns immer der liebste Aufenthalt und so ist es bis zum heutigen Tage geblieben. Später verlangten die Ärzte, dass mein Vater auch in der Stadt sich mehr Bewegung machen sollte. Nun hasste er Spaziergänge, da mussten wir irgendetwas erfinden, um ihn aus dem Haus zu bekommen. Natürlich merkte er es immer, wodurch viele komische Szenen dabei passierten. Zum Beispiel „Papa gehen wir aus?" „Hm". Das 5 bis 6 Mal. Dann: „Papa gehen wir jetzt?" „Geh in den Garten, lass mich nicht warten" (aus [Mozarts Oper „Die Hochzeit des] Figaro). „Also Du kommst?" „Ich geh in den Garten, lass mich nicht warten". Dieses wurde immer weiter ausgesponnen bis wir ihm den Hut auf den Kopf und den Stock in die Hand drückten. Oder zum Beispiel „Papa gehen wir jetzt?" „Nein, ja, nein, ja" usw. Da konnte man nun wählen. Kam man zurück, da war er durch die Nebentüre ausgewitscht und nun konnten wir rasen, um ihn zu suchen.

Nie hat er einen Brief verbrannt. Nach seinem Tode fand ich Kästen, Kisten und Schränke voll. Da ich ihn ja so genau kannte, wusste ich, dass er die meisten verbrannt haben wollte. Man kann sich die Arbeit denken. Alles, aber auch Alles behielt er, hat es aber nie wieder angesehen. Ich bin sicher, dass ich damals auch sicher vieles Interessante verbrannt habe, da aber mein Vater die Diskretion selbst war, so wäre er verzweifelt gewesen, wenn jemand diese Briefe durchgesehen hätte, obwohl er garnicht wissen konnte, was alles in ihnen stand.[108]

Mein Vater hatte die Eigentümlichkeit, dass er seine Erkältungen mit Schlaf kurierte. Wenn er eine Erkältung hatte, legte er sich ins Bett und

---

[105] Das 1721 errichtete Jagdschloss Wolfsgarten bei Langen/Hessen war seit 1879 der bevorzugte Sommeraufenthalt der großherzoglichen Familie. Hier verstarb Ernst Ludwig am 9. Oktober 1937.
[106] Großherzog Ludwig II. von Hessen und bei Rhein, Ernst Ludwigs Urgroßvater.
[107] Jagdschloss Kranichstein wurde im späten 16. Jahrhundert unter Landgraf Georg I. von Hessen-Darmstadt im Norden Darmstadts erbaut und diente Ernst Ludwigs Eltern als Sommerdomizil. Das sog. Hoflager in Seeheim an der nördlichen Bergstraße zählte zu den zahlreichen weiteren Sommerhäusern der Familie.
[108] In einem 1887 datierten Brief bat Großfürstin Elisabeth von Russland ihren Vater: „Bitte brenne diesen Brief sogleich Du ihn gelesen hast […]." HStAD D 24 Nr. 12/1-3, Teil 3. Der heute im Hessischen Staatsarchiv Darmstadt erhaltene Nachlass Ludwigs IV. enthält außer der Familienkorrespondenz nur geringfügige Anteile sonstiger Briefwechsel.

„Wolfsgarten war uns immer der liebste Aufenthalt."
Vordere Reihe, v.l.n.r. Prinzessin Victoria von Battenberg mit ihrem Sohn George, Prinzessin Alice von Battenberg, Großherzogin Victoria Melita von Hessen, Ernst Ludwigs erste Ehefrau, mit der gemeinsamen Tochter Elisabeth, Prinz Waldemar von Preußen, Großherzog Ernst Ludwig. Hintere Reihe, v.l.n.r. Prinzessin Irène von Preußen, Großfürstin Elisaweta von Russland, Prinzessin Louise von Battenberg, Schloss Wolfsgarten, 1896.

Schloss Wolfsgarten, um 1900.

dann schlief er 17 bis 24 Stunden glatt durch, stand auf, etwas wackelig aber ganz gesund. Er bekam bei der Erkältung beinahe immer gleich Fieber und sprach dann sofort irr. Wenn er anfing laut zu pfeifen, singen oder schwatzen, dann trieben wir ihn sofort ins Bett. Manchmal war das nicht so leicht, so z.B. einmal, da waren nur Alix und ich bei ihm. Wir merkten schon an seinem Sprechen, dass die Erkältung da war.

Er wollte aber um nichts in der Welt zu Bett. Wir fingen an ihn auszuziehen, wobei er immer hin und her lief und Blödsinn schwätzte. Es war eine schwere Arbeit. Wie er nichts mehr anhatte und ich ihm gerade sein Nachthemd anziehen wollte, entwischte er uns und lief splitternackt auf den Korridor. Mit Mühe nur trieben wir ihn zurück und in sein Schlafzimmer. Kaum lag er im Bett, da schlief er schon. Das war nachmittags und erst den nächsten Abend wachte er gesund auf.

Papa liebte Musik, war aber garnicht musikalisch ausgebildet, ging aber doch sehr viel in Konzerte und Opern. Seine Lieblingsoper war Fidelio, die er nie versäumte.

Großherzogin Alice von Hessen, um 1872.

Meine Mutter Alice war die zweite Tochter der Königin Viktoria und des Prinzgemahls Albert.[109] Sie hing mit Leib und Seele an ihren Eltern. Ihr Vater war ihr Ideal, der ihr ganzes Wesen beeinflusste. Als er 1861 starb, war sie mit meinem Vater verlobt. Ihre Mutter war der Verzweiflung nahe und als junges Mädchen musste sie alles in die Hand nehmen. Alte Leute haben mir erzählt wie sie trotz ihrer großen Trauer und Jugend alles mit einem wunderbaren Takt führte und dass ihre Mutter ganz von ihr abhing.[110] Man kann sich deren neuen Kummer denken, als sie im Juli 1862 meinen Vater heiratete und nun auf immer aus ihrer Heimat zog.

---

[109] Queen Victoria heiratete ihren Cousin ersten Grades, den Prinzen Albert von Sachsen-Coburg und Gotha (1819–1861). Er erhielt 1857 den offiziellen Titel des Prince Consort, des Prinzgemahls.

[110] Diese Einschätzung bestätigt auch der Briefwechsel zwischen Alices Ehemann und dessen Mutter Elisabeth. Letztere äußerte am 10.2.1862: „[Alice] sagt, wie so große Verantwortung auf ihr läge. Ich kann mir das gut denken, weil ich ja sah, wie Prinz Albert der Königin Alles war und wie Alice ihn nun in Rath und That ersetzen muss. Ich finde das aber ein Unrecht gegen ein so junges Wesen!". HStAD D 24 Nr. 10/3.

Sie kam ja jedes Jahr, wenn möglich, einmal nach England mit meinem Vater und ihrer sich vergrößernden Kinderschar. Was haben wir die Zeit dort genossen.

Früh wurde sie ernst, wenn sie auch einen großen Humor hatte und ich höre noch ihr Lachen, wenn sie vergnügt war. Wenn etwas Komisches passierte, genoss sie es von ganzem Herzen. So z.B. als sie und ich vor dem Haus unseres Augenarztes Weber[111] hielten. Sie fuhr ihren kleinen tiefen Wagen selbst. Sie wollte nur wegen mir eine kurze Frage stellen, so kam Dr. Weber zu dem Wagen heraus. Beim Gespräch nahm er in der Zerstreuung ihr Taschentuch von ihrem Schoss und fing an damit das Rad des Wagens zu putzen, das vor ihm war. Als das Gespräch zu Ende war sagte sie nur: "Ach bitte Dr. Weber, geben Sie mir mein Taschentuch", und fuhr ab. Was haben wir zusammen gelacht, denn man kann sich den Ausdruck des Gesichtes von Dr. Weber denken. Ein anderes Mal gaben meine Eltern der zweiten Kammer ein Diner, wobei ich vorher dabei sein durfte, bis man zu Tisch ging. Ich sehe noch das Gespräch, welches Mama mit Herrn Wernher aus Nierstein (dem Vater unseres später so lange gewesenen Generaladjutanten) hatte.[112] Er war ein alter Herr mit weißen Haaren und trug einen blauen Frack mit Goldknöpfen. Ganz die alte Art. Er diskutierte leidenschaftlich gerne.

Bei dem Gespräch in seiner Aufregung nannte er meine Mutter immer "Mein Herr" und ergriff zuletzt die Perlbrosche, die sie vorne trug und drehte sie herum, immer dabei sprechend. Meine Mutter ließ ihn ruhig gewähren, um ihn nicht zu stören. Das Gespräch hörte auf, als andere Herren dazu kamen. So hat er nie bemerkt, was er anrichtete, aber ich vergesse nie die schelmisch lachenden Augen meiner Mutter bei dieser Gelegenheit.

Ihr Ernst kam daher, weil sie doch zu viel durchmachen musste. Erst der Tod des Vaters 1861, dann der Krieg 1866, dann der von 1870-71, dann der Tod meines Bruders Fritz 1872,[113] von dem sie sich nie erholte. Meine Mutter lag noch am Morgen zu Bett, ich und mein Bruder spielten neben ihr. (Das Haus macht da eine Ecke). Ich lief in das Wohnzimmer, um von dessen Fenster aus meinen Bruder zu sehen. Meine Mutter sprang aus dem Bett um mich vom Fenster zurückzuziehen. Während der Zeit stieg mein kleiner Bruder auf einen Stuhl um hinüber zu sehen und ehe meine Mutter zurück-konnte, kippte der Stuhl nach vorne und er stürzte herunter auf den steinernen Treppenabsatz. Er lebte noch bis zum Abend. Unser alter Kinder-Diener trug mich hinauf zu den älteren Schwestern, denn ich war fassungslos. Überhaupt vergesse ich die Tage nie. Dazu hatte ich ein böses Gewissen, denn den Nachmittag

---
[111] Dr. Adolf Weber (1829–1915), Facharzt für Augenheilkunde, Medizinalrat.
[112] Der als Freund und liberaler Mitstreiter Heinrichs von Gagern bekannte Wilhelm Wernher (1802–1887), Abgeordneter der Frankfurter Nationalversammlung von 1848/49, war seit seinem Ausscheiden aus der 2. Kammer des Darmstädter Landtags 1872 lebenslängliches Mitglied der 1. Kammer. Der Sohn Paul Wernher (1839–1901) war ab 1878 Flügeladjutant, dann 1890-1899 Generaladjutant Ernst Ludwigs bzw. seines Vaters.
[113] Prinz Friedrich Wilhelm von Hessen und bei Rhein ("Frittie", "Fritzie" oder "Fritz" genannt) starb am 29. Mai 1873 im Darmstädter Neuen Palais. Das noch nicht 3-jährige Kind litt an der in Königin Victorias weitverzweigter Familie vererbten sog. Bluterkrankheit oder Hämophilie. Auch Ernst Ludwigs Schwestern Irène und Alix, die in das deutsche bzw. russische Kaiserhaus einheirateten, wurden Mütter hämophiler Söhne.

„Da hob mich meine Mutter auf und ich tat die Maiblumen in seine kalten kleinen Hände" Prinz Friedrich Wilhelm von Hessen, Ernst Ludwigs Bruder, auf dem Totenbett, Darmstadt, 29. Mai 1873.

Rosen vom Totenbett des Prinzen Friedrich Wilhelm von Hessen, Mai 1873.

Und wie er aufgebahrt in allen Frühlingsblumen dalag, da hob mich meine Mutter auf und ich tat die Maiblumen in seine kalten kleinen Hände. Ob wohl die Erwachsenen jemals realisieren können, was ein Kind schon leiden kann? Nun war ich der einzige Sohn und meine Mutter und ich klammerten uns aneinander. Dadurch verzog sie mich wahrscheinlich, denn meine älteren Schwestern waren eifersüchtig auf mich. Später fühlte ich mich oft einsam, denn als einziger Junge gingen meine Schwestern mir vor, außerdem waren drei von ihnen älter. Aber bei Ausfahrten saß ich dann immer hinten mit den Kutschern oder wenn viele Verwandten da waren und mehrere Wagen gebraucht wurden, musste ich mit dem Gefolge fahren.

vorher war die ganze Familie auf dem Glasberg gewesen. Dort pflückten wir Maiblumen und Fritz, der mich besonders liebte, hatte welche in seiner kleinen Hand, die er mir geben wollte. Ich lief immer weiter und er mit seinen kurzen Beinchen trottete hinter mir her und ich höre noch wie er mir immer nachrief: "Ernie I wants ou, Ernie I wants ou so much!" Er wollte mir ja seine Maiblumen schenken. Dieser Ruf ging mir viele Monate, ja sogar Jahre nicht aus dem Kopf und zu Anfang hatte ich das Gefühl der Verzweiflung. Nächte durch weinte ich und alle glaubten, es war die Trauer über den Verlust; die sprach ja auch mit, aber es war das Gewissen. Niemanden habe ich etwas darüber gesagt.

Meine Mutter war außerordentlich musikalisch. Ich kannte noch keine Noten, konnte aber die Bilder der Zusammenstellung derselben erkennen. Nun wählte ich auf diese Art die Sachen, die ich erkannte und meine Mutter spielte sie mir dann vor. Mein Lieblingsstück war der Trauermarsch von Chopin. Bei ihrer Beerdigung, wir waren alle schon ins Schloss als Reconvaleszenten übergesiedelt und sie starb allein im Neuen Palais,[114] zog der Trauerzug an unseren Fenstern vorbei. Da hörte ich zum ersten Mal den ganzen Trauermarsch. Ich dachte ich würde vergehen, ich war ja gerade erst 10 Jahre alt.[115]

---

[114] Das Neue Palais am Darmstädter Wilhelminenplatz wurde 1866 als Residenz des späteren Großherzogs Ludwig IV. errichtet. Es befand sich bis 1941 im Familienbesitz und wurde während der sog. Brandnacht des 11. September 1944 von Bomben zerstört.
[115] Großherzogin Alice starb am 14. Dezember 1878 im Alter von 35 Jahren an den Folgen einer Diphterie-Infektion, die auch ihre Kinder und ihren Ehemann betroffen hatte. Vier Wochen zuvor war bereits Ernst Ludwigs jüngste Schwester, die vierjährige Prinzessin Marie „May" (1874–1878) daran verstorben.

Meine Mutter war eine der ganz großen Seelen, denn obwohl sie jung starb, was hat sie nicht alles geleistet und alle Damen, die ich sprach, sagten mir, dass sie durch ihre Persönlichkeit verändert worden wären. Sie wären tiefer geworden und hätten das Interesse für die leidende Menschheit gelernt. Man kann sich denken, was für ein Mensch sie war, denn ich war doch ein Knabe, als sie starb und doch hatte sie mich so gestempelt, und sich so in mich hineingesenkt, dass ich jetzt noch als alter Mann, wenn eine Frage aufkommt, nur nachzudenken brauche, was sie dazu sagen würde, so bin ich sicher, das Richtige zu treffen. Meinem Vater stand sie immer zur Seite und besprach alles mit ihm. Sie war im wahrsten Sinne sein treuster Freund. Sie hat ihm die Freude an der Jagd beigebracht, damit er sich mehr Bewegung mache. Sie hat ihm die Jucker und später die Rotschimmel (meistens Ungarn) geschenkt, damit er mehr im Land herumkäme. Immer ritt sie mit ihm, wenn er nicht Dienst hatte, denn sie war eine berühmte gute Reiterin mit einer wunderbaren Hand. Moritz von Schenck erzählte mir, dass zweimal seines Wissens beim Reiten mit Bekannten sie ihn und einmal einen anderen Herrn, die draußen ihre Pferde wegen ihrer Bosheit nicht bezwingen konnten, zwang, den Sattel zu wechseln; worauf sie nach einem kurzen Kampf das Pferd so in die Hand bekam, dass sie den ganzen Spazierritt bis zum Ende damit machen konnte, was den Beiden, welche gute Reiter waren, nicht gelungen wäre. Er sagte noch, es sei unglaublich gewesen.

Meine Mutter spielte nur Klavier mit einem wunderbaren Anschlag. Wenn möglich war ich immer dabei. Sehr oft spielte sie auch 4 und 8 händig. Viele Künstler kamen zu ihr und einstens saß ich in einer Ecke des Musikzimmers auf dem Sofa um zuzuhören, wie ein Mann mit einem großen roten Bart meiner Mutter vorspielte und sie dabei mit ihm Vieles besprach. Da rollte er Noten auseinander und verlangte, sie solle sie mit ihm spielen. Sie sagte, es wäre unmöglich, denn sie wären ja handschriftlich und nur so hingeworfen. Er setzte es durch, indem er sagte, sie solle die Oberhand, wenn es zu schwer wäre, nur skizzieren. Nun spielten sie. Zum Schluss drehte er, mit den Händen auf die Knie gestützt, sich zu ihr um und sagte: "Sind Sie ich, oder bin ich Sie?" So hatte sie sich in ihn hineingefühlt. Es war Brahms und so bin ich der Erste, welcher die ungarischen Tänze gehört hat[116].

Mama hatte ein tiefes Kunstempfinden. Sie konnte wirklich gut malen. Nun wusste sie, wie oft die jungen Künstler unter materiellen Sorgen zu leiden hatten. Um ihnen zu helfen, kaufte sie das Grundstück am [Darmstädter] Prinz Emilsgarten, welches längs der Hermann-

---

[116] Der Besuch des Komponisten Johannes Brahms (1833–1897) im Neuen Palais am 14. Februar 1876 kam auf Vermittlung des Privatsekretärs der Prinzessin und nachmaligen Kabinettschefs, Dr. Ernst Becker (1826–1888), zustande; im Tagebuch Ludwigs IV. heißt es dazu: „Mit Dr. und Frau Becker kam der berühmte Komponist Brahms, spielte einiges vor und mit Alice, nach Souper". HStAD D 24 Nr. 7/2. Auch Ernst Ludwigs älteste Schwester Victoria erinnerte sich dieses Besuchs, vgl. Milford-Haven (2021), S. 12. Teil I/II der „Ungarischen Tänze" erschienen jedoch bereits 1869, Teil III/IV erst 1880.

"Mama hatte ein tiefes Kunstempfinden. Sie konnte wirklich gut malen" Der sechsjährige „Ernie", Federzeichnung der Großherzogin Alice von Hessen, Schloss Kranichstein, 1875.

straße lag, um für Künstler Ateliers dort bauen zu lassen. Diesen Gedanken habe ich auf der Künstler-Kolonie ausgeführt, ohne von ihrem Wunsch eine Ahnung zu haben.[117] Erst 1902 hat Herr von Westerweller[118] mir davon erzählt. Den Begriff von wirklicher Kunst haben Ella und ich geerbt. Ella konnte sehr hübsch malen, ich auch etwas, aber bei mir ist es mehr das tiefere Kunstempfinden in jeder Art wie sie vorkommt, angeregt durch die große Liebe zur Schönheit, auch in der Natur. Ihr großes musikalisches Empfinden haben Alix und ich geerbt. Ella sang sehr hübsch in Alt, Alix mit sehr viel Seele in Mezzosopran. Alix war auch eine vorzügliche Klavierspielerin. Nicky[119] wurde erst durch sie richtig in die Musik eingeführt und Tristan war sein Lieblingswerk. Irene spielt auch sehr gerne Klavier. Zu großen Konzerten nahm meine Mutter uns immer mit. So erinnere ich mir eines ganz besonders. Es war Paradies und Peri von Schumann. Ich war 5 oder 6 Jahre alt, damals machte mir der Chor der Huris und der Schlusschor, wo Peri in den Himmel kommt und ihre Stimme über den Chor hinklingt, einen tiefen Eindruck.[120] Auf diese Art lernte man schon bald das richtige Zuhören, denn meine Mutter spielte mir dann den nächsten Tag alles das vor, was mir Eindruck gemacht hatte und anderes, was sie besonders schön fand. Auch auf eine andere Weise wirkte sie auf uns Kinder ein. Jeden Samstagmorgen mussten wir mit viel Blumen zu ihrem Hospital in der [Darmstädter] Mauerstraße ziehen und die Blumen, erst in Vasen gesteckt, zu den verschiedenen Kranken bringen. So verlernten wir die Scheu, welche Kinder so leicht vor Kranken haben und mit vielen Kranken wurden wir Freunde und lernten unbewusst das Mitleid für andere haben. Alter gab es nicht, schon die Kleinsten von uns mussten mit.

---

[117] Belege für dieses nicht ausgeführte Vorhaben der Großherzogin konnten bis dato nicht ermittelt werden. Gedanken zu der 1899 gegründeten Künstlerkolonie auf der Darmstädter Mathildenhöhe äußert Ernst Ludwig in einem der nachfolgenden Kapitel, s. S. 133–136, 197–198.
[118] Paul Freiherr Westerweller von Anthony (1827–1912), Adjutant Großherzog Ludwigs IV., späterer Hofmarschall.
[119] Zar Nikolaus II. von Russland, Schwager Ernst Ludwigs.
[120] Robert Schumanns „Das Paradies und die Peri", Dichtung aus Lalla Rukh von Thomas Moore, vertont für Solisten, Chor und Orchester, wurde im Rahmen der Konzerte des Darmstädter Musikvereins am 28. Januar 1878 und noch einmal am 2. Februar 1880 aufgeführt. Vgl. Darmstädter Zeitung Jg. 1878 Nr. 30, S. 196, und 104 Jg. Nr. 35, S. 199. Der Eindruck, den die Aufführung auf den jungen Ernst Ludwig machte, muss besonders offenkundig gewesen sein, denn auch seine Schwester Victoria erinnert sich in ihren 1941 niedergeschriebenen Memoiren daran, vgl. Milford-Haven (2021), S. 12.

Mitglieder des „Alice-Frauenvereins" und verwundete Soldaten während des Deutsch-Französischen Krieges, Darmstadt 1870/71.

Was hat nicht meine Mutter alles gegründet. Den Alice Frauen-Verein vom Roten Kreuz mit seinen Unterabteilungen. Das Hospital, dem Verein angegliedert, war [dazu da] um junge Pflegerinnen auszubilden, dabei war es das erste, welches nicht auf Konfession sah. So war eine jüdische Schwester dort, die mir besonders gefiel, weil sie so lustig war. Dann die Aliceschule für Frauenbildung und Erwerb, darin besonders die Näh- und Kochschule, die Idioten-Anstalt, den Alice-Bazar für Näharbeit etc.[121] Was für Schwierigkeiten meiner Mutter im Anfang begegneten, weiß man kaum. So erzählte mir unser alter Hausarzt Dr. Eigenbrodt, dass er der Einzige war, der mit meiner Mutter den Kampf kämpfte um die Stadt zu kanalisieren.[122] Er erzählte mir dabei, dass einstens bei einer Sitzung der Beigeordnete Ritzert in hel-

---

[121] Zum vielfältigen sozialen Engagement der Großherzogin Alice s. die Aufzeichnungen ihrer Tochter Victoria, Milford-Haven (2021), S. 13; vgl. Franz (1978); Aufleger (2016), S. 20-21.
[122] Dr. Carl Eigenbrodt (1826–1900), seit 1877 Leibarzt Großherzog Ludwigs IV., war u.a. Verfasser der 1869 publizierten medizinischen Mahnschrift „Die Städtereinigung. Die wichtigste Aufgabe der Sanitätspolizei". Er widmete sich mit Nachdruck den Fragen der mangelnden Gesundheitshygiene durch schlechtes Trinkwasser und eine fehlende Kanalisation.

lem Zorn zu meiner Mutter sagte: "Wir wollen nicht solche Ideen, Königliche Hoheit. Das ist Luxus, wenn jeder ein Bad haben kann. Ich habe mich noch nie gebadet und bin doch rein. Das sind alles neumodische englische Ideen". Jetzt ist eine Straße nach ihm benannt.[123]

Frau Geheimrat Strecker, welche die rechte Hand meiner Mutter in all diesen Fragen war, klagte oft, wie zu Anfang die Leute gegen meine Mutter kämpften, weil sie ihre philanthropischen Ideen für englischen Unsinn hielten.[124] Später sahen sie ja alles ein, aber da war es zu spät, da war sie schon tot.

Meine Mutter hatte die große Eigenschaft, fähige, tatkräftige und gescheite Menschen, ob Mann oder Frau, um sich zu sammeln, sie zu beeinflussen und sie dann an die richtigen Stellen zu setzen, wo sie dann mit Freuden ihr Bestes für die große Arbeit hingaben. Das war der große Unterschied zwischen ihr und ihrer Schwester, der Kaiserin Friedrich.[125] Sie hatte die große Menschenliebe und die Geduld, gepaart mit einem weitgreifenden Gehirn. Sie war eben klug. Jene hatte auch ein großes, gescheites Gehirn, aber es war mehr ein Professorengehirn und dabei war sie so sanguinisch, dass sie sich oft ins Unrecht setzte, wenn sie auch das Beste wollte. Sie war die älteste und Lieblingstochter ihres Vaters und alle seine Ideen

Kronprinz Friedrich (III.) und Kronprinzessin Victoria von Preußen, um 1865.

versenkte er in sie hinein. So z.B. die Idee für die Größe Deutschlands. Nun heiratete sie 1858 in ein Preußen, das noch nicht richtig deutsch dachte. Für diese Idee kämpfte sie wild und war oft schroff dabei, aber niemand verstand sie. Deshalb warf sie sich in die Armee der Freisinnigen und ihren Mann, Kronprinz Friedrich W.[ilhelm], den sie an Gescheitheit weit über-

---

[123] Ernst Ludwig nennt hier versehentlich den Namen des erst nach dem Tod seiner Mutter geborenen, 1933 von der NSDAP abgesetzten Darmstädter Bürgermeisters bzw. Beigeordneten Karl Ritzert (1880–1951). Unklar bleibt, wer tatsächlich gemeint ist. Ich danke Dr. Peter Engels für die Einschätzung, es könnte sich stattdessen um den Darmstädter Gemeinderat Ritsert handeln, der – sein Vorname wird in den erhaltenen Gemeinderats-Protokollen nicht genannt – wahrscheinlich mit dem Bierbrauereibesitzer Karl Ritsert (1843–1918) identisch ist. Eine nach Letzterem benannte Straße ist jedoch nicht nachweisbar.
[124] Karoline Strecker, geb. Schleiermacher (1818–1889). Zur von Alice nicht selten als „monoton, eng und abgeschnitten von der Welt […], so wenig anregend, so kleinlich" empfundenen Atmosphäre in Darmstadt vgl. Aufleger (2016), S. 20-21.
[125] Nach dem Tod ihres Mannes, Kaiser Friedrich III. (1831–1888), nannte sich dessen Witwe Victoria offiziell „Kaiserin Friedrich".

ragte, beeinflusste sie in derselben Richtung. Dadurch wurde er auch der erste preußische Prinz, den die Süddeutschen liebten. Überall wollte sie, besonders politisch, alles verbessern. So lobte sie England und seine Vorzüge den Deutschen gegenüber, aber in England war sie so deutsch, dass sie es oft nicht lange aushielt, sondern Heim musste. Wenn ich über den Kaiser Wilhelm II.[126] klagte, so hatte sie immer ein gutes Wort für ihn, sagte aber einstens dabei: "Wenn du ihn verstehen willst, dann finde heraus, welches Buch er gerade liest. Er ist immer so davon beeinflusst, dass er nach ihm lebt und seine Reden danach richtet". Am besten kam sie mit Gelehrten aus, dann konnte sie Stunden diskutieren. Nach meiner Ansicht ist man ihr in Deutschland oft sehr ungerecht gewesen, denn sie hat auch sehr viel Gutes geleistet. Es war besonders Bismarck, der gegen sie kämpfte, weil sie nicht wie die preußische Familie auch seine Sklavin werden wollte. Ihr Gehirn war ein selbstständiges und Bismarck hatte nicht den Takt, sie richtig zu behandeln. Ich glaube, er unterschätzte sie. Wie gut sie ihre Leute kannte, zeigen zwei Aussprüche, die ich erlebte. Einst war sie bei mir zum Mittagessen als Caprivi gerade zum Reichskanzler gewählt worden war.[127] Ich frug sie, ob sie ihn kenne. "Ja", gab sie mir zur Antwort, "er ist ein höchst anständiger Mensch. Besonders ist er ein guter General, nichts mehr. Ein General allein aber passt nicht zum Reichskanzler". Ein anderes Mal war ich bei ihr in Friedrichshof als gerade Bülow Reichskanzler geworden war.[128] Da sie ihn gut kannte frug ich sie, ob er sich eigne. Da sagte sie: "Ach der gute Conté, ich kenne ihn schon lange. Er ist sehr geistreich. Er ist aber, was die Franzosen sagen "une fine mouche" und une fine mouche darf nicht Reichskanzler des deutschen Reiches werden".

Um zu meiner Mutter zurückzukehren. Immer hatte sie neue Ideen, um uns Kinder zu kultivieren. So hat sie einstens die bekannte Schauspielerin Frau Sonntag[129] gebeten, an einem Nachmittag uns Kindern vorzulesen. Unter anderem las sie uns mit großem Pathos den Erlkönig vor. Nach dem Schluss sah sie uns alle an, Erschütterung erwartend. Nur meine Schwester Irene öffnete den Mund und sagte lakonisch: "Das war gaschtisch".

Oft sah ich bei Mama nachmittags zum Thee die kleine bucklige Schwester von "Kraft und Stoff" Büchner.[130] Ich hatte sie sehr gerne, denn sie hatte so "liebe Augen". Immer war sie in braune Seide gekleidet.

Was für Menschen nicht meine Mutter bei sich sah. Musiker, Künstler, Professoren, Ärzte und Frauen von jeder Gattung und Stand, denn für sie gab es keine Grenzen und ich durfte sehr oft

---
[126] Wilhelm II., deutscher Kaiser (1859–1941), Sohn Friedrichs III. und der Kaiserin Victoria, Cousin Ernst Ludwigs. Zu dessen Äußerungen über Wilhelm s. ab S. 121 bzw. Kapitel V.
[127] Georg Leo von Caprivi (1831–1899), als deutscher Reichskanzler von 1890-1894 Nachfolger Otto von Bismarcks.
[128] Bernhard von Bülow (1849–1929), deutscher Reichskanzler von 1900–1909.
[129] Gemeint ist evtl. Anna Auguste „Nanette" Sontag (1811–1879).
[130] Luise Büchner (1821–1877) zählt zu den maßgeblichen Protagonistinnen der Frauenbewegung des 19. Jahrhunderts und beriet Großherzogin Alice bei zahlreichen Projekten. Sie war die Verfasserin des seinerzeit aufsehenerregenden Buches „Die Frauen und ihr Beruf" (1855). Der Verfasser von „Kraft und Stoff. Empirisch-naturphilosophische Studien" (1855) war ihr Bruder, der Mediziner und Naturwissenschaftler Ludwig Büchner (1824–1899).

Großherzogin Victoria Melita von Hessen und Prinzessin Elisabeth, November 1895.

dabei sein. Sie ist an der großen Menschenliebe zugrunde gegangen. Sie hatte sich schon mit der Zeit so verausgabt, dass die Ärzte sagten, sie dürfe keine Kinder mehr haben und da kamen noch Alix und May. Wie oft hat sie in der letzten Zeit auf dem Sofa gelegen. Da kam die Diphteritis. Außer Ella waren wir alle krank. Victoria begann, dann Irene, kaum schienen sie etwas besser, da kam ich daran und war lange am Tode, dann mein Vater, der auch sehr schwer krank war und dazwischen starb meine jüngste Lieblingsschwester May und dabei durfte es Mama mir nicht sagen. Immer in klaren Augenblicken fragte ich nach ihr und immer wieder sagte sie mir: "Sie ist jetzt ganz wohl und glücklich".[131] Sobald wir alle bewegungsfähig waren kamen wir ins Schloss, damit das Neue Palais desinfiziert werden konnte. Noch bei unserem Übersiedeln fiel die Krankheit meine Mutter an. Sie hatte ihre Pflicht vollbracht und keine Kraft mehr zum Kämpfen.[132]

Meine kleine Elisabeth war der Sonnenschein in meinem Leben.[133] Obwohl nur ein Kind, hatte sie ein besonders tiefes Empfinden mit einem ganz großen Herzen. Einstens, noch ehe sie sprechen konnte, musste ihr Zimmer neu tapeziert werden. Ich drehte die Tapetenmuster vor ihr um und immer, wenn die Mauvefarbe zum Vorschein kam, machte sie vergnügte Laute. So habe ich das Zimmer mit der Farbe tapeziert. Nie habe ich ein Kind gesehen, das so viel Einfluss auf Erwachsene hatte. Obwohl sie es vergötterten, blieb es immer das Gleiche, weil seine innere Persönlichkeit so stark war. Wer mit dem Kind verkehrte, hat es nie vergessen, denn es war eine Art Nimbus um dasselbe, welches es vor allem Verwöhntsein schützte. Sie war immer freundlich und vergnügt, hatte aber oft tiefe traurige Augen. Ob es wohl schon das gegenseitige Missverständnis seiner

---

[131] Ihrer Mutter, Königin Victoria, schrieb die Großherzogin am 22.11.1878: „Es machte mich beinahe krank, bei dem lieben Jungen zu lächeln. Aber das, was ihm so großen Kummer machen wird, muss ihm einstweilen noch vorenthalten werden." Zit. nach Sell (1884), S. 407.
[132] Siehe auch Fußnote 115. Seit dem 14. November 1878 veröffentlichte die „Darmstädter Zeitung" über viele Wochen hinweg täglich Bulletins der großherzoglichen Leibärzte, die Aufschluss über den Gesundheitszustand der Erkrankten gaben. Die von der Infektion verschonte Prinzessin Elisabeth „Ella" wurde in die Obhut der gleichnamigen hessischen Großmutter gegeben, die im nahegelegenen Prinz-Karl-Palais lebte.
[133] Das sog. „Prinzeßchen" Elisabeth von Hessen und bei Rhein (1895–1903) war die einzige Tochter aus Ernst Ludwigs erster 1894 geschlossenen Ehe mit seiner Cousine Victoria Melita Prinzessin von Sachsen-Coburg-Gotha (1876–1936).

Eltern durchschaute? Gefühlt hat es dasselbe sicherlich.¹³⁴ Sie fühlte sich so ganz hessisch und nichts machte sie glücklicher als wenn sie hörte, dass man sie "das Kind von Hessen" nannte. Das fühlte die Bevölkerung und brachte ihre ganze Liebe dem Kind entgegen. Unsere Scheidung verstand sie trotz ihrer jungen Jahre ganz genau und litt unsäglich unter ihr, denn sie wusste, wo sie hingehörte und ihre ganze Liebe war für mich. Einstens, wie sie zu ihrer Mutter zurückkehren musste erklärte ich ihr, wie ihre Mutter sie doch liebe. Da antwortete sie einfach: "Mama sagt es, Du tust es". Ich musste schweigen. Ein anderes Mal, ehe sie wieder abreisen musste, war sie sehr vergnügt bei mir. Plötzlich war sie verschwunden, ich suchte sie überall und zuletzt fand ich sie unter meinem Sofa, verzweiflungsvoll schluchzend. Sie hatte mir ihr Herzeleid verstecken wollen. Man kann sich meine sorgenvollen Gedanken vorstellen, die ich für ihre Zukunft hatte, damit ihr Charakter nicht geschädigt würde.¹³⁵

Da kam ihr Tod an Typhus in Skiernevize, wo wir beide mit zur Jagd bei dem russischen Kaiserpaar verweilten.¹³⁶ Es war fürchterlich und alle Menschen waren wie erschlagen. Die Rückreise im Extrazug mit ihr in ihrem silbernen Sarg werde ich nie vergessen. Dann die Ankunft in Darmstadt und der Zug zur Rosenhöhe. 4 Pferde in weiß zogen den Wagen, oben stand der Sarg auf weißem Tuch. Alles war weiß. Und nun die tausend und abertausend Menschen und ein Schluchzen rang sich aus der Menschheit, sodass ich es deutlich hörte. Nun ruht sie dort und ein Engel (von Habich) bewacht ihr Grab neben dem Mausoleum, das ich für meine Eltern gebaut habe. Es ist aus oberhessischem Lungstein und seine Maße sind genau die von der Galla Placidia in Ravenna. Darinnen ruhen meine Mutter, deren Figur von Böhm gemacht,

Prinzessin Elisabeth von Hessen, Ernst Ludwigs Tochter, Aquarell von Josefine Swoboda (?), um 1899.

---

¹³⁴ Über die Scheidung, die im Dezember 1901 mit beiderseitigem Einverständnis rechtwirksam wurde, schreibt Ernst Ludwigs Schwester Victoria: „Their characters and temperaments were quite unsuited to each other and I had noticed how they were gradually drifting apart. […] I can only say that I thought then, and still think, that it was best for both that they should part from each other". Zit. nach Milford-Haven (2021), S. 135.
¹³⁵ Die Prinzessin sollte je eine Hälfte des Jahres bei einem Elternteil verbringen. Ernst Ludwigs Schilderung der lieblosen Mutter wird durch bislang unbeachtete Quellen bestätigt. Die Mutter der geschiedenen Großherzogin, Herzogin Maria von Sachsen-Coburg und Gotha, schrieb am 5.7.1903: „I have somehow the feeling that au fond Ducky [Victoria Melita] would be relieved to get quite rid of that child. […] selfishness plays the principle part in this […] and drowns all maternal feelings in her." Zit. nach Mandache (2023), S. 101.
¹³⁶ Ernst Ludwig und seine Tochter waren am 9. November 1903 zusammen mit der Zarenfamilie, die nach der in Darmstadt gefeierten Hochzeit der Prinzessin Alice von Battenberg (s. S. 119) einen mehrwöchigen Urlaub auf Schloss Wolfsgarten verbracht hatte, zu einem Jagdaufenthalt in Skiernewice (heute Woiwodschaft Lodz, Polen) abgereist. Hier starb die 8-Jährige am 16. November an den Folgen einer Typhus-Infektion.

von ihren Geschwistern gestiftet wurde. Die Figur meines Vaters hat damals der junge Habich gemacht und die beiden Sarkophage meiner Geschwister machte Professor Varnesi. Eigentlich ist es eine Friedhofskapelle, denn wir wollen im Freien begraben werden.[137]

Als Kinder beherrschte uns meine älteste Schwester Victoria. Außer, dass sie die Gescheiteste war, hatte sie als älteste von uns große Kräfte, sodass wir ihr auch physisch gehorchten. Sie hat sehr edle Gesichtszüge und gleicht äußerlich am meisten von uns ihrer Mutter. Nach dem Thee, wenn meine Mutter müde war, las sie uns Geschichten vor. Durch diese frühe Übung hatte sie die Kunst wunderbar vorlesen zu können. Besonders humorvolle Geschichten sind von ihr bezaubernd. Sie dachte als Mädchen, es wäre unwürdig zu zeigen, dass sie ein großes Herz hätte und dadurch war sie oft sehr unverstanden und wurde darauf leicht schroff, da ihr sehr schneller Verstand half, den Menschen schlagende Antworten zu geben. Ihre Hochzeit war am 30. April 1884.[138] Zugegen waren unsere beiden Großmütter und alle englischen und hessischen Verwandten, auch das deutsche Kronprinzenpaar und ihre Kinder und noch andere Verwandte.

Prinzessin Victoria von Battenberg, Marchioness of Milford-Haven, 1936.

Wenige Frauen haben so viel gelesen wie sie, dabei vergisst sie aber beinahe nie, was sie gelesen hat. Mit dem Alter hat das Herz sie ganz besiegt, sodass ihr großer Charakter ganz hervorleuchtet und ihre Selbstlosigkeit alles beherrscht. Sie wäre die richtige Frau für einen großen Fürsten gewesen, denn sie hatte alle Beanlagung dafür. Oft haben mir gescheite Herren, die mit ihr in Berührung kamen gesagt: "So eine Frau ist ja einzig in der Welt". Still lebt sie ihr Leben dahin und ihr Hauptinteresse ist für ihre Kinder und Enkel.[139]

---

[137] Durch die Errichtung zweier Mausoleen wurde der Park Rosenhöhe im Osten Darmstadts zur Grablege des großherzoglichen Hauses. Das in den 1820er Jahren von Georg Moller erbaute und in den 1870er Jahren erweiterte Alte Mausoleum ergänzte Ernst Ludwig 1910 um das hier beschriebene Neue Mausoleum. Seine Tochter hingegen wie auch er selbst und die Mitglieder seiner zweiten Familie wurden unweit dieser Bauten unter freiem Himmel begraben; vgl. das den Memoiren vorangestellte Gedicht des Großherzogs auf Seite 207. Bei den genannten Künstlern handelt es sich um die Bildhauer Ludwig Habich (1872–1949), Joseph Edgar Boehm (1834–1890) und Augusto Varnesi (1866–1941).
[138] Victorias Hochzeit mit dem Prinzen Ludwig von Battenberg fand in der 1944 zerstörten Darmstädter Schlosskirche statt.
[139] Im Gegensatz zu Ernst Ludwigs Schilderung war seine Schwester bis in ihr hohes Alter eine höchst aktive und reiselustige Frau, die regelmäßig Besuche zu ihrer weitverzweigten Verwandtschaft unternahm. Im November 1948, zwei Jahre vor ihrem Tod, konnte sie ihren Urenkel, den britischen König Charles III., über die Taufe halten.

Ella war die Schwester, welche mir in vielen Arten am ähnlichsten war. Wir verstanden uns in allem beinahe immer, denn sie fühlte sich in mich hinein, wie wenige Schwestern es getan haben. Sie war eine der schönsten Frauen, die es gab, denn ihr Körper war in allem vollendet. Einstens wie wir beide ganz früh am Morgen in Venedig gingen, sah ich, wie einige Leute, die ihre Sachen auf den Mark brachten, andachtsvoll hinter ihr hergingen und zu einander murmelten: "O che la bella!" Als Kaulbach ein Bild von ihr 1892 malte, machte er 7 Skizzen, lebensgroße Köpfe. Keine gab sie ganz wieder und er sagte in seiner Verzweiflung: „Sie ist das Schwerste, was ich je gemalt habe, denn ein Künstler kann eben nicht etwas ganz Vollkommenes wiedergeben". Sein großes Bild war auch nicht gut.[140] Trotzdem waren seine Kopfskizzen viel besser, weil sie wenigstens edel waren. Sein bestes Bild ist ein kleiner Kopf, den er aus dem Gedächtnis malte. Er hängt in unserem Schlafzimmer. Sie ist oft von großen Malern gemalt worden, aber unähnlich, einige Bilder sind sogar beleidigend gewesen.

Sie war musikalisch und hatte eine warme Stimme, besonders aber malte und zeichnete sie viel. Sie genoss es auch, sich schön anzuziehen, das war nicht aus Eitelkeit, sondern aus Freude daran, etwas Schönes zu schaffen. Sie hatte sehr viel Humor und konnte Sachen, die ihr passierten auf hinreißend komische Art erzählen. Wie oft haben wir fassungslos zusammengesessen und über einen komischen Vorfall gelacht. Wie z.B. über den starken Mann mit der wunderbaren Stimme, den sie ausbilden ließ und dessen Lehrer sich beklagte, dass der Schüler mitten in seinen Stunden ihn aufhob und herumwirbelte. Zuletzt ging er durch und zeigte sich dem Publikum als Ringer. Oder wie sie als ganz junge Frau zum ersten Mal ein berühmtes Kloster besuchte. Vor dem Kloster waren viele Bettler. Eine Frau warf sich ihr zu Füssen und plötzlich

„Sein bestes Bild war ein kleiner Kopf, den er aus dem Gedächtnis malte" Großfürstin Elisaweta „Ella" von Russland, Kohlezeichnung von Friedrich August von Kaulbach, Schloss Wolfsgarten, 1892.

[140] Der Maler Friedrich August von Kaulbach (1850–1920) porträtierte zahlreiche Mitglieder von Ernst Ludwigs Familie. Nachweisbar sind Sitzungen in den Jahren 1892, 1899 und 1903. Das erwähnte „nicht gute" Repräsentationsbildnis Elisawetas in Lebensgröße befindet sich heute im Azerbaijan National Art Museum in Baku. Vgl. die Ausführungen auf S. 130–131.

umklammerte sie Ellas Knie mit aller Macht. Ella hatte so einen Schrecken bekommen, dass sie mit einem Schrei ihren Sonnenschirm herumschwenkte und dann weit von sich warf. Vor lauter Lachen konnte Serge[141] und das Gefolge ihr zuerst nicht helfen. Später als sie Oberin ihres Martha-Marienstiftes[142] war, da gab es eine junge Schwester aus einer guten Familie, welche immer pfiff oder nicht passende Lieder sang. Sie rügte dieselbe ein paar Mal und zuletzt wurde sie zornig. Da rief die Schwester: "Endlich habe ich Sie so weit, dass ich Sie einmal zornig sehen kann, ich glaubte immer, es wäre unmöglich und dabei sind Sie ja noch so wunderschön." Sie stand entgeistert da, musste dann aber endlich lachen. Alle diese Erzählungen aus ihrem Munde waren ein wahrer Genuss.

Zu der Zeit als sie heiratete, 15. Juni 1884, da war der russische Hof in seiner vollen Pracht. Die Hochzeit wurde mit großem Prunk gefeiert. Wir wohnten alle in [Schloss] Peterhof. Am Tage vorher fuhren Alle im Extrazug, die Damen in voller Toilette, die Herren im Paradeanzug nach Petersburg. Am Bahnhof waren alle Anderen der Familie versammelt. Nun stiegen die Damen in goldene Karossen und die Herren stiegen zu Pferde. Sie ritten alle vor dem Wagen der Braut, die mit Kaiserin Marie[143] fuhr. Im Winterpalais war dann ein großer Gottesdienst.

Ich erinnere mich nicht, was man am Abend machte. Der Hochzeitstag fing früh an. Zuerst war die protestantische Trauung und dann die orthodoxe, welche endlos dauerte, darauf noch ein Tedeum.[144] Nun ging es zum riesigen Diner im größten Saal. Wenn es auch lange dauerte, war es ein sehr schöner Anblick. Nun fuhr das vermählte Paar wieder im Prunk in sein Palais. Niemand hat sich umgezogen, denn gegen Abend fuhr alles in das Palais im vollen Staat. Dort gab das junge Paar ein großes Abendessen. Es war sehr merkwürdig anzusehen, alle in vollem Staat, nur Er in einfacher Uniform und Sie in einem rosa Schlafrock mit Spitzen mit einem Spitzenhäubchen auf. Endlich wurde Abschied genommen und alle waren glücklich, weil man todmüde war.

Ich erinnere mich besonders der Feste im Winter 1889. In 14 Tagen machte ich fünfzehn Bälle mit. Der letzte Ball fing um 12 Uhr mittags an und dauerte bis 6 Uhr, dann ein großes Diner, dem die zweite Fortsetzung um 7 ½ folgte und bis 12 Uhr dauerte, darauf das Souper. Das war die sog. Folle Journée.[145]

Am schönsten waren die sog. Conzert-Bälle im Winterpalais, nach dem großen Conzertsaal benannt, in dem sie stattfanden. Das Soupé war im ganz großen Saal, wo einmal in der Saison

---
[141] Großfürst Sergej Alexandrowitsch „Serge" von Russland, Schwager Ernst Ludwigs.
[142] Das Stift der Heiligen Martha und Maria der Barmherzigkeit hatte Elisaweta 1909, fünf Jahre nach der Ermordung ihres Ehemannes, aus ihren privaten Mitteln gegründet. Nach dem Vorbild deutscher Diakonissenhäuser strukturiert, war es einzigartig in Russland und vereinte ein gemeinschaftliches Leben der Schwestern mit zahlreichen medizinischen und karitativen Einrichtungen wie einem (Lehr-)Krankenhaus oder einer Apotheke. Die Großfürstin trug seit 1911 die von ihr selbst entworfene Schwesterntracht und lebte als Oberin auf dem Gelände des Stiftes. Vgl. Ernst Ludwigs entsprechende Ausführungen auf den folgenden Seiten.
[143] Zarin Maria Feodorowna von Russland (1847–1828), geb. Prinzessin Dagmar von Dänemark, Ehefrau von Zar Alexander III. und spätere Schwiegermutter Ernst Ludwigs jüngerer Schwester Alix, die ebenfalls in das Zarenhaus einheiratete.
[144] Der Übertritt zum orthodoxen Bekenntnis stand den in die Romanow-Dynastie einheiratenden Protestantinnen – mit Ausnahme der Zarinnen – seit 1874 frei, als Alexander II. das entsprechende Hausgesetz modifizierte. Ella entschied sich 1891, nach sieben Ehejahren, zu konvertieren, als ihr Ehemann zum Generalgouverneur von Moskau ernannt wurde.

der Ball von 3000 Menschen stattfand. Dieser Saal wurde unglaublich schön hergerichtet. Obenan ein hochstehender Quertisch für die Kaiserin, alle Großfürstinnen und die Botschafter etc. ganz unter Blumen, auch die Rückwand desgleichen. Von dort aus zogen sich durch den Saal 4 Reihen von Palmen. An den Wänden Büsche mit Blumen und um jede Palme ein runder Tisch voller Blumen. Daran saßen alle anderen Gäste und die Großfürsten mit ihren Damen. Der Kaiser hatte keinen Platz, sondern ging herum. Diener gaben acht und wo er sich gerade hinsetzen wollte, wurde ihm ein Stuhl untergeschoben, dann aß er etwas, sprach mit der Tischgesellschaft und ging dann weiter zu einer anderen. So setzte er sich oft auch zu den Allerjüngsten. Auf diese Art konnte er der richtige Hauswirt sein. Noch ein Ball, der sehr schön war, ist der in der Eremitage gewesen, die mit dem Winterpalais verbunden war. Der Tanzsaal hatte in seiner Länge eine offene Collonade. Durch die sah man in einen großen Wintergarten voller Blumen. Hinten an der Wand versteckt waren eine Menge von Käfigen voller Kanarienvögel etc., die alle sangen. In den Pausen konnte man darinnen herumgehen und sitzen.

Wenn auch alles mit großem Prunkt gemacht war, immer fühlte man sich wohl, weil es von dem menschlichen Standpunkt aufgefasst wurde, nicht wie in Berlin, wo alles nur auf die Äußerlichkeit gestellt war. Noch einen Ball erinnere ich mir, der war im [St. Petersburger] Anitschkow-Palais, dem Privatpalais Alexanders III. Es war eine Hoftrauer plötzlich zu Anfang der Saison angesagt worden. Um sie abzukürzen gab das Kaiserpaar den schon vorher angesagten Ball in Schwarz. Alle Damen erschienen in Schwarz mit Brillanten und Perlen. Der Saal war weiß mit roten Vorhängen und Stühlen und bunt waren nur die Uniformen. Es war ein eigentümlicher, aber ganz bezaubernder Anblick.[146]

Großfürstin Elisaweta „Ella" von Russland, um 1900.

---

[145] Die Folle Journée (französisch: „Der tolle Tag") war der Höhepunkt und gleichzeitig der Abschluss der Ballsaison vor Beginn der Fastenzeit. 1889 hielt sich Ernst Ludwig zusammen mit seinem Vater und seiner Schwester Alix in St. Petersburg auf.

[146] Der „Bal noir", ein Hofball ganz in Schwarz, fand am 7. Februar 1889 statt. Die Hoftrauer war anlässlich des Selbstmordes angesetzt worden, den der österreichische Thronfolger Erzherzog Rudolf (1858–1889) am 30. Januar auf Schloss Mayerling verübt hatte. Ludwig IV. notierte in seinem Tagebuch: „Um halb zehn in Kleiner Uniform mit Ella, Sergej ins Anitschkow zum Ball. Alle Damen in Schwarz, sah ganz gut aus. [...] Ernie tanzte fleißig." HSTAD D 24 Nr. 9/1-6, Band 29 (1889).

Einst gaben die Nitschajews (ein alter Bruder und zwei alte Schwestern) einen großen Ball. Da sie enorm reich waren, wurde der Ball mit unglaublichem Luxus ausgestattet. Ich vergesse nie, wie nach dem Diner wir Jungen hinunterliefen und in einem der Säle, wo Zigeuner konzertierten, sie aufforderten Tänze zu singen. Der Chor hatte zur Begleitung nur Balalaikas, Guitarren und Tamburine. Alle Alten waren noch oben geblieben. Nun tanzten wir ohne zu sprechen ganz stille, ohne Pause, wie irrsinnige Menschen. Überhaupt ein solches Tanzen wie den Winter in Petersburg habe ich nie wieder erlebt. Dabei gab es nachmittags Tänze auf den Inseln und Mazurka-Thees, die doch immer einige Stunden dauerten, dazu noch Schlittschuhlaufen und Eisbergrodeln im Toridpark mit der ganzen Hofgesellschaft. Die beiden letzten Sachen wurden aber mehr während der Fasten bevorzugt. Man kam einfach aus den Rasen nicht heraus, wenn man nicht schlief. Überall war Ella als die schönste und beliebteste Frau dabei. Niemand aber wusste, dass sie unter der Hand viel für die Armen und Notleidenden arbeitete. Man wusste nur, dass sie an der Spitze von solchen Vereinen stand.

Serge hatte das Gut Iljinskoje bei Moskau von seiner Mutter geerbt. Dort wohnten die Beiden meistens den ganzen Sommer. Wenn sie auch dort viele Gäste hatten, so war Ella überall bei den Leuten in den Dörfern und sah nach, wie man ihnen helfen könne, immer tätig von Serge unterstützt, mit dem sie alles besprach. Als er Gouverneur von Moskau wurde, zogen sie von Petersburg ganz dahin und nun ging sie ganz in sozialen Fragen auf, wenn sie auch gesellschaftlich immer ihre Pflichten ausfüllte, schon um die Stellung von Serge zu befestigen, der als Großfürst und Gouverneur viel Arbeit hatte. Während der Zeit wurde ihr Gemüt immer tiefer und größer und keiner Frage, wenn sie noch so schwer war, ging sie aus dem Weg, denn sie hatte einen großen moralischen Mut, der von ihrer tiefen Religiosität gestützt wurde. Wie ihr Äußeres, so war auch ihr Inneres. Einstens sprachen wir zusammen wobei sie sagte, ein Mensch müsse immer ein Ideal haben, wonach er strebe. Ihres wäre das Schwerste. Wie ich sie frug was es wäre, sagte sie: "Eine vollkommene Frau zu werden, das ist aber das Schwerste, denn zuerst muss sie verstehend alles verzeihen können".

Dann kam der furchtbare Tag als Serge ermordet wurde.[147] Er war zu einer Sitzung gefahren. Die letzte Zeit fuhr er immer allein, er nahm sogar keinen Adjutanten mit, weil er wusste, dass er von den Revolutionären ein gezeichneter Mann war und nicht wollte, dass sogar seinetwegen einem seiner Adjutanten etwas passieren könne. Nicht weit weg von dem Palais

---

[147] Am 4./17. Februar 1905 wurde Ernst Ludwigs Schwager, Großfürst Sergej, durch die Bombe des Anarchisten Iwan Kaljajew im Moskauer Kreml getötet. Als streng Konservativer setzte er sich während seiner Amtszeit vehement gegen liberale Reformen des russischen Staatswesens ein. Kurz vor seiner Ermordung hatte er das Amt des Generalgouverneurs niedergelegt.

erfolgte die Explosion. Die meisten Leute im Haus kümmerten sich kaum darum, weil sie nicht laut hörbar war. Ella wusste es gleich und so wie sie war lief sie aus dem Haus in die Kälte durch die Straßen, bis sie als eine der Ersten am Tatort war. Leute sagten mir, der Anblick wäre fürchterlich gewesen. Noch einige Tage nachher schickten Menschen Knochenteile etc., die bis zum Dach ihrer Häuser geschleudert waren. Gefasst half sie mit, die verstümmelte Leiche zurückzubringen. Als wir, Eure Mama und ich, kurz nach unserer Hochzeit[148] nach Moskau zur Beisetzung kamen, war sie still und dünn mit großen starren Augen, von einer unheimlichen Ruhe, die alles tat, was nötig war und dazwischen betete sie noch ganze Nächte hindurch. Die Ärzte waren verzweifelt, denn sie sagten, sie müsse zusammenbrechen, denn sie aß überhaupt nichts. Die letzten Jahre aber hatte sie kein Fleisch mehr angerührt, weil es ihr zuwider geworden war und sie hatte immer sehr wenig gegessen. Sie brach nicht zusammen. An einem Morgen sah ich zum ersten Mal ein Lächeln über das steinerne Gesicht huschen, da frug ich sie, was es bedeutete. Sie erzählte mir nun, sie wäre vor einigen Tagen bei dem Mörder in der Zelle gewesen um mit ihm zu sprechen, denn sie wusste, wie Serge unglücklich gewesen wäre, wenn wegen ihm ein Mensch sein Seelenheil verlieren könne. So hätte sie mit dem Mörder darüber gerungen. Wie sie in die Zelle kam, hätte der Mann sie angesehen und gesagt: "Ach du bist sein Weib, es ist nutzlos, dass du kommst". In der Unterredung hätte der Mann gesagt: „Zwischen uns und Euch ist Krieg". Da hätte sie ihm noch geantwortet, dass im Krieg Mann gegen Mann von vorne kämpfe. Er hätte aber von hinten gemordet, das wäre nicht Krieg, das wäre Feigheit. Sie wäre an zwei Stunden bei dem Kerl gewesen und als sie ging, hatte sie das Gefühl wenig erreicht zu haben, doch ließ sie ein kleines Heiligenbild auf dem Tisch zurück.[149] Beim Hinausgehen bat sie den Wärter, wenn er irgendetwas an dem Gefangenen bemerke, es sie gleich wissen zu lassen. Nun hätte er ihr heute früh mitteilen lassen, dass der Gefangene das Heiligenbild neben seinem Kissen liegen habe. Das war der Grund ihres Lächelns. Ob sie daraufhin wieder hingegangen ist, weiß ich nicht, denn nie mehr sprach sie von dieser Sache zu mir. Wie hatte sie doch ihr Ideal erreicht!

Allmählich verschenkte sie von ihren Sachen und Schmuck Vieles an ihre nächsten Verwandten.[150] Die große Masse aber und viele Kunstgegenstände verkaufte sie um eine große Summe zu erreichen. Mit derselben hat sie später das Martha-Marienstift gegründet. Sie hatte mit den Jahren beobachtet, dass es außer den Nonnen, die beinahe zu nichts nutz waren als Sticken, noch freie Schwestern in den

---

[148] Hier spricht Ernst Ludwig seine Söhne Georg Donatus und Ludwig als Initiatoren der Erinnerungen an. Am 2. Februar 1905, nur wenige Tage vor dem Bombenattentat, hatte er in Darmstadt Prinzessin Eleonore zu Solms-Hohensolms-Lich (1871–1937) geheiratet.
[149] Victoria von Battenberg schreibt über den Besuch der Großfürstin in der Gefängniszelle abweichend: „She did stay not with him long nor discussed opinions with him. He did not resent his promise that she would pray for him. He had shown a certain regard for her before, as he had refrained from throwing a bomb at Serge a few days before when Ella was driving with him." Zit. nach Milford-Haven (2021), S. 155.
[150] Ernst Ludwig erhielt aus dem Besitz seiner Schwester u.a. ein 1897 datiertes Ölgemälde mit der Darstellung des Heiligen Georg des Drachentöters, gemalt von Edward Burne-Jones (1833–1898) (Hessische Hausstiftung, Inv. WO B 8081) sowie eine von Fabergé gefertigte Aquamarin-Parure.

Großfürstin Elisaweta „Ella" von Russland in der Tracht des von ihr gegründeten Martha-Marienstiftes, Moskau, 1910.

Kliniken gäbe, die aber so freidenkend waren, dass sie den gewöhnlichen Russen abstießen. Nun wollte sie ein Mittelding zwischen Kloster und Schwesternheim gründen. Deshalb studierte sie die deutschen Diakonissenhäuser und Pflegerinnenheime und auch ähnliche englische Institute. Sie musste aber etwas, was dem russischen religiösen Geiste genehm war, schaffen. So gründete sie das Kloster oder Stift der Martha Marien-Schwestern. Sie baute einen großen Komplex voll, Kirche, Hospital, Pflegerinnenschule, Apothekerschule, Schule für Auswärtige, Pflege und Rettung von Verkommenen etc. Sie stellte das Ganze unter den Patriarchen, wie es die frühchristlichen Diakonissinnen waren.[151] Es wuchs sich zu einer ganz großen Sache aus. Sie war die Oberin davon und alles ging durch ihre Hände. Die Schwestern mussten alle wirklich arbeiten, ein kontemplatives Leben gab es nicht. An Allem nahm sie teil und war immer vorne an, da sie sehr wenig Schlaf brauchte. Oft z.B. besuchte sie auch, nur mit einer Schwester zusammen, die verrufensten Straßen und Spelunken in Moskau, bis die Polizei verzweifelnd sie wissen ließ, dass sie für ihre Sicherheit nichts mehr tun könne. Sie ließ antworten, sie danke für die liebevolle Sorge, aber sie wäre in Gottes und nicht in ihrer Hand.

Als die Bolschewiken sie und andere ergriffen und im fernen Alapajewsk einsperrten, half sie wo sie nur konnte, das Los ihrer Mitgefangenen zu erleichtern. Wie man sie in den tiefen Brunnenschaft werfen wollte, kniete sie nieder mit den Worten: "Du lieber Gott verzeihe ihnen, denn sie wissen wirklich nicht, was sie tun". Zu unserer Beruhigung hörten wir, dass der Schacht so tief wäre, dass sie sicherlich schon tot gewesen war, ehe sie den Boden erreichte. So lebte sie und starb sie wie unsere Heilige

---

[151] Die liberale Grundidee der Schwesterngemeinschaft, zu der eine das Arbeiten erleichternde Tracht aus hellen, leichten Stoffen sowie das Anrecht auf Erholungsurlaub zählten, stieß auf den erbitterten Widerstand der orthodoxen Kirche. Erst ein Dekret von Zar Nikolaus II., Elisawetas und Ernst Ludwigs Schwager „Nicky", ermöglichte die Gründung des Stiftes.

Elisabeth, nur war sie als Mensch viel grösser und hat zuletzt viel Schwereres durchgemacht als jene.¹⁵²

Der Sohn eines Kaufmanns, der Mönch geworden war, holte ihren toten Körper mit vieler Mühe unter den anderen heraus und tat ihn mit dem ihrer früheren Jungfer Ware, die auch Schwester geworden war um in ihrer Nähe zu bleiben, in zwei Holzkisten und zog mit ihnen während zweier Jahre durch Sibirien. Während der Winter stellte er sie meistens in verlorenen Klöstern versteckt auf. Endlich kam er in Peking an, wo er sie in die russische Kirche stellte. Um den Leichnam der Ella zu rekognoszieren mussten die Kisten geöffnet werden und da stellte sich heraus, dass in dieser langen Zeit ihr Körper rein wie unangetastet in seiner Schönheit dalag. Dieses ist das Merkmal einer Heiligen nach russischem Glauben.¹⁵³ Nun setzte die richtige Wallfahrt ein. Um ihren Körper endlich zur Ruhe zu bringen halfen wir Geschwister, dass er nach Jerusalem gebracht wurde, immer begleitet vom treuen Mönch. Dort empfingen ihn Victoria, Ludwig und Luise. Nun ruht sie mit der kleinen Ware in einer Nebenkapelle in der Kirche, deren Grundstein Serge und Paul¹⁵⁴ in Erinnerung ihrer Mutter (meine Großtante Marie von Hessen) gelegt hatten und zu deren Einweihung sie mit Serge vor Jahren zugegen gewesen waren.¹⁵⁵

Meine Schwester Irene hat besonders von meinem Vater die absolute Herzensgüte geerbt und das Sich-genieren von meiner Großmutter. Schon als Kind wollte sie immer alles zwischen ihren Geschwistern schlichten und war immer bedacht, dass wir das Richtige täten und nichts vergaßen. Da sie sanguinisch ist, übertrieb sie dies mit Geschäftigkeit, sodass wie sie "Aunt Fuss"¹⁵⁶ nannten. Sie hatte früher beim Reiten

Prinzessin Irène von Preußen, Schloss Wolfsgarten, um 1906.

---
¹⁵² Nach Ausbruch der russischen Revolution wurde Großfürstin Elisaweta in Moskau unter Arrest gestellt und im Mai 1918 mit weiteren Angehörigen des Zarenhauses von bolschewistischen Truppen nach Alapajewsk in der Oblast Swerdlowsk (Ural) deportiert. Die Umstände ihres gewaltsamen Todes am 18.7.1918 wurden jedoch erst im Jahr 1920 bekannt. Bis zu diesem Zeitpunkt hatte Ernst Ludwig offenbar gehofft, seine Schwester sei am Leben geblieben. Victoria von Battenberg schrieb am 22.9.1920 an Großherzogin Eleonore: „Wenn er noch etwas Hoffnung hat, so raube sie ihm nicht, indem Du ihm was ich eben geschrieben mitteilst – die Zeit wird ja in milderer Weise diese Hoffnung schwinden machen". HStAD D 24 Nr. 45/2. Der Vergleich mit der Heiligen Elisabeth von Thüringen (1207–1231), Stammmutter des Hauses Hessen, verweist auf den Ruf einer Heiligen, den die Großfürstin bereits zu Lebzeiten hatte. 1992 wurde sie von der russisch-orthodoxen Kirche kanonisiert.
¹⁵³ Victoria von Battenberg schrieb 19.Dezember 1920 an Großherzogin Eleonore: „Xenia hat einen Herrn gesprochen, welcher bei Öffnung des Sarges bei Ankunft in Peking zugegen war. Er sagte ihr, der Körper sei fast unverwest [sic] gewesen – die Leute halten es für ein Zeichen ihrer Heiligkeit natürlich." HStAD D 24 Nr. 45/2.
¹⁵⁴ Großfürst Pawel Alexandrowitsch von Russland (1860–1918), jüngster Sohn Zar Alexanders II.
¹⁵⁵ Die sterblichen Überreste Elisawetas und ihrer ebenfalls ermordeten Begleiterin, der Schwester Warwara Jakowlewa, wurden 1921 in Anwesenheit von Prinz Ludwig und Prinzessin Victoria von Battenberg sowie ihrer Tochter Louise, späteren Königin von Schweden (1889–1965), in der orthodoxen Kirche der Hl. Maria-Magdalena in Gethsemane beigesetzt. Das Gotteshaus war 1888 im Gedenken an Zarin Maria Alexandrowna errichtet worden.
¹⁵⁶ fuss, englisch für „aufgeregte Geschäftigkeit", „viel Aufhebens".

eine sehr leichte Hand und eine große Tanzleidenschaft wie ich. Oft haben wir beide, die Melodie singend, zusammen in leeren Sälen getanzt. Ihre offizielle Verlobung mit Heinrich von Preußen wurde in Berlin am 90. Geburtstag des Kaiser Wilhelm I. gefeiert.[157] Aber da spielte die dumme Etikette einen lächerlichen Streich. Am Abend war ein großes Festdiner, da wurde Irene vom alten trotteligen Prinz Alexander geführt und Heinrich musste die dicke, hässliche Mathilde von Sachsen führen. Er war wütend und was seine schlechte Laune noch verstärkte war, dass er einzelne Leute sagen hörte "Na, die ist alt! Na, ist die aber entwickelt". Als Knalleffekt bekam sie drei Tage nachher die Masern. Ihre Hochzeit in Charlottenburg war eine kleine und sehr traurige. Sie war am 24. Mai 1888 (Großmamas Geburtstag). Am 9. März war der alte Kaiser Wilhelm I. gestorben. Die alte Kaiserin Augusta saß wie ein schwarzes Gespenst im Rollstuhl dabei. Kaiser Friedrich [III.] war eigentlich sterbend. Er starb am 19. Juli, sodass die Jungvermählten gleich dabei waren. Die Hochzeit war so früh nach dem Tode Kaiser Wilhelms anberaumt worden, weil er absolut bei der Trauung seines Sohnes dabei sein wollte und nicht wusste, wie lange er noch leben würde. Ihr verheiratetes Leben war glücklich, aber oft nicht leicht, weil besonders im Anfang mein Schwager Heinrich unberechenbar war und da musste sie Streitigkeiten immer schlichten, es ging aber stets gut aus, weil sein Gentlemangefühl und sein gutes Herz ihn zuletzt zur Einsicht leiteten.

Ihr Sohn Waldemar, der immer krank ist und oft am Tode war, ist eine stete Sorge, wenn er auch sein Leiden mit rührender Geduld trägt. Sigismund ist ein schwerer Charakter. Ihr dritter Sohn Heinrich starb jung, sie hat aber trotzdem seinen Tod nie überwunden.[158] Nun ist Heinrich nach zwei Jahren schweren Leidens auch gestorben. Sie ist jetzt einsam, macht sich aber trotzdem so viel zu schaffen, dass sie

Prinz Friedrich Wilhelm von Hessen, Oktober 1872.

[157] Die Verlobung mit dem Prinzen Heinrich von Preußen (1862–1929), jüngeren Bruder des späteren Kaisers Wilhelm II., fand am 22. März 1887 statt.
[158] Von den drei Söhnen Irènes litten der älteste, Waldemar (1889–1945), wie auch der jüngste, Heinrich (1900–1904), an der Bluterkrankheit. Einzig Sigismund (1896–1978), war gesund und lebte seit 1922 als Geschäftsmann in Guatemala, von wo aus er 1928 nach Costa Rica ging.

manchmal ganz erledigt ist. Ihr einziger Gedanke und Sorge ist, wie kann ich jedem helfen, aber auch jedem.

Mein Bruder Fritz,[159] der nach mir kam und so jung starb, war immer zart, aber ein liebevolles und warmherziges Kind.

Dann kommt Alix,[160] die auch so schön schon als Kind war, dabei ein erst angelegter Mensch. Viel Humor hatte sie nicht. Wie alle meine Schwestern hatte sie ein großes Herz. Ihr Pflichtgefühl war grenzenlos. Schon als Kind würde sie eine Fahrt mit meinem Vater, die sie so wie wir alle liebte, ausgeschlagen haben, wenn sie mit ihren Aufgaben nicht vollständig fertig war. Wenn sie sich etwas vornahm, so versuchte sie es immer, auch bis zuletzt durchzusetzen. Nach dem Tode von May war sie das Jüngste und litt darunter, dass man ihr nicht alles sagte. Sie war ein guter Kamerad für meinen Vater und tat alles, was sie nur konnte, um ihm sein Leben zu verschönern. Wir beide waren immer zusammen und später, außer ihrer Familie, war ich ihr das Liebste, was sie auf dieser Erde hatte und sie hat schwer daran gelitten, dass meine erste Frau eifersüchtig auf sie war und sie nicht begreifen konnte. Erst eure Mutter hat ihr die Sonne der alten Heimat wiedergegeben, sodass wir beide Paare fest zusammengehörten. Sie sagte mir einst: "Ich glaube, Onor ist meine treuste Schwester."[161]

Prinzessin Alix von Hessen, die spätere Zarin Alexandra von Russland, Harrogate, 1894.

Da sie sich leicht genierte und dabei den Kopf schief hielt und nicht lächelte, wenn sie nicht in der Stimmung war, denn das vertrug ihre Ehrlichkeit nicht, so glaubten die Menschen oft, sie wäre unglücklich, langweilig oder launisch. Ihr Leben in Russland war schwer von Anfang an. Erst ihre offizielle Verlobung in der Krim am Totenbett Alexander III. Dann die Rückfahrt mit seiner Leiche durch ganz Russland

---

[159] Vgl. S. 77–78.
[160] Prinzessin Alix von Hessen und bei Rhein, später Zarin Alexandra Feodorowna von Russland.
[161] Ernst Ludwigs Schilderung ist bemerkenswert, da auch die neuere Forschung die gegenteilige Ansicht vertritt, die Zarin habe seine erste Ehefrau, Victoria Melita, gemieden. Tatsächlich existieren zahlreiche schriftliche Belege für einen auch nach der Scheidung der Ehe anhaltenden, herzlichen Umgang beider Frauen, s. Alexandras Brief an Ernst Ludwig vom 15./28. Juli 1915, in HStAD D 24 Nr. 36/8. Über die zweite Ehe ihres Bruders mit Eleonore zu Solms-Hohensolms-Lich schreibt seine Schwester Victoria: „Ernie's second marriage was a great success. She understood him perfectly, thanks to her unselfish but very intelligent nature and they were deeply devoted to each other. There are few people whom I learned so to respect, love and admire, as my sister-in-law Onor." Zit. nach Milford-Haven (2021), S. 152.

und zwei Tage nach den endlosen Beisetzungsfeierlichkeiten ihre Hochzeit.¹⁶² Nie werde ich diesen Tag vergessen. Ich war schon für die Beerdigung gekommen. Wir beide wohnten in Serge und Ellas Haus. Da erschien, um sie abzuholen, Kaiserin Marie in goldener Karosse. Ihr russisches Hofkleid mit Kakoschnik und Schleier waren aus weißem Crepe und nur Perlen ihr Schmuck. Alix ganz in Silber, das Kleid mit Brillanten übersät, stieg zu ihr ein. So fuh-

Zarskoje Selo bei St. Petersburg, die Residenz des letzten Zarenpaares: Aquarelliertes Albumblatt mit den Unterschriften von Zar Nikolaus II., Zarin Alexandra, Großfürst Sergej, Großfürstin Elisaweta und Großfürst Pawel von Russland, Mai 1897.

---

¹⁶² Nach dem Tod Alexanders III. im November 1894 wurde sein erst 26-jähriger Sohn Nikolaus Zar. Seine Verlobte, Alix von Hessen, wurde somit unmittelbar nach ihrer Ankunft in Russland zur Ersten Dame des Reiches. Ernst Ludwig verweist hier auf die massive Kritik, die die russische Aristokratie an der gehemmten jungen Frau übte. Am 3.6.1918 schrieb Irène von Preußen an Großherzogin Eleonore von Hessen: „Mir scheint, um Alix später, sowie Nicky gerecht zu werden, wäre es gut, wenn Ernie Aufzeichnungen machte über Alikys [Alix] ganzes Leben, damit die Menschheit ein wahres Bild von ihr später erhält und nicht nur Gewäsch." HStAD D 24 46/5.

ren sie durch eine stille, nach Tausenden zählende Menge, die sich tief verneigte. Im Winterpalais bekam Alix den Hals- und Armschmuck etc. aus großen Brillanten und auf den Kopf das Diadem und die Brautkrone. Da sie einen Kaiser heiratete, bekam sie nicht den Purpurhermelin sondern einen riesigen Goldhermelinmantel. Nach der Trauung bei der Gratulation der Verwandten und näheren Freunde, die ganz inoffiziell war, sah ich, dass sie allein in der Mitte des Zimmers stehen gelassen war. Ich schlüpfte zu ihr um ihr behülflich zu sein, da sagte sie mir, dass das Silberkleid und der Goldmantel so schwer wären, dass sie nicht von der Stelle könne. Ich lief schnell zu Nicky, der an der anderen Seite im Gespräch war und sagte es ihm. Schnell wurden zwei Kammerherren befohlen und so konnte sie sich wieder bewegen.

Gleich zu Anfang gab es viele Verwandte (die Michels besonders), die gegen sie waren. Sie nannten sie "cette raide anglaise".[163] Wieder andere, Freunde Alexander III. und der Kaiserin Marie hielten zu Letzterer und wollten Alix niederhalten. So stand sie allein, denn Nicky hatte zu Anfang so viel Arbeit zu schaffen, dass sie ihn nur zum Mittagessen kurz und zum Abendessen sah (meistens war das Abendessen bei Kaiserin Marie), wo er todmüde zurückkam. Zuerst mussten sie auf Kaiserin Maries Befehl im [St. Petersburger] Anitschkow Palais bei ihr wohnen. Es war Nickys alte Knabenwohnung im Entresol, die sogar nicht frisch tapeziert war. Sie bestand aus einem Wohnzimmer, links Schlafzimmer, rechts Toilettenzimmer und einem dunklen Vorzimmer, in dem gegessen wurde, aber alle Zimmer waren sehr niedrig und klein, sodass für nichts Platz war. Dazu kam mit der Zeit ein sehr starkes Unwohlsein vor der ersten Geburt, sodass sie rein zur Verzweiflung getrieben wurde. Aber nie klagte sie, sodass niemand wusste, was sie durchmachte. Es dauerte beinahe zwei Jahre, bis eine richtige Wohnung für den Kaiser und die Kaiserin im Winterpalais eingerichtet war. Im Sommer wohnten sie in Peterhof in einem kleinen Haus am Meer, eine Dependance des Grundstückes, das der Kaiserin Marie gehörte und welches sie später vergrößerten. Im Winter wohnten sie im Winterpalais und Zarskoe Selo, welches später ihre Residenz wurde und ihr richtiges Heim.[164]

Die Kaiserin Marie war die typische Schwiegermutter und Kaiserin. Ich muss sagen, dass Alix in ihrer ernsten und festen Art auch sicherlich nicht leicht als Schwiegertochter einer solch ehrgeizigen Schwiegermutter war. Die Kaiserin, welche zuerst gekrönt war, hat nach dem Familiengesetz Kaiser Pauls[165] den Vorrang vor der Jüngeren. Dazu bestimmte ihn seine ehrgeizige Frau Marie von Württemberg,[166] welche hart und ungerecht ihrer Schwiegertoch-

---

[163] Bei den „Michels" handelt es sich um die Familie des Großfürsten Michael Nikolajewitsch von Russland (1832–1909), eines Großonkels von Nikolaus II. Die Bezeichnung als „steife Engländerin" bezieht sich auf die Tatsache, dass Alexandra – wie auch Ernst Ludwigs übrige Geschwister – bevorzugt englisch sprach und schrieb.
[164] Der im ausgehenden 18. Jahrhundert unter Katharina der Großen (1729–1796) errichtete neoklassizistische Alexanderpalast in der nahe bei St. Petersburg gelegenen Sommerresidenz Zarskoje Selo wurde 1896 von Nikolaus und Alexandra bezogen.
[165] Zar Paul von Russland (1754–1801), Sohn Katharinas der Großen.
[166] Zarin Maria Feodorowna (1759–1828), geb. Prinzessin Sophie Dorothea von Württemberg.

ter Elisabeth (Frau Alexander I.)[167] gegenüber war. Mit der Kaiserin Alexandra (Frau Nikolaus I.)[168] und Kaiserin Marie (Frau Alexander II.) gab es nie Friktionen, denn erstere war der Takt selbst. Wo es nötig war, dass das Kaiserpaar repräsentierte, ging sie nicht hin oder war vorher da. Nun kam Kaiserin Marie (Frau Alexander III.) immer zu gleicher Zeit an oder ließ meistens auf sich warten. Nikolaus II. musste nun immer mit den beiden Kaiserinnen gehen, seine Mutter rechts und Alix links und an den Thüren musste Alix nun wegen Platzmangel immer zurückstehen. Nicky mit feinem Taktgefühl versuchte immer von Neuem ein modus vivendi zu finden, aber er brach immer von Neuem an dem eisernen Willen seiner Mutter zusammen. Ich erinnere mich einer Sache. Es war ein großer Empfang von vielen Menschen, die in einem der Riesensäle aufgebaut waren. Erstens kam Kaiserin Marie zu spät und ließ lange auf sich warten, sodass Nicky ganz nervös wurde. Dann ging er mit den beiden Kaiserinnen hinein; da die Thüre sehr breit war, ging es zu dritt. Die regierende Kaiserin hätte natürlich während der Kaiser mit Herren, die vorgestellt wurden, sprach, den Cercle von rechts anfangen müs-

Die Kinder von Zar Nikolaus II., v.l.n.r. Großfürstin Tatiana und Großfürstin Anastasia, Großfürst Alexej, Großfürstin Maria und Großfürstin Olga, 1910.

---

[167] Zarin Elisaweta Alexejwena von Russland (1779–1826), geb. Prinzessin Louise von Baden, Ehefrau Alexanders I. (1777–1825).
[168] Zarin Alexandra Feodorowna von Russland (1798–1860), geb. Prinzessin Charlotte von Preußen, Ehefrau Nikolaus I. (1796–1855).

sen, aber da fing ihn schon die Kaiserin Marie an, sodass Alix als zweite dahinter hätte folgen müssen. Gottseidank flüsterte Masha Wassiltschikow ihr zu, am linken Flügel anzufangen, was Alix auch gleich tat.[169] So ging alles gut ab, aber ihre Schwiegermutter war choquiert. Alix hat das nun öfters getan, aber es gab immer nachher eine Szene. Nicky half in solchen Fällen nicht, denn er war gewöhnt immer seiner Mutter zu gehorchen und merkte nicht, dass er auf diese Art sich selbst schädigte. Erst mit den Jahren wurde es besser als er einsah, dass es nicht so weitergehen könne, aber seine Mutter verzieh es Alix nie. Kein einziges Mal hat sich Alix beschwert, nur wurde sie dadurch immer fester in ihrem Gefühl, dem Kaiser gegen seine Mutter die Stellung zu festigen, was Letztere genau durchschaute. Aber mir haben Leute erfreut die Sache berichtet mit dem Bemerken, es hätte wirklich so nicht weitergehen können.

Nun kam immer eine Tochter nach der anderen und die so abergläubischen Russen fühlten das sehr.[170] Alix war tief religiös. Zum Beispiel sprachen wir einstens über das Beten. Da meinte sie, es wäre oft so schwer sich beim Beten zu konzentrieren. Sie hätte oft nach dem Abendgebet sich überlegt, ob sie auf [die] richtige Art gebetet hätte, da fühlte sie genau, dass während des Betens oft andere Gedanken nebenher gegangen wären. Man mache sich keinen Begriff wie schwer es dann wäre wieder aus dem Bett zu steigen um von Neuem zu beten. Es wäre ihr doch vorgekommen, dass sie über dreimal immer wieder das Bett hätte verlassen müssen, bis ihr Gebet ehrlich und wahrhaftig gewesen wäre. Jetzt fing sie in ihrer Verzweiflung an, sich dem Mystizismus zuzuwenden, unterstützt und noch angestachelt durch die beiden Montenegrinerinnen (Miliza und Stana). Beide ehrgeizig und devot, welche eine ekstatische Liebe zu Anfang für sie dokumentierten. Endlich kam der Thronfolger. Mit der Zeit stellte es sich heraus, dass der arme schöne Knabe krank war. Die Mutter war ganz in Verzweiflung. Da brachten die Montenegrinerinnen den Rasputin als Hülfe heran.[171] Was ist da natürlicher, [als] dass sich Alix in ihrem Schmerz an ihn wandte. Eine reine Frau, eine verzweifelte Mutter, ist es da nicht selbstverständlich an einen Mann zu glauben, der Besserung ihres Sohnes versprach. Er war ein sog. Ältester eines Dorfes, der den Ruf der Heiligkeit hatte, weil er einzelne Kuren erlangte und wirklich zu Anfang ehrlich in seiner Religion war und sicher daran glaubte, er könnte helfen. Nicky glaubte auch zuerst felsenfest an ihn. Wie er später dachte, weiß ich nicht. Dass diesem gewöhnlichen Menschen allmählich durch ihn vergötternde hysterische Frauen und vorteilsuchende Männer der Kopf verdreht wurde, ist ganz natürlich. Er prahlte viel über den Einfluss, den er bei den Majestäten hätte,

---

[169] Während des „Cercle" standen die bei Hof empfangenen Gäste in langen Reihen nebeneinander um von den Gastgebern einzeln begrüßt zu werden. Maria Alexandrowna (Mascha) Wassiltschikowa war eine der Hofdamen der Zarin.

[170] Ernst Ludwig bezieht sich auf die Tatsache, dass in Russland seit Zar Paul nur männliche Nachkommen den Thron erben konnten. Alexandra jedoch brachte zunächst vier Töchter in Folge zur Welt: Olga (*1895), Tatiana (*1897), Maria (*1899) und Anastasia (*1901). Erst 1904, im zehnten Ehejahr, wurde der Thronfolger Alexej geboren.

[171] Der kleine Thronfolger litt, wie bereits Ernst Ludwigs jüngerer Bruder Friedrich Wilhelm und zwei der Söhne seiner Schwester Irène von Preußen, an Hämophilie. Die Prinzessinnen Militza und Anastasia von Montenegro, beide verheiratet mit Vettern des Zaren, führten 1906 den Wanderprediger Grigori Rasputin am St. Petersburger Hof ein. Seine Fähigkeit, die mit großen Schmerzen verbundenen Blutungen dort zu stoppen, wo die Schulmedizin versagte, wurde auch von näheren Verwandten des Zaren bestätigt, vgl. Vorres (1964), S. 140.

aber ich bezweifle, dass er in politischen Fragen groß war. Die Hauptsache blieb die Hilfe für den Sohn. Z.B. erzählte mir Alix: Es war in Bjelowesch, da hatte der arme Junge eine schwere innere Blutung mit furchtbaren Schmerzen.[172] Tage und Nächte saß seine Mutter neben seinem Bette und hielt ihm die Hand. Die größten Ärzte, auch aus Berlin, waren zugezogen. Zuletzt sagten sie den verzweifelnden Eltern: "Wenn kein Wunder geschieht, so ist er nicht zu retten". Alix in ihrer furchtbaren Not telegraphierte an Rasputin. Seine Antwort lautete: "Ich bete pausenlos, er wird wieder gesund". Das Fieber fing an zu sinken als das Telegramm ankam. Bald war es vorbei und die Blutung hörte auf. Die Ärzte sagten meiner Schwester: "Es ist ein Wunder geschehen, denn wir waren machtlos." Sie hat ihnen das Telegramm nicht gezeigt, mir aber sagte sie ganz einfach: "Darf ich da nicht an ihn glauben?" Während dem Kriege hatte er dem Kaiserpaar gesagt (wahrscheinlich hatte er Angst): "Wenn mir etwas zustößt, dann ist Russland verloren". Nun kann man sich ihr Gefühl denken, als sie von seinem Morde benachrichtigt wurden.[173]

Alix las viel, hauptsächlich Gedichte, philosophische und religiöse Werke. Nach meiner Anschauung zu viel, ich hatte aber nicht den Mut dagegen anzukämpfen, weil sie niemanden in ihrer nächsten Umgebung hatte, der genug gebildet war, um ihre suchende Seele in gerader Linie zu halten. Sie war seelisch und geistig ganz allein, denn darin konnte ihr Mann ihr nicht helfen, weil er zu viel arbeitete und solche Beschäftigung ihm fernlag.

Sie war die richtige Gattin, die ihren Gemahl und die Kinder über alles liebte. Die Familie war ihr Höchstes. Und dann Russland, für das sie schwärmte. Das Land und seine einfachen Bewohner, die Bauern, zu ihnen hatte sie das größte Zutrauen. Für die große Gesellschaft hatte sie gar nichts übrig, besonders weil sie keine Verbesserung einführen durfte. Es gab da eine Dame, die einen besonders schlechten Ruf hatte. Sie war verheiratet, hatte Kinder und Mann. Trotzdem lebte sie mit einem Anderen zusammen und man sagt auch mit mehreren Anderen. Alix kannte sie. Bei einer der ersten Einladungen war der Name der Dame auf der Liste. Alix als ganz junge Mutter strich sie von der Liste. Ein großes Geschrei entstand nun von allen Seiten. Das Argument war, wenn Kaiserin Marie diese Dame trotz allem empfängt und desgleichen die Großfürstin Wladimir, deren Freundin sie sogar war, wie könne sich eine so junge Kaiserin als Moralrichterin aufstellen. Das Ende war, Alix hab die ganzen Einladungen zu dem Feste auf. Was später daraus wurde weiß ich nicht, aber man kann verstehen, dass ihre Liebe zu solch einer Gesellschaft nicht wuchs,

---

[172] Die nahezu fatale Erkrankung des Thronfolgers ereignete sich im Oktober 1912 im polnischen Jagdschloss Spala in der Woiwodschaft Lodz, nicht im ebenfalls polnischen Jagdrevier Bialowesch.
[173] Rasputin wurde am 17.12.1916 durch mehrere Schüsse getötet und anschließend in ein Eisloch der gefrorenen Newa geworfen. Zu seinen Mördern zählte Großfürst Dimitrij Pawlowitsch von Russland (1891–1942), ein Neffe des Zaren und Ziehsohn von Ernst Ludwigs und Alexandras Schwester Ella.

sondern mit jedem Jahr abnahm.[174] Nach dem Tode meines Vaters bekam sie einen schweren Ischiasanfall. Immer wieder kamen diese Anfälle, sodass sie oft nicht gehen konnte und dadurch bei vielen Hoffesten und Feiern nicht dabei war. Als diese besser wurden, stellte sich mit der Zeit ein nervöses Herzleiden ein, sodass sie viele Feiern nur mit den größten Schmerzen und Willensaufwand durchführen konnte, dabei immer in neuer Erwartung eines Kindes. Alles dieses wurde als Schlappheit oder böser Wille aufgefasst.

Die Krönung in Moskau war das größte und prunkhafte Fest, welches ich je mitgemacht habe.[175] Es grenzte an den Orient und dauerte zehn Tage. Einige religiöse Zeremonien während der Krönung waren ergreifend. So, wenn der Kaiser gerade gesalbt und gekrönt, Krone, Szepter und Reichsapfel abgab und vor allen Menschen hinkniete und das Gebet für sein Volk sprach. Dann, nachdem er alle Insignien wieder genommen hatte und vor den Thron sich aufgestellt hatte, da wendete sich der höchste Geistliche zu ihm (die Zeit und Minute waren genau bestimmt), kniete nieder und alle Anwesenden mit ihm und alle Menschen und das ganze große russische Reich, sodass der Kaiser der einzig stehende Mensch in demselben war, und nun sprach der Erzbischof das Gebet für die gesalbte Person des Kaisers. Am Tage der Krönung geht der Kaiser in das Allerheiligste und nimmt das Abendmahl wie ein Priester.

Der Kreml liegt auf einer Felshöhe inmitten der Stadt und auf der höchsten Höhe liegt das Schloss, ganz vorne am Abhang nach dem Fluss zu. Nach der Krönung gingen die gesalbten Majestäten ganz in Silber und Gold, bedeckt von glitzernden Brillanten mit ihren Kronen hinaus auf die hohe Terrasse, auf der eine Estrade von der Höhe der Brüstung errichtet war. Dort standen die zwei ganz allein in der hellen Sonne. Nicht zu beschreiben war der Augenblick, wie die Millionen Menschen den Abhängen hinunter, auf dem Fluss und drüben in den Anlagen zu Boden sanken und das endlose Hurrah wie eine riesenhafte Sturmwelle hinauf zu diesen zwei einsamen, in der Sonne stehenden glitzernden Menschen aufflutete. Und bei jeder von den drei tiefen Verbeugungen, welche sie machten, sanken die Menschen von Neuem in die Kniee. Ich konnte es gut sehen, denn obwohl es verboten war sich auf der Terrasse zu zeigen, kroch ich zu ihnen auf meinen Knien und konnte so ungesehen, gedeckt durch die Krönungsmäntel, einen der größten Momente meines Lebens empfangen.

Das große Interesse von Alix war, dem einfachen, leidenden Menschen zu helfen. Sie tat es meistens im Geheimen. Sie gründete schon

---
[174] Die als „Großfürstin Wladimir" bekannte Großfürstin Maria Pawlowna d. Ä. (1854–1920), geb. Prinzessin Marie von Mecklenburg-Schwerin, war eine Tante von Nikolaus II. Als eine der führenden Persönlichkeiten der St. Petersburger Hofgesellschaft zählte sie zu den erklärten Gegnerinnen der jungen Zarin Alexandra, an deren Zurückgezogenheit massive Kritik geäußert wurde.
[175] Zu den Moskauer Krönungsfeierlichkeiten am 26. Mai 1896 vgl. Ernst Ludwigs Ausführungen auf S. 44–46.

ganz zu Anfang eine Entbindungsanstalt, wobei Lehrkurse für Kinderpflegerinnen angegliedert waren, denn an ausgebildeten russischen Kindermädchen fehlte es überhaupt ganz. Dieses tat sie aus eigenen Mitteln, damit niemand hineinreden konnte. Sie machte alles ganz allein mit den Ärzten ab. Auch gründete sie mehrere wohltätige Vereine und besuchte einzelne Hospitäler, wo sie hineinsprechen konnte. Das Rote Kreuz mit allen seinen Instituten hätte Kaiserin Marie bei der Thronbesteigung ihr übergeben müssen, aber nein, sie behielt es für sich selbst, obwohl sie kein großes Verständnis und Interesse dafür hatte, und Alix durfte in nichts mit hineinreden. Beim japanischen Krieg konnte Alix aus diesem Grunde nichts machen, sie musste selbst etwas erfinden, so gründete sie einige Lazarettzüge aus ihrem Geld und konnte auf diese Weise die ihr am besten passenden Ärzte wählen.[176] Auch bestellte sie eine neue Art Lazarettwagen, die mit allem Nötigen und Arzneien gefüllt waren, bei uns, die Dr. Happel[177] erfand und einrichtete und die von größtem Nutzen in den unendlichen Weiten für die russische Armee wurden, denn diese Art war ganz neu und unbekannt. Auch dieses wurde ihr vom Roten Kreuz verargt. Beim Ausbruch des großen Krieges nahm sie mit ihren zwei ältesten Töchtern einen strengen Pflegerinnenkursus durch. Sie wurden alle 3 als richtige Schwestern ohne jegliche Ausnahme angestellt. Viele rührende Szenen werden darüber erzählt. Die beiden jüngeren Mädchen waren als Helferinnen angestellt. Dies war alles in ihrem Hospital und ihren Lazaretten. Sie ging ganz in ihrer Arbeit auf. Öfters fuhr sie an die Front oder reiste durch dieses große Reich zu Lazaretten, um zu sehen wie gearbeitet wurde.[178] Die Soldaten, die mit ihr in Kontakt kamen, sollen sie vergöttert haben. Bis zuletzt hat sie ihren Glauben an das einfache Volk nie verloren. Die allerletzte Zeit soll sie von einer Ruhe und Gefasstheit gewesen sein, die beinahe überirdisch war.[179] Und wenn man bedenkt, dass sie von Natur eigentlich jähzornig war. Immer hat sie gegen diesen

Prinzessin Marie „May" von Hessen, Eastbourne, 1878.

---

[176] Im Februar 1904 erklärte Russland Japan den Krieg, um seine territorialen Ansprüche in der Mandschurei zu behaupten; die Zarin leitete umfangreiche Maßnahmen zur Krankenpflege und Versorgung der Truppen ein. Hierzu, wie auch zu weiteren karitativen Maßnahmen s. die Briefe der Zarin an Margarethe von Fabrice vom 4./17.5.1904 und 28.5./10.6. 1904, Aufleger (2018), S. 131 und 133.
[177] Dr. Friedrich Happel (1862–1944), Geheimer Medizinalrat und großherzoglich-hessischer Leibarzt.
[178] Zu Alexandras Tätigkeit s. ihren Brief an Ernst Ludwig vom 17./30. April 1915, in HStAD D 24 Nr. 36/8.
[179] Nach dem revolutionsbedingten Hausarrest im Alexanderpalast von Zarskoje Selo wurden Nikolaus und Alexandra gemeinsam mit ihren fünf Kindern zunächst nach Tobolsk und später nach Jekaterinburg deportiert und gefangen gehalten. Zusammen mit Angehörigen ihres Haushaltes wurden sie dort am 16./17. Juli 1918 – einen Tag vor der älteren Schwester, Großfürstin Elisaweta – durch die Bolschewisten ermordet.

Fehler angekämpft und nur sehr selten brach er durch. Nur ein einziges Mal klagte sie mir, dass es so sehr schwer wäre, immer von Neuem Anstoß zu geben, wenn Alles in seinen alten Schlendrian zurücksinken wolle. Man würde ja doch immer falsch verstanden.

Meine jüngste Schwester Marie, May wie wir sie nannten, starb mit vier Jahren an der furchtbaren Diphteritis, die uns alle erfasst hatte, am 16. November 1878, meine Mutter desgleichen am 14. Dezember. Auch dieses Letzte wurde meiner Mutter nicht erspart. May war immer vergnügt und sonnig, so recht zum Lieben. Ich liebte sie auch mit meinem ganzen Herzen. Ihr erster Strickversuch, eine Zipfelmütze, lag auf meinem Kopfkissen über 20 Jahre lang, bis sie ganz zerfiel.[180]

Meine Schwäger waren alle verwandt mit mir. Ludwig und Serge die rechten Vettern meines Vaters. Heinrich mein rechter Vetter und Nicky Vetter zweiten Grades.

Ludwig Battenberg, der meine Schwester Viktoria heiratete, war ein schöner Mann von gutem Herzen und wunderbarem Taktgefühl. Als Junge von 14 Jahren war er in die englische Marine eingetreten. Wir liebten ich sehr, weil er so gütig und ruhig war. Trotz einer großen Verwöhnung in England blieb er immer der Gleiche. Er war

v.l.n.r. Großfürst Sergej und Großfürstin Elisaweta „Ella" von Russland, Prinzessin Victoria und Prinz Ludwig von Battenberg, um 1885.

---

[180] Zu Prinzessin Marie von Hessen siehe auch die Ausführungen auf S. 84. Zarin Alexandra, Ernst Ludwigs Schwester Alix, schrieb ihm am 4./16. November 1896 aus Zarskoje Selo: „I wonder if you will go to the Mausoleum to-day – sweet little May's death day; already 18 years ago since she was taken from us. Have you still got her cap under your cushion in bed?". HStAD D 24 Nr. 36/8.

ehrgeizig, aber im guten Sinne und als Mensch ein richtiger deutscher, pflichttreuer Arbeiter, deshalb war er in der ganzen englischen Marine so beliebt, weil er auch noch dabei absolut gerecht war. Viele gute Neuerungen hat er in der englischen Marine durchgesetzt.[181]

Serge von Russland, der meine Schwester Ella heiratete, war groß und hellblond, mit feinen Gesichtszügen und schönen hellen grünen Augen. Er war oft sehr befangen, dann hielt er sich sehr gerade und seine Augen sahen hart aus. Das war nur äußerlich, aber dadurch bekamen die Menschen einen falschen Eindruck von ihm und hielten ihn für hochmütig und kalt, was er überhaupt nicht war. Vielen, sehr vielen Menschen half er, aber nur im strengsten Verborgenen. Er war erstaunlich belesen und ein Mensch von sehr hoher Kultur. Die Tragik seines Lebens war, dass er zu weitsehend war, denn in der Politik hielt ihn die streng conservative Partei für viel zu fortschrittlich, weil er Verbesserungen wünschte und anstrebte, die ihnen nicht genehm waren und die Liberalen hassten ihn, weil sie glaubten, dass er sie in ihrem Vorstürmen hindere. Das kam daher, weil er viele von ihren Wünschen für unausführbar oder für die Zeit nicht reif genug erachtete, um sie zu probieren. Deshalb ermordeten sie ihn. Viele von meinen mit der Zeit gehenden Gedanken habe ich damals durch ihn erhalten, der mir immer sagte: "Für Hessen ist es gut, aber leider für das gärende Russland noch nicht". Wie viele lesenswerte Bücher habe ich durch ihn kennen gelernt.

Mein Vetter Wilhelm von Preußen ([Kaiser] W[ilhelm] II) war in meine Schwester Ella verliebt. Er war noch ziemlich jung, aber er liebte sie wirklich. Seine Mutter sowohl wie die Meine wollten nichts davon wissen wegen der zu nahen Verwandtschaft.[182] Nun hatte Serge Ella geheiratet. Von dem Tag an hat Wilhelm ihn gehasst und auf jede mögliche Art verfolgt. Da er ihm selbst in seiner Karriere nichts anhaben konnte, hat er schlecht über ihn gesprochen. Alles Erdenkliche, was ihm schaden konnte, hat er verbreitet. Jeden kleinen Klatsch, den ihm seine Vertreter berichteten, benutzte er, um ihn recht aufgebauscht weiterzugeben. So kam es, dass Serge in Deutschland ganz falsch beurteilt wurde. Man kann doch nicht glauben, dass der eigene Kaiser Lügen verbreitet und aus Eifersucht einen Menschen ruinieren will. So hat er, seine Stellung benutzend, viel Unheil angerichtet, doch Serge kannte den Hass, der gegen ihn arbeitete. Aber so vornehm war er, dass ich nie ein scharfes Wort aus seinem Munde darüber gehört habe. Überhaupt wurde er von einer großen Gerechtigkeitsliebe geleitet.

Heinrich von Preußen, der meine Schwester Irene heiratete, war wieder ganz anders. Mit

---

[181] Zu Prinz Ludwig von Battenberg s. auch S. 62–64.
[182] Ob eine mögliche Ehe zwischen Wilhelm und Elisabeth bereits vor dem frühen Tod der Großherzogin Alice von Hessen (1878) diskutiert wurde, ist fraglich. Noch 1880 wies Großherzog Ludwig IV. mehrere Interessenten, darunter Erbgroßherzog Friedrich von Baden (1857–1928), HStAD D 24 Nr. 13/5-8, Teil 4, Herzog Albert von Schleswig-Holstein-Sonderburg-Glücksburg (1863–1948), HStAD D 24 Nr. 14/8 und Prinz Waldemar von Dänemark (1858–1939), HStAD D 24 Nr. 15/4 zurück.

Ernst Ludwig (links) und sein Schwager, Prinz Heinrich von Preußen, Darmstadt, 1887.

Leib und Seele war er Marinemann. Eine gerade und ehrliche Natur mit einem sehr guten Herzen. Nicht wie die anderen Hohenzollern, deren Herzen ein Luxusgegenstand ist. Sie zeigen es und alles ist gerührt, passt es ihnen aber nicht, so verleugnen sie ihr Herz und sind hart und ungerecht. Das war Heinrich nicht, aber er hatte eine Dosis des Hohenzollern-Hochmutes geerbt, welche wir mit Irene ihm langsam austrieben. Wem er ein Freund war, so war er ihm ein echter, nie vergaß er jemand, mit dem er einmal näher gestanden hatte. Die zwei Jahre seines Leidens[183] trug er mit unendlicher Geduld und war von einer rührenden Dankbarkeit für alles, was man für ihn tat.

Früher konnte er auffahrend sein. So erinnere ich mich, wie einmal mein Jägermeister Muhl[184] mich bat, bei der nächsten Saujagd nicht dabei zu sein. Ich frug warum. Die Antwort war: "Ich lasse mich nicht wie irgendjemand anschnauzen, auch von einem Prinzen von Preußen nicht, noch dazu, wenn er im Unrecht ist". Ich beruhigte ihn mit der Zeit und bat ihn, bei der Jagd zugegen zu sein. Heinrich erzählte ich die Sache. Erst begriff er es nicht, dann sah er es ein. Am nächsten Tag bei der Jagd zwischen dem ersten und zweiten Treiben bat Heinrich plötzlich laut die Herren zusammen. Dann sagte er, er hätte neulich durch eine Redensart Muhl beleidigt und er bäte ihn vor allen Herren um Verzeihung, er hätte nicht überlegt, was er gesagt hätte. So war er. Wenn er ein Unrecht einsah, dann tat er alles, um es aus der Welt zu schaffen. Es war ja manchmal schwer, ihn erst von dem Unrecht zu überzeugen.

Nikolaus II. (Nicky) von Russland, der Gemahl meiner Schwester Alix, war nicht groß und sah

---
[183] Wie bereits sein Vater, Kaiser Friedrich III., starb Prinz Heinrich an Kehlkopfkrebs.
[184] Ferdinand Muhl (1828–1897).

dem König Georg V., seinem Vetter, in der Jugend frappant ähnlich. Er hatte große tiefe Augen wie die von einem treuen Jagdhund. Er war ein großer "Charmeur", ohne es in seiner Bescheidenheit zu wissen. Die Güte leuchtete und strahlte aus seinen Augen, durch sie half er meiner Schwester, dass sie mit ihren Kindern das rührend schöne Familienleben hatten. Er war eigentlich ein konstitutioneller Monarch, was in seiner Stellung unmöglich war, denn die Russen wollten die absolute Herrschaft, sonst gehorchten sie nicht. Die Ehrlichkeit ging ihm vor Alles, auch eine Eigenschaft, die den meisten Russen fehlt. Pflichterfüllung war sein Leitfaden, die meisten Russen fühlen das nicht, sie werden durch das Wörtchen "muss" getrieben. Selbstlosigkeit war in seiner Natur, etwas was ein Russe nicht begreift. Er war ein vorsichtiger und langsam denkender Mensch, wenn auch sein Gehirn ein sehr tüchtiges war. Die Russen sind immer "Himmelhochjauchzend, zu Tode betrübt" und haben eine sehr große Freude an der Intrigue. Alles dies war ihm fremd. Z.B. einmal in Skiernevize Herbst 1903 ging ich im Nachthemd zu ihm in sein Arbeitszimmer, welches neben meinem Schlafzimmer lag. Er saß an seinem Schreibtisch, es muss so ungefähr 1 Uhr nachts gewesen sein. Ich legte mich auf das Sofa daneben und frug ihn, was er da vor sich hätte. Er arbeitete geduldig die Personalien der einzelnen Hetmans der Kosaken durch.

Ich fragte ihn, warum er das persönlich täte. Seine Antwort war: "Weil ich nie sicher bin, ob die wirklich fähigsten Männer an die richtigen Stellen gesetzt werden. Da sehe ich lieber noch einmal die Berichte selbst durch". Ich versuchte ihm zu erklären, dass in seiner Stellung als absoluter Monarch eines so riesenhaften Reiches dieses eine zwecklose Arbeit wäre. Als absoluter Monarch müsse er nur sorgen, dass die fähigsten und schlichtesten Leute an die oberste Stelle kämen. Zeigten sie sich bei der Behandlung der Untergebenen als unredlich, solle er sie hängen. Aber die Arbeit eines Subalternbeamten dürfe er nicht machen, dazu wäre seine Zeit zu kostbar und niemand würde ihm die Arbeit danken. Seine Antwort war: "Wenn ich sie nur durchschauen könnte, welche wirklich ehrlich sind".

Wie doch das asiatische Denken auf andere Leute abfärbt, will ich durch eine Tatsache beweisen. Ex. Graf Frederiks[185] war [kaiserlich russischer] Hausminister und Generaladjutant. Ein Balte von vornehmer Geburt und noch vornehmerer Gesinnung, ein treuer Diener schon von Alexander II. und Alexander III., auch diente er seinem jetzigen Herrn aus innerer Überzeugung ergeben. Ich kannte ihn schon viele Jahre. Einst fiel bei einer Besprechung von ihm mit dem Kaiser der Name einer bekannten Familie. Des Gesprächs halber frug ich Frederiks

---

[185] Graf Wladimir Borisowitsch Frederiks (1838–1927).

Großherzog Ernst Ludwig (rechts) mit seinem Schwager, Zar Nikolaus II., an Bord der kaiserlichen Yacht „Standart". Im Hintergrund, v.l.n.r. die Zarentöchter Maria und Tatiana, Prinz Ludwig und Großherzogin Eleonore von Hessen, 1912.

später, ob es etwas über meinen Bekannten der Familie wäre. "Nein", sagte er, "aber über einen jungen Verwandten. Dieser Leutnant ist sehr ordentlich, aber er hat Schulden. Da bat ich um seine Versetzung aus Petersburg". Zwei Jahre nachher in Wolfsgarten fiel unser Gespräch mir wieder ein und da fragte ich Frederiks: "A propos, was ist aus dem jungen N. geworden?" Da antwortete mir Fr.[ederiks] "Denken Sie sich nur, er ist an einen Ort versetzt worden, wo er leicht innerhalb eines Jahres alle seine großen Schulden hätte bezahlen können. Er ist noch dort und trägt sie ganz langsam ab. Das hätte er doch viel schneller machen können".

Man denke sich nur, ein junger Leutnant mit kleiner Zulage, der in einem Jahr seine großen Schulden bezahlen kann. Aus was? Wodurch? Frederiks fühlte nicht mehr, dass er den jungen Mann zur Unehrlichkeit erzog und dabei war Fr.[ederiks] die Ehrlichkeit selbst.

Oft hat man Nicky als wankelmütig und unentschlossen gebrandmarkt. Es kam durch seine vorsichtige Art. Kamen Menschen mit einer Bittschrift zu ihm, so antwortete er, er nähme großes Interesse an ihrem Vorliegen und würde die Adresse durcharbeiten. Glücklich zogen die Leute ab, und als richtiger Russe sagten sie sich gleich, der Kaiser ist ganz auf unserer Seite. Nun kamen Andere, die eine Bittschrift in genau entgegengesetztem Sinne hatten, da gab er dieselbe Antwort. Jeder Partner war nun überzeugt, der Kaiser wäre auf seiner Seite. Es dauerte lange bis er sich entschlossen hatte, welcher Seite er Recht geben würde. Bis die Entscheidung kam, war man längst schon überzeugt, der Kaiser hätte beiden Seiten Recht gegeben, wodurch große Unzufriedenheit entstand. Als zuletzt die Entscheidung eintraf, waren schon längst andere Fragen im Gange. So sind die meisten Russen, nur nicht das gewöhnliche Volk, das hat viel mehr Geduld.

Ich habe das große Glück gehabt, dass meine Schwäger meine Brüder wurden und dass sie mich als ihren Bruder liebten und danach behandelten.

Meine Großmutter Königin Viktoria von England war wie eine Mutter für uns, ganz besonders zu mir.[186] Wir waren die Kinder ihrer Lieblingstochter. Nie vergesse ich, wie ich in Begleitung meines Vaters Herbst 1879 nach Balmoral[187] kam. Es war das erste Mal nach dem Tode meiner Mutter, dass er dorthin kam. Meine Großmutter war uns in ihrem Wagen entgegengefahren. Die Tanten mussten aussteigen und Papa und ich stiegen zu ihr ein. Erst waren sie ganz still, da drehte sie sich zu Papa und sagte nur: "O Louis du mein Sohn". Mein Vater brach ganz zusammen und sie schlang ihre Arme um ihn wie eine Mutter, die ihr kleines Kind beruhigen will. Ich saß ganz still dabei und weinte. Ich glaube, dass sie von diesem Tage an sich ganz für mich verantwortlich fühlte. Mein Erzieher musste einmal im Monat ganz genau über mich Bericht erstatten, wie ich bei den Stunden war und wie ich mich gesundheitlich und moralisch entwickelte. Ich kann das Gefühl noch genau beschreiben, wenn Herr Muther mir sagte: "Übermorgen schreibe ich an die Königin". Was habe ich dann versucht recht gut zu sein.

Wenn ich bei ihr zu Besuch war, dann sorgte sie immer, dass ich genug Bewegung bekam, weil

---

[186] Königin Victoria von Großbritannien und Irland, Kaiserin von Indien, stand mit ihren Darmstädter Enkelkindern in regem Schriftverkehr und hatte teilweise entscheidenden Einfluss auf ihre nächste Umgebung bzw. den Fortgang ihrer Ausbildung.
[187] Balmoral Castle in Aberdeenshire, Schottland, Landsitz der englischen Königsfamilie.

sie sagte, das bequeme Leben bei ihr wäre für einen Jungen zu schlapp. Als ich älter wurde ging ich dann in Schottland viel auf die Jagd. Aber immer ließ sie sich darauf vom Oberjäger berichten wie ich mich dabei benommen hätte und wie ich geschossen hätte. Wenn ich in Balmoral ankam konnte ich sicher sein, dass sie nach zwei Tagen mich fragte, ob ich schon bei Donald Stewart, Arthur Grant, Mackintosch, Geordy Gordon etc., das waren die verschiedenen Gillies (Förster), gewesen wäre, denn sie hielt streng darauf, dass man diese Leute besuchte, weil man sie doch später bei der Jagd gebrauchen wolle und es wäre unhöflich, solche Leute von oben herab zu behandeln. Diese Besuche mussten nicht nur ich, sondern alle männlichen Verwandten und ihre Söhne machen, welche bei ihr zu Besuch waren.

In späterer Zeit bin ich oft allein neben ihrem Ponywagen gegangen, da sie nicht mehr gehen konnte oder bin allein mit ihr nachmittags ausgefahren, meistens fuhr sie mit zwei Verwandten aus. Da sprachen wir über alles und ich erklärte ihr oft meine Pläne. Nie war sie abweisend, sondern hörte immer zu und begründete ihre abweichende Anschauung ganz genau, sodass ich oft das Gefühl hatte, mit einem Gleichaltrigen zu sprechen. Oft erzählte ich ihr auch komische Geschichten oder sie erzählte mir welche, wobei sie aus vollem Herzen lachte.

Königin Victoria von England mit der Familie Ludwigs IV. von Hessen, v.l.n.r. Prinzessin Victoria und Erbgroßherzog Ernst Ludwig von Hessen, Königin Victoria, Großherzog Ludwig IV., Prinzessin Irène (stehend), Prinzessin Elisabeth und Prinzessin Alix von Hessen, Windsor Castle, Februar 1879.

Ich entsinne mich einstens, wie wir fassungslos lachten, als sie plötzlich sagte: „Jetzt aber müssen wir uns benehmen, weil wir gleich durch ein Dorf kommen." Überhaupt hatte sie einen herrlichen Humor, sogar durften die Geschichten etwas gewagt sein, nur verlangte sie wirklichen Witz dabei, denn Schmutz allein, wie sie sagte, wolle sie nicht hören. Bei all ihrer Weisheit war das Erfrischende, dass sie so wirklich menschlich war. Das konnten die Menschen nie glauben, weil sie die Kluft zu ihr nicht überschreiten konnten oder wollten, denn sie blieb bei allem die Königin. Sie war sehr sanguinisch, dadurch konnte sie auch sehr zornig werden. Ich erinnere mich einstens beim Diner, wie sie mit der Faust auf den Tisch schlug, sodass alle beinahe vor Schreck in den Boden sanken. Später sagte sie mir: "Ich schäme mich so, das darf man nicht tun und besonders nicht in meinem Alter". Noch in ihrem späten Alter erinnere ich mich eines Vorfalls. Wir mussten alle besonders lange auf sie zum Diner warten. Endlich kam sie und setzte sich etwas echauffiert hin. Sie erzählte mir: "Ich wollte sehr höflich sein und dem alten Großherzog von Sachsen-Weimar durch einen persönlichen Brief zu seinem Jubiläum gratulieren.[188] Erst war die Feder schlecht, dann merkte ich nicht, dass ich zweimal über je eine Zeile geschrieben hatte (sie sah nicht mehr gut) und dann beim letzten Brief machte sie Kleckse. Dabei musste der Brief fort und ich hatte solchen Hunger. Da saß ich nun und habe in der Verzweiflung geweint. Jetzt ist der Brief aber doch endlich fort."

Einmal sprach ich mit ihr über ein Wahlgesetz und noch ein anderes Gesetz, das mir entfallen ist. Dabei kam ich beinahe ganz aus der Fassung, denn sie wusste über unsere hessischen Gesetzesfragen alles so ganz genau. Es kam heraus, dass sie in letzter Zeit das Darmstädter Tagblatt, in dem die Gesetzveröffentlichungen waren, hatte kommen lassen. Zuletzt bei der Diskussion sagte sie, ich hätte vielleicht recht, sie hätte die Frage zu sehr von der englischen Seite betrachtet.

Von Osborne[189] aus waren wir öfters in Cowes und auf den Yachten zu Abendgesellschaften. Oft kam ich spät nach Hause und da ist es mir öfters passiert, dass ich Licht in ihrem Turmzimmer sah. Da ging ich leise hinauf und beim Klopfen frug ich, ob ich herein könnte. Da saß nun die kleine Frau an einem kleinen Tisch auf einem kleinen Sessel und arbeitete wie wenige Andere alles für ihr großes Reich. Dann setzte ich mich auf den Boden neben sie und sie frug mich nach meiner Abendgesellschaft aus. Alles wollte sie wissen, auch über alle Damen, die ich kennen gelernt habe, und machte über sie ihre Randglossen: "Die ist schön, aber dumm. Die ist sehr nett. Die ist eine gute Frau. Die kenne ich

---

[188] 40. Regierungsjubiläum des Großherzogs Karl Alexander von Sachsen-Weimar-Eisenach (1818–1901) am 8. Juli 1893.
[189] Osborne House auf der Isle of Wight, ein zwischen 1845 und 1851 im Stil der italienischen Renaissance erbauter Landsitz der Queen.

noch nicht. Vor der nimm Dich in acht" etc. Dabei strich sie mir oft über den Kopf. Dieses Alleinsein von uns beiden war für mich ein köstlicher Augenblick.

Es war unglaublich, wie sie sich um alles kümmerte. Als Bub biss ich meine Nägel ab, da versprach sie mir eine kleine goldene Medaille, wenn ich es ließe. Die ganze Zeit, wo ich bei ihr war, besah sie sich meine Hände beinahe jeden Tag. Zuletzt bekam ich die Medaille.

Als die Horseguards im Burenkrieg in Windsor von ihr Abschied nahmen, musste, nachdem sie von den Offizieren jedem einzeln Abschied genommen hatte, das Regiment zu Pferde in offenen Reihen im großen Schlosshof Aufstellung nehmen und die kleine alte Frau in ihrem Ponywagen fuhr langsam zwischen diesen Reihen, versuchend jedem einzelnen Manne ins Auge zu sehen.[190] Was jetzt kommt habe ich von meiner Cousine Thora.[191] Am Mittag desselben Tages kam durch den Diener die Botschaft, das Mittagessen wäre eine halbe Stunde früher und die Königin wünsche pünktlich zu speisen. Allgemeines Aufsehen, da das Lunch oft unpünktlich war, weil sie davor Ministerberichte gelesen hatte. Nach dem Mittagessen kam der Diener zu Thora mit dem Auftrag, sie solle um 3 ½ Uhr mit der Königin fahren. Viel früher als sonst. Man stieg in den Wagen und der Kutscher drehte sich um, Befehle erwartend. (Gewöhnlich bestimmte sie schon vorher, wohin sie fahren wollte). Diesmal sagte sie nur: "Aus dem Hof hinaus". Am äußeren Tor sagte sie nur: "In die Stadt". Dann als man einfuhr: "Zu der Horseguardskaserne". Dort fuhr der Wagen in den Hof. "Halt" befahl sie. Der Hof war leer und still. Plötzlich sah man, bald hier, bald dort, einen Frauenkopf und nun strömten Massen von Frauen zu ihrem Wagen. Es waren

Königin Victoria von England, um 1885.

---

[190] Wohl während des Zweiten Burenkrieges (1899–1902), Ende 1899; vgl. dazu einen Brief der Queen an Ernst Ludwigs Schwester Victoria von Battenberg vom 7. November 1899, Hough (1975) S. 145-146.
[191] Prinzessin Helena-Victoria von Schleswig-Holstein (1870–1948), unverheiratete Tochter von Queen Victorias dritten Tochter Helena (1846–1923).

die Mütter, die Frauen und die Mädchen der Soldaten. Weinend umringten sie ihre Mutter und mit tränenden Augen konnte sie nur immer rufen: "Ich kann Euch ja nicht helfen, meine Kinder. Ich kann ja nur mit Euch leiden". Zuletzt machte Thora ein Zeichen und der Wagen fuhr wieder zurück.

Von 1879-1900 lernte ich beinahe alle englischen Minister persönlich kennen, denn wenn der Minister zum Vortrag oder Dienst oder zum Diner da war, verlangte sie immer, dass ich mit jedem sprach, auch weiß ich, dass sie die Minister oft bat mit mir zu sprechen und über Fragen, die sie für gut befanden, mich zu unterrichten.

Sie war musikalisch und Mendelssohn war ihr Lehrer gewesen.[192] Oft habe ich früher mit ihr 4- und 8-händig gespielt. In meiner Begeisterung über den Parsifal erzählte ich ihr viel davon. Da musste ich ihr einen ganzen Nachmittag aus Parsifal vorspielen. Man muss nicht vergessen, dass sie ein Mensch war, der ganz in der alten Musikanschauung erzogen war. Beim Spielen unterbrach sie mich oft, ich solle doch das letzte Stück noch einmal vorspielen, dabei sagte sie: "Das ist neu, aber schön". Und so spielte ich ihr alle nach meiner Anschauung schönsten und klangvollsten Teile vor. Natürlich hatte sie den Text schon vorher gelesen und sie hatte ihn bei meinem Spielen in der Hand. Was mir so imponierte, war dieser große Wille, Neues zu begreifen um mitgehen zu können und dabei erstaunte ich, wie sie doch so Vieles richtig verstand.

In Windsor wurde für sie am 24. Mai 1898[193] Lohengrin mit den besten Kräften aufgeführt. Es waren Jean de Reszke,[194] der größte Tenor seiner Zeit (Lohengrin), Eduard de Reszke,[195] sein Bruder, ein Riese mit einem berühmten Bass (König Heinrich), Schumann-Heink,[196] unsere größte Altistin (Ortrud), Nordica,[197] sehr berühmt in der Welt (Elsa). Sie war tief ergriffen von der Aufführung und sprach lange mit den Sängern nachher. Den nächsten Morgen beim Frühstück sagte sie ganz plötzlich ärgerlich: "Die dumme Gans!" Ich frug erstaunt, wer denn. "Ach die Elsa ist doch eine Gans". Sie konnte sich über Elsa garnicht beruhigen, denn so was Dummes wäre ihr noch nicht vorgekommen. Einst ließ ich in Darmstadt im Alten Palais für sie "Die zärtlichen Verwandten" von Benedix geben.[198] Sie genoss die Aufführung so recht von Herzen und plötzlich sagte sie mir: "Ich fühle mich wie zu Hause."

Bei den Jubiläen 1887, 1897, die ich mitmachte, erlebte ich eine Volksbegeisterung unter Millionen, wie es großartiger nicht zu denken war, denn es war die wahre Herzensbegeisterung eines Volkes.[199] Wie wir dann bei ihrer Beerdigung in langem Zug durch London wan-

---

[192] Felix Mendelssohn-Bartholdy (1809–1847) war auf Einladung der Königin und des Prinzen Albert seit 1842 mehrfach zu Gast am englischen Hof und musizierte mit der Monarchin.
[193] Der 79. Geburtstag Victorias.
[194] Jean de Reszke (1850–1925), Opernsänger.
[195] Edouard de Reszke (1853–1917), Opernsänger.
[196] Ernestine Schumann-Heink (1861–1936), Opernsängerin.
[197] Lilian Nordica (1857-1914), Opernsängerin.
[198] Lustspiel von Roderich Bendix (1811–1873), gegeben beim gemeinsamen Besuch der Königin und Kaiser Wilhelms II. am Abend des 27. April 1895; vgl. Darmstädter Zeitung 119. Jg. Nr. 194 und 197, S. 859 und 878.
[199] Gemeint sind das 50-jährige „Goldene" und das 60-jährige „Diamantene" Regierungsjubiläum der Queen; vgl. eingehender die Ausführungen auf S. 42–44.

Königin Victoria von England und die großherzogliche Familie vor dem Neuen Palais in Darmstadt, in der Kutsche sitzend, v.l.n.r. Erbgroßherzog Ernst Ludwig von Hessen, Königin Victoria, Prinzessin Victoria von Battenberg. Großherzog Ludwig IV. von Hessen (2.v.r.). Auf dem Treppenabsatz stehend, v.l.n.r. Prinz Heinrich und Prinzessin Beatrice von Battenberg, Prinzessin Alix von Hessen, 29. April 1890.

derten, war die Trauer desselben Volkes das Ergreifendste, was ich erlebte. Wie ihr Sarg in Frogmore bei Windsor im Mausoleum versenkt wurde, bleibt mir unvergessen. Die vielen Verwandten und beinahe alle Fürsten Europas waren zugegen. Alle waren hinausgegangen, da blieb ich einen Augenblick allein, wie ich mich aber umschaute, knieten da neben mir alle ihre Gillies (Förster) aus Schottland, alles kräftige, schwere Männer, die da fassungslos weinten wie die Söhne um ihre Mutter. Diese Männer sind wirklich das Treuste, was ich kenne. Als am Nachmittag der Krönung von Eduard VII.[200] ich mit eurer Mutter etwas Luft im großen Garten von Buckingham Palace schnappen wollte, gingen wir den kürzesten Weg durch das Souterrain, weil überall in den Corridoren Menschen herumwimmelten. Plötzlich im Dunkeln bekam ich einen festen Schlag auf meine Schulter. Es waren einige der Gillies (Förster), die in der Dunkelheit mich nach so vielen Jahren erkannt hatten. Ihre einfache Herzensfreude mich wiederzusehen, war ergreifend.

Wie wenig meine Großmutter trotz allem von der oberen Schicht begriffen wurde, erlebte ich bei der Fahrt nach Indien zum Durbar.[201] Das Schiff war ganz voll nur von den Gästen König Eduards und des Vizekönigs Lord Curzon. Eines Abends saß ich auf Deck und erzählte Einigen von ihrer Königin. Immer mehr kamen heran und hörten fast andächtig meinen Worten zu. Da sah ich zu meinem Erstaunen in den Augen ganz hochgestellter Männer Tränen. Einer sagte mir: "So haben wir sie nicht gekannt, wir wussten ja nicht, dass sie als Mensch so groß war".

Wie oft sie bei uns in früheren Zeiten war, weiß ich nicht, aber 5 Mal zu meiner Zeit war sie in Darmstadt. 1882, 1884, 1887, 1893, 1895.[202]

Eduard VII., den wir Onkel Bertie nannten, ist viel in Deutschland missverstanden worden. Dass er als Engländer für sein Vaterland arbeitete kann man doch nur begreifen. Wenn ein Mensch sich wie ein Emporkömmling benimmt und dem Anderen auf die moralischen Hühneraugen tritt, so ist derselbe piquiert. Bei Völkern ist es genauso und leider hat sich die deutsche Regierung unter Wilhelm II. öfters so benommen. Einst als Onkel Bertie sich bei mir über Wilhelm II. beklagte und ich alle möglichen Gründe zu seiner Verteidigung vorbrachte, sagte er: "Das mag alles wahr sein, aber dass der Sohn meiner Schwester sich mir gegenüber so benimmt, das kann ich nicht vergessen". Er war der verwandtschaftlichste Mensch, den es nur gab. Man brauchte ihm nur ein bisschen wahre Liebe zeigen, da zerriss er sich einfach um einem eine Freude zu machen. Er war die Höflichkeit selbst, aber eine Höflichkeit, die aus

---

[200] König Edward VII., ältester Sohn und Nachfolger Königin Victorias, wurde am 9. August 1902 im Westminster Abbey gekrönt; vgl. S. 44–47.
[201] Der sog. Krönungs-Durbar, die Versammlung der indischen Herrscher anlässlich der Krönung Edwards VII. zum Kaiser von Indien in Delhi im Jahr 1903. Ernst Ludwig nahm im Rahmen einer mehrwöchigen Reise als Ehrengast des Kaisers teil; vgl. S. 47.
[202] Die Aufenthalte Queen Victorias während der Regierungszeit Ernst Ludwigs dauerten vom 26. April bis 2. Mai 1892 (nicht 1893) und vom 24. bis 29. April 1895. In den 1880er Jahren war die Königin vom 30. März bis 1. April 1880 (Konfirmation der Prinzessinnen Victoria und Elisabeth), vom 17. April bis 7. Mai 1884 (Hochzeit der Prinzessin Victoria) und vom 23. April bis 1. Mai 1885 (Konfirmation Ernst Ludwigs) dort anwesend. Weitere Aufenthalte sind am 8. September 1863, 1865, im März 1876 und April 1890 nachweisbar; vgl. York (1993), S. 166–176 und RA, VIC/QVJ/1890, 25. April.

König Edward VII. und Königin Alexandra von England mit der Familie Großherzog Ludwigs IV. von Hessen, v.l.n.r. Edward VII., Erbgroßherzog Ernst Ludwig, Prinzessin Alix und Prinzessin Victoria von Hessen, Königin Alexandra, Großherzog Ludwig IV., Prinzessin Irène (sitzend) und Prinzessin Elisabeth von Hessen, Darmstadt, 3.4.1880.

dem Herzen kam, deshalb war er von seinem Volk so geliebt. Alice und Andrea waren mit ihren beiden ältesten Töchtern bei Victoria zu Besuch.[203] Sie machten Einkäufe für Korfu. Da lud Onkel Bertie Victoria und ihre beiden Enkeltöchter auf einige Tage nach Sandringham ein. Als sie wieder zurück waren, sagte Victoria zu Margarita, die noch ein kleines Mädchen war, sie müsse einen Dankesbrief schreiben. Mit umgehender Post kam das Antwortschreiben des Onkels an die Kleine, worin er ihr dankt und die gute Schrift bewundert und besonders sich freut, dass sie die Zeit bei ihm so genossen hätte. Man muss nicht dabei vergessen, dass er ein Mann war, der seinen Tag von morgens bis abends ausfüllte. Mir gegenüber war er von einer Güte und Liebe, wie ich sie selten erlebte. Als ich mich verlobte, erklärte ihm Victoria, wer die Eltern von eurer Mutter waren. Sogleich sagte er: "Ist der Solms-Lich nicht derselbe, der vor vielen Jahren in Edinburgh mit Alfred und Wilhelm (v. Hessen) studierte? Und den wir damals Sam-Slick nannten?".[204] Sein Gedächtnis war ganz unglaublich.

Als ich mit eurer Mutter zum ersten Mal zusammen in Windsor war, hat er sie sofort als richtige Nichte aufgenommen. Wir mussten einmal zum ersten Frühstück auf ihn warten. Als er hereinkam und dieses sah, wurde er sehr böse und putzte die Diener vor uns gewaltig herunter, weil sie ihn in die Lage versetzt hätten, dass die Großherzogin auf ihn hätte warten müssen. In Berlin war das leider nicht so. Erst nach langer Zeit wurde man zu ihr etwas freundschaftlicher und verwandtschaftlicher, ausgenommen der Kaiser, der es immer war.[205] Wenn wir mit ihm und Tante Alix[206] irgendwohin fahren sollten, war er oft ganz außer sich, weil Tante Alix in ihrer Unpünktlichkeit uns auf sich warten ließ.

Georg V. (George) von England kannte ich natürlich von Kindesbeinen an. Sein älterer Bruder Eddie hatte mich besonders lieb und bis zu seinem Tode besprachen wir alles, was ihn interessierte.[207] George war die Redlichkeit selbst, durchdrungen von einem großen Pflichtgefühl. Das Augenmerk der Eltern war besonders auf seinen älteren Bruder gerichtet gewesen. Nach dessen Tode fühlte er die Vernachlässigung seiner Erziehung sehr stark. So ging er sofort nach Heidelberg um Deutsch zu lernen. Auf den Vorschlag von der Kaiserin Friedrich wohnte er bei Professor Ihne, einem typischen Professor, der, wenn er mit George zu mir oder zum Heiligenberg zum Übernachten kam, nur eine Zahnbürs-

---

[203] Prinzessin Alice von Battenberg, Ernst Ludwigs Nichte, heiratete 1903 den Prinzen Andrea (auch Andreas) von Griechenland (1882–1944). Ihre beiden ältesten Töchter waren Margarita (1905–1981), spätere Fürstin zu Hohenlohe-Langenburg, und Theodora (1906–1969), verheiratete Markgräfin von Baden.

[204] Kurioserweise waren beide Schwegerväter Ernst Ludwigs während ihres Studiums in Schottland Kommilitonen: Prinz Alfred von Großbritannien und Irland, Herzog von Sachsen-Coburg-Gotha, war der Vater Victoria Melitas, der ersten Ehefrau. Eleonore, die zweite Gemahlin, war eine Tochter des Fürsten Hermann zu Solms-Hohensolms-Lich (1838–1899). Bei Wilhelm von Hessen handelt es sich um einen Onkel Ernst Ludwigs.

[205] Als Tochter eines mediatisierten Fürsten galt Großherzogin Eleonore am kaiserlichen Hof offenbar nicht als ebenbürtig. Der Nebensatz „ausgenommen der Kaiser, der es immer war" ist lediglich im roten Band der Erinnerungen überliefert, wo er von Ernst Ludwig handschriftlich ergänzt wurde; vgl. edit. Notiz.

[206] „Alix", der Kosename der englischen Königin Alexandra, Ehefrau Edwards VII., war auch der Taufname von Ernst Ludwigs Schwester, der späteren Zarin Alexandra von Russland.

[207] König George V. von Großbritannien und Irland (1865–1936), ein Cousin Ernst Ludwigs. Mit dem frühen Tod seines älteren Bruders Albert Victor „Eddie" (1864–1892) stand er in der Thronfolge an zweiter Stelle. Er war der Großvater von Queen Elizabeth II.

te und einen Kragen mitnahm. Er litt unter dieser Art von Menschen natürlich, aber klagte nie. Ich lud ihn im Herbst allein zu mir nach Mainz zu den Manövern ein. Er genoss die Tage sehr und besonders, wenn wir bis spät in die Nacht zusammen quatschten und diskutierten.[208] So entstand eine feste Freundschaft zwischen uns beiden. Der beste Beweis dafür ist, als zwei Tage nach dem Waffenstillstand ein Diener zu mir heraufkam und mir sagte, unten stehe ein englischer Offizier, der mich sprechen wolle. Um ihn nicht ins Haus zu bitten, ging ich hinunter. Er stand in der [Darmstädter] Hügelstraße. Als ich ihn frug was er wolle, sagte er mir, er käme im Auftrag des Königs und der Königin von England, die mir sagen ließen, wie froh sie wären, dass wir wieder in Verbindung wären und dass Blut stärker wie Wasser wäre und ihre alte Liebe nicht durch den Krieg gelitten hätte.[209] Er brachte mir auch Grüße von den Tanten. Man kann sich meine Gefühle in so einem Moment denken. Sein ganzes Leben ist er immer derselbe geblieben, der verwandtschaftlichste Mensch, den ich kannte. Er war in England so beliebt weil er einfach, ehrlich und treu war. So z.B. war er der Erste seines Reiches, der die großen Wiesen seines riesenhaften Parkes von Windsor beim Kriegsanfang umpflügen ließ und Kartoffeläcker daraus machte. Er war ganz außer sich als mir der "Garter" abgesprochen wurde.[210] Er wollte, ich solle ihn behalten, aber es war ganz unmöglich, da zu Anfang des Krieges als Erster der Herzog von Coburg ihn ablegte und dann der Kaiser folgte.

Königin Mary (May)[211] war gerade so. Sie hatte für uns eine besondere Schwäche, besonders mir gegenüber, weil ich ihr an ihrem Hochzeitstage geholfen hatte. Nach der Beerdigung Eduard VII. in Windsor warteten wir auf unser verspätetes Mittagessen. Die Feier hatte sehr lange gedauert. Ich fand sie im großen Korridor alleine stehen und ging zu ihr mit der Frage, ob sie nicht zu müde wäre, da sagte sie: "Du und ich können es aushalten, denn wir haben ja hessische Beine". Ihre Großmutter, die Herzogin von Cambridge war eine Rumpenheimer Hessin.[212] Ich habe selten eine Frau gesehen, die sich so wenig geändert hat, dabei waren die ersten Jahre ihrer Ehe gar nicht leicht gewesen.

Die Jahre, die ich in England war, sind meiner Erinnerung nach die Folgenden: 1877-1882, 1886-1889, 1892-1894, 1896-1899, 1901, 1902, 1904, 1907, 1910, 1911, 1931 & 1932.[213]

---

[208] Ernst Ludwig hielt sich vom 5. bis 17. September 1892 zu den Herbstmanövern der Großherzoglichen Hessischen Division, den ersten nach seinem Regierungsantritt, in Mainz auf; die Heidelberger Sprachstudien des Prinzen George im Herbst 1892 leitete der als Anglist und Historiker renommierte Professor Wilhelm Ihne (1821–1902).
[209] Gemeint ist das Ende des Ersten Weltkrieges 1918, der Ernst Ludwigs weitverzweigte, europäische Großfamilie in feindliche Lager gespalten und persönliche Zusammenkünfte jahrelang unmöglich gemacht hatte.
[210] Das Großkreuz des „Most Noble Order of the Garter", des Hosenbandordens, war Ernst Ludwig kurz nach seinem Regierungsantritt am 26. April 1892 durch seine Großmutter Queen Victoria verliehen worden. Der erwähnte Herzog von Sachsen-Coburg und Gotha ist Karl Eduard (1883–1938), ein Cousin Ernst Ludwigs.
[211] Prinzessin Victoria Mary von Teck (1867–1953) war ursprünglich mit Georges älterem Bruder, Albert Victor, verlobt, der jedoch kurz vor der geplanten Eheschließung starb.
[212] Auguste (1797–1889), Tochter des Landgrafen Friedrich III. von Hessen-Rumpenheim (1747–1857), verheiratet mit Herzog Adolph von Cambridge (1774–1850), einem Onkel Queen Victorias.
[213] In der Regierungszeit sind Aufenthalte in folgenden Jahren nachweisbar: 1892–1897, 1899, 1901, 1902, 1904, 1907, 1910, 1911 und 1913.

Tante Helena (Prinzessin Christian von Schleswig-Holstein) sahen wir sehr viel, denn sie kam beinahe jedes Jahr mit dem Onkel und ihren Kindern zu uns. Wenn sie zu Kuren dann weiterreisten blieben die Kinder bei uns, sodass ihr Besuch sich oft auf Monate erstreckte.

Meine liebste Tante war Louise Herzogin von Argyll. Sie war so lieb zu uns Kindern und freute sich immer, wenn sie etwas mit uns unternehmen konnte. Eine besondere Freude war es für mich, wenn ich am Morgen beim Anziehen meiner vergötterten schönen Tante dabei sein konnte. Was haben wir da nicht alles zusammengeschwätzt. Sie ist mir immer die gleiche geblieben und jetzt, wo sie beinahe 90 ist, kann sie es mit jeder schönen Frau noch aufnehmen.[214] Dabei ist sie eine wirkliche Künstlerin im Malen und Bildhauern. In St. Pauls hängt von ihr ein schöner großer Christus am Kreuze von einem Engel gestützt, welches man für die Gefallenen im Burenkrieg aufgerichtet hat.

Eine Geschichte muss ich von ihr erzählen. Es war zur Zeit des Diamantenjubiläums meiner Großmutter [1897], als eines Tages der berühmte Maler Alma Tadema,[215] ihr Freund, zu ihr in Kensington Palace kam und sie fragte, ob sie für die Statue der Königin, welche der Stadtteil Kensington (in dem sie bis zur Krönung gelebt hatte) errichten wolle, einen Entwurf gemacht hätte. Sie sagte nein, schon als Tochter fände sie das falsch und übrigens wäre die Eröffnung der Briefumschläge in zwei Tagen. Alma Tadema sagte, sie könne es und müsse es machen, wenn es auch ein kleines Modell würde. So ging der Streit hin und her bis er zuletzt sagte, er würde nicht aus ihrer Wohnung gehen, bis sie ja gesagt hätte. Zuletzt gab sie nach. Nun ging sie fieberhaft an die Arbeit. Sie wollte Großmama nicht im Alter darstellen, sondern wie sie noch ganz jung bei der Krönung war. Man hatte ihr in Kensington Palace die Nachricht von ihrer Thronbesteigung gebracht und sie war damals von dort aus zur Krönung fortgezogen. Eine halbe Stunde vor dem die Jury zusammentrat, ward die Tonskizze abgegeben. Man wusste nicht von wem. Aber einstimmig ist der Entwurf gewählt worden. So steht das Denkmal nun im Park von Kensington Palace, an dem alle vorbeigehen. Diese Geschichte hat sie mir selbst erzählt. Noch viele andere Kunstwerke sind von ihrer Hand.

Alle meine englischen Verwandten waren mir die Nächsten, weil sie mich am verwandtschaftlichsten behandelt haben. Leider war es nicht so mit den deutschen. Nur die Schwestern

---

[214] Prinzessin Louise von Großbritannien und Irland (1848–1939). Als einziges der neun Kinder Queen Victorias heiratete sie einen Briten, John Campbell, 9. Herzog von Argyll (1845–1914). Sie überlebte Ernst Ludwig um mehr als zwei Jahre. Die Altersangabe "beinahe 90" bestätigt die neuesten Erkenntnisse zur Entstehungszeit der Erinnerungen, vgl. die Einleitung.

[215] Sir Lawrence Alma-Tadema (1836–1912).

des Kaisers standen mir näher, besonders die älteste Charlotte (Herzogin von Meiningen),[216] die, solange sie lebte, immer mir gegenüber die Gleiche blieb. Übrigens waren wir bei den englischen und russischen Verwandten so beliebt, weil wir die Kinder unseres Vaters waren und weil wir keine Preußen waren, welches Letztere sie mir oft sagten.

Noch eines der letzten Male wo viele Verwandte zusammen waren war die Hochzeit von Alice Battenberg mit Andreas von Griechenland am 5. Oktober 1903. Da sind sie von allen Seiten zusammengekommen und ich glaube, es war auch, um mir zu zeigen, dass sie zu mir hielten nach meiner Scheidung.[217] Die zwei Palais und das Schloss waren voll. Im Neuen Palais wohnten ich mit meiner Kleinen, Alix und Nicky mit ihren Kindern, Serge und Ella, Irene und Heinrich mit ihren zwei Söhnen, Tante Alix (England) und Toria. Im Alten Palais wohnten Victoria, Ludwig und ihre Kinder, Tante Beatrice und englische Gäste. Im Schloss wohnten Onkel Willy und Tante Olga von Griechenland, Tino mit Sophie, George, Nicky mit Ellen, Andrea und Christo. Paul von Russland mit Dimitri und Marie, Georg (Michel) mit Minnie, und Vera, die Schwester von Tante Olga.[218] Die Hochzeit wurde mit vielem Gepränge gehalten. Die Civiltrauung im Alten Palais, die protestantische Trauung in der Schlosskirche und von dort die griechische Trauung in der Russischen Kapelle. Am Polterabend luden Victoria und Ludwig Alle ins Alte Palais und dazu viele Darmstädter. Das große Diner war im Schloss. Die Darmstädter hatten viel zu sehen, besonders wie unsere 6 Logen und noch zwei dazu voll waren von Fürstlichkeiten und die Mittelloge gefüllt mit dem Gefolge war. Alle schienen die Theateraufführung sehr zu genießen. Überhaupt war die Familienstimmung eine sehr fidele. Einen Nachmittag bestellte ich drei Tramwagen der Elektrischen unten am Garten und wir alle füllten sie. Nun zogen wir zum Ergötzen der Darmstädter durch die ganze Stadt. Tante Alix war so begeistert, dass sie fortwährend mit Lachen dem Publikum zuwinkte. Nun ging es hinaus zu den Hirschköpfen und von dort zum Oberwaldhaus, wo es Massen von Kaffee und Kuchen gab. Auf der Heimfahrt war Alles, wenn möglich, noch vergnügter.

Bei unserer Hochzeit waren alle meine Verwandten und die Verwandten eurer Mutter da. Erst gab es den offiziellen Einzug, wobei die Darmstädter große Begeisterung zeigten.[219]

---

[216] Charlotte, Herzogin von Sachsen-Meiningen (1860–1919), geb. Prinzessin von Preußen.
[217] Die Hochzeit von Ernst Ludwigs Nichte, Prinzessin Alice von Battenberg, mit dem Prinzen Andrea von Griechenland richtete der Großherzog gemeinsam mit den Brauteltern in Darmstadt aus.
[218] Nach dem Hochzeitsprogramm und ergänzenden Berichten in der Darmstädter Zeitung, insbes. 127. Jg. Nr. 467 (6.10.1903), S. 1047f. nahmen an der Trauung außer dem Brautpaar teil: Prinz Franz Joseph und Prinzessin Anna von Battenberg; Prinzessin Beatrice von Battenberg mit ihrer Tochter Victoria Eugenie, spätere Königin von Spanien; Prinz Ludwig und Prinzessin Victoria von Battenberg mit ihren Kindern Louise, spätere Königin von Schweden, George (1892–1938), später 2. Marquess of Milford-Haven und Louis (1900–1979), später Lord Mountbatten of Burma; König Georg I. (1845–1913) und Königin Olga von Griechenland (1851–1926); Kronprinz Konstantin (I., 1868–1923) und Kronprinzessin Sophie von Griechenland (1870–1932) sowie die Prinzen Christoph (1888–1940), Georg (1869–1957) und Nikolaus von Griechenland (1872–1938) mit dessen Ehefrau Elena, Großfürstin von Russland (1882–1957); Königin Alexandra von Großbritannien mit ihrer Tochter Victoria (1868–1935); Landgraf Friedrich Karl (1868–1940) und Landgräfin Margarethe von Hessen (1872–1954); Prinz Heinrich und Prinzessin Irène von Preußen; Zar Nikolaus II. und Zarin Alexandra von Russland mit ihren vier Töchtern Olga, Tatiana, Maria und Anastasia; Großfürst Sergej und Großfürstin Elisabeth von Russland; Großfürst Georgij Michailowitsch (1863–1919) und Großfürstin Maria Georgijewna von Russ.land; Großfürst Pawel von Russland mit seinen Kindern Maria (1890–1958) und Dimitrij; Prinzessin Helena von Schleswig-Holstein; Herzog Adolph von Teck (1868–1927) und Herzogin Vera von Württemberg (1854–1912).
[219] Der festliche Einzug Ernst Ludwigs und seiner zweiten Frau Eleonore zu Solms-Hohensolms-Lich in die Residenz fand am 31. Januar, die Trauung am 2. Februar 1905 statt.

Hochzeitsgesellschaft anlässlich der Trauung des Prinzen Andreas von Griechenland und der Prinzessin Alice von Battenberg, Darmstadt, Oktober 1903, vordere Reihe, v.l.n.r. Großfürstin Tatiana von Russland, Prinzessin Elisabeth von Hessen, Großfürstin Olga von Russland.
2. Reihe v.l.n.r. Großherzog Ernst Ludwig von Hessen, Prinz Nikolaus und Prinzessin Elena von Griechenland, Prinz George und Prinzessin Louise von Battenberg, Großfürstin Anastasia, Zarin Alexandra und Großfürstin Maria Nikolajewna von Russland.
3. Reihe v.l.n.r. Königin Olga von Griechenland, Herzogin Vera von Württemberg, Prinz Christoph von Griechenland, Zar Nikolaus II. von Russland, Kronprinz Konstantin von Griechenland, Großfürstin Elisaweta von Russland, Prinz Georg von Griechenland.
4. Reihe v.l.n.r. Prinz Heinrich und Prinzessin Irène von Preußen, Prinzessin Victoria von Battenberg, Fürstin Marie zu Erbach-Schönberg, Großfürst Sergej von Russland, Prinzessin Victoria von Wales, Königin Alexandra von England, Großfürstin Maria Pawlowna d. J. von Russland, König Georg I. von Griechenland, Großfürst Dimitrij von Russland, Landgraf Friedrich Karl von Hessen, Großfürst Georgij und Großfürstin Maria Georgijewna von Russland, Kronprinzessin Sophie von Griechenland, Landgräfin Margarethe von Hessen.

Großherzog Ernst Ludwig und seine zweite Ehefrau, Prinzessin Eleonore zu Solms-Hohensolms-Lich, Aquarellbildnisse von Walter Illner, wohl 1913.

Als Polterabend war ein großer Empfang der Darmstädter Gesellschaft im Schloss und die Trauung war in der Schlosskirche. Große Festlichkeiten gab es nicht, da eure Mutter noch in Trauer um den Tod ihrer Mutter war.[220] Zur Erholung fuhren wir nach Romrod, wo wir einige glückliche ruhige Tage verbrachten. Kaum in Darmstadt wieder angekommen bekamen wir die Nachricht von Serges Ermordung und sogleich fuhren wir nach Moskau, denn eure Mama wollte mich nicht alleine reisen lassen. Dieses war die Fortsetzung unserer Hochzeitsreise. Von Moskau fuhren wir nach Zarskoe Selo, wo wir eine ruhige glückliche Zeit mit den Geschwistern zubrachten.

Wilhelm (K[aiser] W[ilhelm] II.) war immer ein sehr wankelmütiger Charakter. Schlimm war die Zeit vor dem Tode Kaiser Friedrichs. Ich war gerade in Berlin für mein Offiziers-

[220] Fürstin Agnes zu Solms-Hohensolms-Lich (1842–1904), geb. Gräfin zu Stolberg-Werningerode.

examen 1888. Er war natürlich furchtbar aufgeregt, konnte aber oft die Wahrheit vom Klatsch nicht unterscheiden. Dabei wurde der Kampf auf beiden Seiten auf gehässigste Weise geführt. Wie sehr er an Klatsch glaubte zeigt die Geschichte von 1893, als ich zum ersten Mal als Großherzog zu seinem Geburtstag nach Berlin kam. Heinrich holte mich an der Bahn ab. In meiner Wohnung angekommen sagte er mir, er müsse mich etwas fragen, ich solle aber nicht dabei lachen. Den Abend vorher hätte Wilhelm mit ihm gesprochen und gesagt, es wäre doch zu arg, was ich für ein Leben führe, ich hätte ein Verhältnis mit ungefähr 3 Choristinnen und 4 Balletteusen. Wir platzten beide doch heraus, denn Heinrich sowohl wie ich kannten das damalige Theater und wussten, dass die meisten dieser Damen alt und sogar Mütter oder Großmütter waren. Heinrich hätte unter Lachen seinem Bruder widersprochen, aber Wilhelm sagte, er wüsste die Nachricht aus authentischer Quelle, denn der Gesandte von der Goltz hätte es berichtet.[221] Zuletzt erwiderte Heinrich, dass er und ich so nahe zu einander ständen, dass ich sofort auf seine Frage ihm die volle Wahrheit sagen würde. Da beruhigte sich Wilhelm. Deshalb hatte Heinrich die Frage gestellt. Was für ein Gesandter! Ich habe ihn auch schnellstens hinausgeekelt. Die Gesandten mussten immer zu oft berichten und wenn nichts geschehen war, so tischten sie Klatsch auf, damit der Kaiser sähe, wie geschäftig sie wären.[222]

Wilhelm war oft rücksichtslos oder mehr unüberlegt. Als meine Großmutter von England 1894 bei mir weilte, sagte Wilhelm sich plötzlich mit vielem Gefolge an.[223] Da er keine Pferde mitbrachte war ich beruhigt. Plötzlich sagte er eines Abends, er wolle die Garnison alarmieren, meine Pferde seien unter Moritz von Riedesel[224] so gut, dass er eines meiner Pferde benutzen wolle. Man kann sich Riedesels und meinen Schrecken ausdenken. Die ganze Nacht hindurch ritt Riedesel das Pferd in der Reitbahn zu, denn meine Pferde waren nicht wie Hämmel zugeritten. Morgens um 5 Uhr ging Wilhelm zur Hauptwache im Schloss, wo er wohnte, und ließ Alarm blasen. Es ging alles gut ab. Ich sagte noch dem Adjutanten Scholl, er solle sich nur an die linke Seite des Kaisers kleben, ich würde es auf der rechten tun. Trotzdem hatten wir furchtbare Angst, denn Wilhelm hatte eine harte Hand (ich und Riedesel sehr weiche) und dabei hatte er überhaupt in den Oberschenkeln gar keinen Schuss. Nur einmal beim Senken einer Fahne, die beinahe den Kopf des Pferdes traf, machte es einen kleinen Seitensprung. Er wäre beinahe heruntergefallen, wenn wir Beide ihn nicht mit den Beinen hochgedrückt hätten. Man kann sich unseren Zustand denken. Als alles vorüber war fiel uns ein Stein vom Herzen. Moritz Rie-

---

[221] Die gegebene Darstellung ist zumindest in dieser Form unzutreffend. Preußischer Gesandter war bis zum Sommer 1894 Ludwig Freiherr von Plessen, dem dann Otto Graf Dönhoff und erst im Frühjahr 1896 Karl Graf von der Goltz nachfolgte. Ein auf das Privatleben Ernst Ludwigs bezogener Bericht Plessens aus dem Winter 1892/93 in der erhaltenen Registratur des Preußischen Auswärtigen Amts, die eine Akte „Großherzogliche Familie, Geheim", PA AA, RZ 201/3062, enthält, nicht nachweisbar. Aus dieser ist jedoch ersichtlich, dass Wilhelm II. in der Tat regelmäßig Berichte zur Stellung, den Interessen sowie zum persönlichen Verkehr seines Vetters anforderte.
[222] Diese Einschätzung wird durch zahlreiche im Archiv des Auswärtigen Amtes erhaltene Akten unter dem Titel „Großherzogliche Familie" bestätigt. Die häufig sarkastischen Randbemerkungen, mit denen Wilhelm II. einzelne Handlungen seines Cousins kommentierte, sprechen für ein beiderseitig kritisches Verhältnis; vgl. den Bericht vom 9.1.1894, PA AA Nr. 201/3058, mit dem dreimal wiederholten Wort „Baby!" in der Handschrift des Kaisers.
[223] Der Kaiserbesuch datiert tatsächlich auf das Jahr 1895, vgl. Fußnote 198.
[224] Moritz von Riedesel Freiherr zu Eisenbach (1849–1923), großherzoglich hessischer Oberstallmeister.

Festzug in der oberen Rheinstraße anlässlich des Besuches von Kaiser Wilhelm II. in Darmstadt, 25. April 1890.

desel behauptete, er wäre doch in diesen Stunden um Jahre älter geworden.

Serge hasste er, weil er in Ella früher verliebt gewesen war. Von ihm erzählte er jede gemeine Geschichte, die er nur kannte und das vor vielen Menschen. Ein anderes Mal erzählte er auch einstens bei dem Kaisermanöver nach dem großen Offizierdiner in Karlsruhe einer Korona von Offizieren die dümmsten Klatschgeschichten über Eduard VII. Mir wurde heiß und kalt dabei, denn die englische Abordnung stand nicht weit entfernt von ihm. Ich könnte noch Massen solcher Momente erzählen.

Das Schwerste zu ertragen war, als er zu meinem [25.] Regierungsjubiläum am 13. März 1917 um 9 Uhr früh mich vom Hauptquartier anrief.

Er sagte: "Ich habe die Nachricht erhalten, dass Revolution in Russland ausgebrochen ist und dass der Kaiser und die Kaiserin und Familie gefangen genommen worden sind. Ob sie am Leben sind, weiß man nicht. Übrigens gratuliere ich". Ich konnte kaum gehen und musste zum ersten Frühstück mit den Verwandten, die gekommen waren. Ich musste meine Gefühle auch während der Feierlichkeit verbergen, denn sonst wäre die Traurigkeit vorherrschend gewesen, wo doch alle, mir zu liebe freudig sein wollten. Warum ich durchhielt, weiß ich nicht, dabei waren wir ja mitten im Kriege. Im Mai bekam ich ein Telegramm vom Hauptquartier, in dem stand: "Seine Majestät lässt sagen, Kaiser Nikolaus und Familie wären ermordet". Damals war noch alles unsicher, denn der Mord war erst im Juli.[225]

Er ließ sich immer von der momentanen Stimmung hinreißen. Er konnte für etwas oder einen Menschen begeistert sein, von dem er später nichts mehr wissen wollte. Dabei konnte er hart und herzlos sein, sogar seinem Bruder Heinrich gegenüber, der ihn doch so liebte und wenn Letzterer nicht so ein treuer Mensch gewesen wäre, hätten sich die Brüder oft ganz entzweit.

Er dachte oft deutsch, doch da war aber die preußische Phalanx, die außer Preußen nichts anerkannte. Wie ich als Erbgroßherzog in Potsdam im ersten Garderegiment Dienst leistete, wurden wir Prinzen nach Berlin zu einem großen Empfang befohlen. Vorher, als ich nach Potsdam ging, hatte mein Vater mir gesagt: "Vergiss nicht, dass du der Erbgroßherzog von Hessen bist". Da mein Vater die Bescheidenheit selbst war, konnte ich nicht begreifen was er mit diesem Ausspruch meinte. Jetzt aber kam es heraus. Zuvor muss ich noch sagen, dass die Stellung der Erben so gestellt war: Der Kronprinz kam nach den Königen. Die Erben der jeweiligen größeren Länder folgten den anderen regierenden Fürsten, dann kamen die preußischen Prinzen und darauf die anderen Prinzen. Es kam nun ein Kammerherr mit der Zugliste zu mir und zeigte mir meinen Platz im Zuge an. Ich sagte ihm, der wäre nicht richtig. Gleich darauf kam der Oberhofmarschall Graf von Eulenburg[226] auf mich los und sagte mir, mein Platz wäre ganz richtig, ich hätte hinter den preußischen Prinzen zu gehen. Ich war wütend und sagte ihm, ich würde warten, bis der Kaiser käme, der würde mir schon meine richtige Stellung geben. Eulenburg zog piquiert ab. Gleich darauf kam ein anderer Kammerherr, der mir sagte, es wäre ein Missverständnis gewesen und ich bekam meine richtige Stellung. Jetzt begriff ich meinen Vater.

Ich war [in Potsdam] in der zweiten Compagnie. Mein Hauptmann war von Buttlar, der an

---

[225] Die genauen Umstände des Mordes – die Zarenfamilie starb durch Pistolenschüsse, Bajonettstiche und Schläge mit Gewehrkolben – wurden erst Jahrzehnte nach dem Tod Ernst Ludwigs (1937) und seiner Schwestern Victoria (1950) und Irène (1953) aufgeklärt. Die im Wald bei Jekaterinburg verscharrten Leichen konnten erst nach dem Fall der UdSSR exhumiert und identifiziert werden. Sie wurden 1997 in der Peter und Pauls Festung, der Grablege der Zaren in St. Petersburg, beigesetzt.

gekränktem Ehrgeiz litt, weil er nicht in den Generalstab berufen wurde. Dies ließ er mich auf jede erdenkliche Weise fühlen. Kameraden sagten mir später, sie hätten mich bewundert, wie ich diese Chicanen aushielt, denn Buttlar hätte geäußert als ich in seine Companie kam: "Der soll noch seinem Schöpfer fluchen, dass er zum Prinzen geboren ist". Einst im Kasino diskutierten wir Kameraden über deutsche Fragen. Da sagte der Leutnant von Griesheim: "Das können Sie als Auswärtiger nicht begreifen". Ich antwortete: "Dann können Sie als Nichtdeutscher es auch nicht begreifen". Er wollte mich fordern, aber seinen Kartellträgern sagte ich nur: "Wenn ich als deutscher Prinz für einen Auswärtigen gehalten werde, so muss er logischer Weise ein Nicht-Deutscher sein". Damit fiel die Sache unter den Tisch und ich hatte die Lacher auf meiner Seite. So musste man sich in Potsdam seiner Haut wehren.[227]

Kaiser Wilhelm II.

In Deutschland war der große Kampf über die Abschaffung des zweiten Paragraphen im Jesuitengesetz. Ich war mit meinen Ministern ganz einig. Der Paragraph I hätte fallen können aber nicht P. II, durch den die Jesuiten das dünne Ende vom Keil gehabt hätten, um in Deutschland eindringen zu können und P. I. wäre dann von selbst gefallen. Wir hatten lange gekämpft. Als ich von einer Reise in Italien zurückkehrte, traf ich unseren preußischen Gesandten, den Prinzen Hohenlohe, am Bahnhof von Mailand ganz plötzlich. Er fuhr im gleichen Zug zurück. Im Zug setzten wir uns zusammen um zu plaudern. Bald kam die Frage des Paragraphen II aufs Tapet. Hohenlohe sagte mir, dass nur meine Stimme fehle, um den Paragraphen zu beseitigen. Er bäte mich dringend, der Reichsregierung keine weiteren Schwierigkeiten zu machen. Wenn ich einverstanden wäre, könne

---

[226] August Graf zu Eulenburg (1838–1921).
[227] Zu diesem Absatz, der die militärische Ausbildung Ernst Ludwigs betrifft, vgl. die entsprechenden Ausführungen in Kapitel I.

er es nach Berlin telegraphieren. Da sah ich wie die Sache stand. Hinter dem Rücken meiner Minister sollte ich nachgeben, deshalb die Reise nach Mailand um schnell meine Zusicherung zu erhalten. Ich sagte ihm auf den Kopf, dass ich diese Art Politik zu treiben für höchst unanständig hielte und dass ich und meine Minister einig wären. Als er fragte, ob das mein fester Entschluss wäre, sagte ich ja. Darauf rief er aus: "Gott sei Dank, ich bin ja von derselben Meinung". Der Paragraph ist doch gefallen mit der Stimme von Waldeck, weil dem Lande der Güterverkehr um seine Grenzen geleitet wurde.[228]

Einst erklärte ich dem Kaiser meine Gedanken über die Armee, dass in einigen Auszeichnungen der Welt gegenüber das Deutschtum deutlicher gezeigt werden müsse. So z.B. eine allgemeine deutsche Kokarde und eine deutsche Schärpe. Die Prärogative der Länder in Uniformen etc. brauchten nicht angerührt zu werden. Dem Kaiser gefiel der Gedanke sehr. Nach einiger Zeit bekam ich ein Telegramm, worin er mir sagte: "Die Kokarde durchgesetzt, die Schärpe wegen Sachsen unmöglich".[229] Als ich ihn später wiedersah, sagte er mir, solch einen Kampf für so etwas würde er nicht wieder machen, denn dabei hätten seine alten Generäle ihn beinahe gesteinigt. Er posierte immer als der kräftige, geistesstarke Mann. Das kam daher, weil er moralisch feige war und auch seelisch wenig ertragen konnte. Die schwere Verbannung[230] und das Alter haben ihn viel abgeklärter gemacht, wenn auch die alte Art immer wieder durchleuchtet. Noch während des Krieges hat seine Umgebung ihm alles Schwere und Traurige so viel wie möglich verborgen, weil er sich dann zu sehr niederdrücken ließ. Es war falsch von ihnen, denn er musste das Schwere ertragen lernen. Es bleibt ja keinem Menschen erspart. Wenn einer von seinen Söhnen krank wurde, ging er nicht in seine Nähe und niemand mit Schnupfen oder Erkältung durfte sich überhaupt zeigen.

Sein Verhältnis zu Eduard VII. entstand daher, dass er eifersüchtig war und glaubte durch Auftrumpfen, stramme Worte und Drohungen seinem Onkel zu imponieren, was gerade das Entgegengesetzte erzeugte, denn Eduard VII. war ein großer Weltmensch und durchschaute ihn ganz genau. Erst lächelte er über ihn, dann ärgerte er sich über ihn und zuletzt war der Bruch da, wenn er auch immer von Neuem überkleistert wurde. Man kann sich ja denken, wie es der Politik der beiden Länder schadete, denn Eduard VII. hatte viel mehr Einfluss auf seine Regierung als die meisten Menschen sich vorstellten.

Sein Kunstempfinden war auch sehr dilettantisch. Er hatte Begabung, Seelandschaften mit

---

[228] Das Gesetz betr. die Aufhebung des §2 des Gesetzes über den Orden der Gesellschaft Jesu vom 4.7.1872 wurde am 8. März 1904 unterzeichnet; der Interventionsversuch des preußischen Gesandten Hans Prinz zu Hohenlohe-Oehringen müßte bereits ein oder zwei Jahre vorher, vermutlich bei der Rückkehr des Großherzogs von seiner Indien-Reise am 2./3. April 1903 (über Genua/Mailand), erfolgt sein.
[229] Die kaiserliche Anordnung, nach der alle Truppenteile des Deutschen Reiches neben den Kokarden der Einzelstaaten künftig auch die schwarz-weiß-rote Reichskokarde tragen sollten, erging zum 100. Geburtstag Kaiser Wilhelms I. am 22. März 1897.
[230] Nach seiner Abdankung im November 1918 floh Wilhelm II. in die Niederlande, wo er bis zu seinem Tod, zunächst auf Schloss Amerongen, später im Huis Doorn bei Utrecht, lebte.

Schiffen im Gefecht ganz gut in Oel zu skizzieren, dadurch glaubte er in der Kunst bestimmen zu können. Man kennt ja die Resultate. In der Musik war er erst ein begeisterter Anhänger von Wagner, dann schwenkte er ganz um, weil ein musikalischer Maler ihm die Schönheit auch anderer Musik zeigte. Im Theater musste Alles bis ins Kleinste ganz historisch sein und sehr viel Geld wurde dafür ausgegeben, obwohl das Stück oder Oper es nicht verdienten. Ich glaube, dass sein kurzer, verkümmerter Arm auch viel daran schuld war, denn dieser war eine ständige Kränkung seiner Eitelkeit. Er hatte das sehr schnell auffassende Gehirn seiner Mutter geerbt und ein sehr gutes Gedächtnis, sodass er immer von Neuem verblüffen konnte und über alles und jedes so sprechen konnte, dass die Menschen hingerissen wurden.

Von seinen Söhnen[231] ist leider nicht viel zu sagen. Wilhelm, der Kronprinz, hat von allen die größte Anlage, Menschen für sich zu begeistern dadurch, dass er Interesse für sie zeigt, aber dagegen spricht, dass er als Mensch nicht bei der Stange bleiben kann. Wie ich bei ihm während des Krieges einstens in Stenney war, sprach ich lange und viel mit ihm und war so froh zu sehen, wie er wirklich einsichtig und weitsichtig war.[232] Nun hat er meine Hoffnung nicht erfüllt. Es waren alles nur momentane Anschauungen, er hat aber alles beim Alten gelassen.

Gesunde Anschauungen kann er ja haben, er führt sie aber in Nichts durch. Leider setzt sein moralisches Leben ihn sehr scharfer Kritik aus, was ihm einerlei zu sein scheint. Mit dem Alter, hoffe ich, wird es endlich besser werden. Durch den Ehrgeiz seiner Frau getrieben, handelt er oft nicht falsch, aber merkt nicht, wie er nur zu oft in seiner Anschauung wechselt, wodurch er von den momentan führenden Menschen sehr wenig geachtet wird.

Eitel Fritz ist dick und anständig, aber er kommt nicht über sein Unteroffiziergefühl hinaus. Adalbert ist dumm und eingebildet. Auwi ist der Gescheiteste in vielen Dingen, aber nicht ein ganz gerader Charakter. Oskar ist ein redlicher Soldat, aber nichts mehr.

---

[231] Die hier erwähnten Söhne Wilhelms II. waren Kronprinz Wilhelm (1882–1951) sowie die Prinzen Eitel-Friedrich (1883–1942), Adalbert (1884–1948), August-Wilhelm (1887–1949) und Oskar (1888–1958). Die lapidare Aufzählung übergeht den jüngsten Sohn, Prinz Joachim (*1890), der bereits 1920 Suizid begangen hatte, und die einzige Tochter des Kaisers, Victoria Luise Herzogin zu Braunschweig und Lüneburg (1892–1980).
[232] Das Zusammentreffen ist nicht genau datierbar; das Kriegstagebuch Ernst Ludwigs verzeichnet während seiner Truppenbesuche im Frühjahr und im Spätherbst 1916 mehrere Gespräche mit Kronprinz Wilhelm. HStAD D 24 Nr. 32/7.

Großherzog Ludwig IV. von Hessen und seine Familie, v.l.n.r. Prinzessin Alix, Prinzessin Elisabeth, Großherzog Ludwig IV., Großherzogin Alice, Erbgroßherzog Ernst Ludwig, Ölgemälde von Heinrich von Angeli, 1878.

IV.
Malerei, Musik, Kunst, Theater

Mein erster Eindruck vom Maler Angeli war im Jahre 1877, als er meine Eltern malte.[233] Er machte mir einen tiefen Eindruck mit seinem gescheitelten dunklen Haar und seinem spitzen, blonden Bart, denn er war ein schöner Mann. Dabei war er mit mir, dem kleinen Jungen, von großer Freundlichkeit und immer erzählte er mir komische Sachen in seinem feinen Wiener Dialekt. Ich erinnere mir, wie er damals eines Abends zu meiner Mutter kam, um sie vor einem großen Empfang in all ihrem Schmuck zu sehen. Es machte mir einen großen Eindruck, wie er ihr einfach Broschen von ihrem Kleid abnahm und dafür andere kommen ließ, damit sie schöner aussähe. Wie begeistert war ich, wenn ich ihm beim Arbeiten zusehen durfte. Viele Jahre später sagte er mir einmal, dass die Haut auf dem Bilde meiner Mutter die beste wäre, die er je gemalt hätte. Später war er wieder da und malte für meine Großmutter eine Gruppe von meinem Vater mit Ella und mir. Ich fühlte mich sehr geschmeichelt. Dann 1893 malte er meinen Kopf. Oft noch habe ich ihn in Windsor und Osborne getroffen, wo er Bilder von Verwandten und der Königin malte. Er war einer meiner ältesten Freunde und ist in all den Jahren immer der gleiche geblieben und nie hat ihn sein wunderbarer Humor verlassen, sogar als er als alter Mann wieder viel mehr malen musste, um die Schulden seiner vielgeliebten Söhne zu bezahlen. Er war sehr reich gewesen, denn in seiner Blüte war er einer der beliebtesten Maler Europas und sicher werden einige seiner Bilder immer ihren Rang wegen der wunderbaren Feinheit ihrer Malerei erhalten. Er hatte eine schöne Bariton-Stimme und sang sehr gerne. Es machte ihm eigentlich mehr Freude, wenn man sein Singen lobte als wenn man sein Malen bewunderte. Er hatte ein so gutes musikalisches Gedächtnis, dass er die Bände von Schubert und Schumann-Lieder alle auswendig kannte. Als er mich 1893 malte, machte ich mir den Spaß, bei den Pausen des Sitzens hinter seinem Rücken ein Lied aufzuschlagen und die Begleitung desselben anzufangen, gleich fiel er ein und sang das Lied von Anfang bis zu Ende ganz fehlerlos. Dabei stand er noch an der Staffelei und konnte das Klavier überhaupt nicht sehen. Er konnte nämlich die ganzen Schubert- und Schumannlieder auswendig.

F.A. Kaulbach habe ich auch gut gekannt. 1892 malte er bei mir das große Bild meiner Schwester Ella. Dazu malte er die vielen Studienköpfe von ihr in Pastell.[234] Sie waren alle ähnlich, aber etwas fehlte doch immer, die Seele. Er sagte mir ja damals selbst, einem solch vollkommen schönen Menschen wie sie es wäre, könne einfach kein Maler gerecht werden. Er malte damals auch die Köpfe von Viktoria, Ludwig, Alice und Alix. Später malte er die Köpfe von Alix' Kindern in Wolfsgarten und dann noch

---

[233] Der österreichische Maler Heinrich von Angeli (1840–1925) schuf mehrere Bildnisse für das großherzogliche Haus. Die hier erwähnten Portraits von Ernst Ludwigs Eltern entstanden 1878, im Todesjahr der Großherzogin Alice, und fielen vermutlich der Zerstörung des Darmstädter Residenzschlosses 1944 zum Opfer. Erhalten geblieben sind jedoch Kopien der Hofmaler Joseph Hartmann und Ludwig Hofmann-Zeitz, die heute im Schlossmuseum Darmstadt und in der Royal Collection verwahrt werden. Zu dem erwähnten Porträt Ernst Ludwigs aus dem Jahr 1893 hat sich unter HStAD D 24 Nr. 66/1 eine Bleistiftskizze erhalten. Nach dem Tagebuch der Hofdame Georgina von Rotsmann war Angeli u.a. am 21. März 1896 erneut in Darmstadt. HStAD Best. D 24 Nr. 61/4.
[234] Einer der 1892 von Friedrich August von Kaulbach gezeichneten „Studienköpfe" Elisawetas wird heute im Schlossmuseum Darmstadt, Inv. DA H 21000, ausgestellt.

Prinzessin Alix von Hessen, die spätere Zarin Alexandra von Russland, Fotografie nach einer Zeichnung von F.A. Kaulbach, 1892.

man ihn wegen seiner vornehmen stillen Art.[235] Dabei hatte er aber viel Humor und seine Karikaturen waren von einer großen Komik.

Ich sah ihn auch sonst noch oft als Gast in seinem schönen Haus in München und besonders bei Max von Heyl, meinem alten Freunde. Ich war ja viel jünger als Letzterer, aber eine wirklich große Freundschaft verband mich mit ihm und seiner Frau.[236] Er war der wirklich vornehme Gentleman, mit einem Herzen eines ganz jungen Menschen. Die große Freude an der Kunst brachte uns zusammen und so oft irgend jemand Interessantes bei ihm war, ließ er es mich wissen und dann lief ich hinüber in sein schönes, mit Kunstschätzen gefülltes Haus und blieb dort in angeregtem Gespräch zum Mittag- oder Abendessen.[237] Das Paar gab auch viele Gesellschaften für die Jugend und hatte dadurch einen großen Einfluss auf die Erziehung derselben. Sie, die sehr musikalisch war, hatte im Winter einmal in jeder Woche einen musikalischen Tee, bei dem die größten Künstler musizierten. Diese Tees waren in Deutschland so bekannt geworden, dass es, wie Künstler mir selbst sagten, als eine Ehre betrachtet wurde, im Heylshof gesungen oder gespielt zu haben. Alle großen Maler, Bildhauer, Architekten, Kunstwissenschaftler und Musiker Deutschlands verkehrten bei ihnen und man kann sich denken, welche große Anregung es für mich war.

das große Repräsentationsbild von ihr, welches sehr gut wurde. Er war ein sehr fein gebildeter Mensch und für seine Berühmtheit unglaublich bescheiden. So frug er mich oft um Rat und in München holte er einst ein Bild heraus, welches er noch nicht fertig gemalt hatte, weil er das Gefühl hatte, es wäre etwas daran, was nicht richtig wäre. Da hatte er es beiseite gestellt bis ich käme, um ihm zu helfen. Dabei war es von einer mir ganz fremden Dame. Überall liebte

---

[235] Zu den Sitzungen, die während der Aufenthalte der Zarenfamilie auf Schloss Wolfsgarten in den Jahren 1899 und 1903 stattfanden, bemerkte Kaulbach: „Es ist eine besondere Art Menschen, diese Hoheiten, unsereins hat davon keinen Begriff, wie in deren Gehirn sich die Welt spiegelt, und besonders haben solche Leute keinen Dunst, was unsereins durchmacht, bis ein halbwegs anständiges Kunstwerk zu Stande kommt". Brief vom 1.11.1903, zit. nach Ausst.Kat. 2014, S. 75.

[236] Maximilian Freiherr von Heyl (1844–1925) gehörte bereits zum engeren Freundeskreis der Brüder Großherzog Ludwigs IV., der ihn 1886 in den persönlichen Freiherrnstand erhob. Mit seiner Ehefrau Dorothea „Doris" geb. Stein (1848–1930) erwarb er sich in Darmstadt durch soziales und mäzenatisches Engagement, insbesondere die Übergabe seiner umfangreichen Sammlung von Werken Arnold Böcklins an das Hessische Landesmuseum 1924, großes Ansehen.

[237] Der 1944 zerstörte „Heylshof" in der Darmstädter Weyprechtstraße wurde 1890 von dem Münchner Architekten Gabriel (von) Seidl (1848–1913) erbaut.

Freiherr Maximilian von Heyl und seine Ehefrau Dorothea, um 1875.

Durch Max Heyl kam ich auch in persönlichen Kontakt mit den Münchner Künstlern. So war es ja mit Kaulbach gewesen und auf dieselbe Art war ich öfters bei Lenbach.[238] Dieser große, aber auch einfache und selbstbewusste Künstler imponierte mir gewaltig, denn die Art wie er sich über alles hinwegsetzte, hatte etwas sehr Großzügiges. Ich bin ihm aber persönlich nie sehr nahe gekommen. Ich war ihm wohl zu jung.

Früher bewunderte ich Stuck sehr, besonderes wegen der schönen, tiefen, leuchtenden Farben und dann kamen jedes Jahr Bilder mit neuen tiefen Gedanken. Eine Zeitlang war er doch der Maler, über den jedermann in Deutschland sprach. Er war ja ein Bauernsohn, dieser schwarze, schöne Mensch. Er sprach nicht viel, aber umso intensiver lebte er. Für mich hatte er eine große Anziehung und ich liebte es mit ihm zu sprechen. Als er mich malte, war ich viel in seinem schönen griechisch-römischen Haus, welches er sich erbaut hatte.[239] Eines Abends, zu der Zeit wo er das Bild von mir malte, lud er mich und den großen Violinisten Burmester,[240] den ich sehr gut kannte, weil er eine Wohnung in Darmstadt hatte und den Komponisten und Dirigenten Schillings[241] ein. Wir vier verbrachten einen sehr vergnügten Abend zusammen. Besonders anregend war es als Schillings etwas auf dem Klavier spielte und Burmester plötzlich mit seiner Violine etwas ganz anderes, aber doch dazu Passendes hineinspielte. Sie regten sich immer mehr mit diesem musikalischen Scherz an, bis die abwechselnden Musikstücke sich nur so jagten, Opern, Klassiker, Operetten, Lieder etc. Alles immer gegeneinander. Bei einem ganz tollen Tempo sprang Stuck plötzlich auf, fasste mich um den Leib und nun tanzte er mit mir einen richtigen wilden Dreher, sodass mir Hören und Sehen verging.

---

[238] Von dem Maler Franz von Lenbach (1836–1904) existiert kein bekanntes Porträt des Großherzogs.
[239] Der Münchner Symbolist Franz von Stuck (1863–1928) schuf im Januar 1907 das wohl am häufigsten reproduzierte Bildnis des Großherzogs im schwarzen Gehrock (Hessische Hausstiftung, Schlossmuseum Darmstadt, Inv. DA B 21005). Nach dessen eigener Aussage entstand es „unglaublich schnell", in nur zweitägiger Arbeit, vgl. den Brief Ernst Ludwigs an Großherzogin Eleonore vom 31.1.1907, HStAD D 24 Nr. 44/2.
[240] Willy Burmester (1869–1933), deutscher Geiger und Komponist. Er lebte von 1907–1912 in Darmstadt.
[241] Max von Schillings (1868–1933), deutscher Komponist.

Franz von Stuck: Skizze zum Hüftporträt Großherzog Ernst Ludwigs von Hessen, 1907.

Obwohl die beiden Heyls ganz in der großen Tradition lebten, konnten sie mein großes Interesse für die junge Kunst begreifen und oft haben sie auch die Künstler der Künstlerkolonie bei sich gesehen. Der Heylshof war zu jener Zeit ein richtiges Zentrum für alle Kulturpflege geworden.

Mit meiner Künstlerkolonie fing ich ganz klein im [Darmstädter] Prinz Georgs-Palais an, bis ich die richtigen Künstler gefunden hatte.242 Der erste war unser Habich,243 den ich schon lange kannte und der mir sehr nahestand. Mit ihm habe ich meine Gedanken über die ganze Idee genau besprochen. Um die Treue Habichs zu zeigen, erzähle ich nur, dass gleich bei der Revolution er mit Mühe nach Darmstadt kam um mir und den Meinen sein Haus in Stuttgart zur Verfügung zu stellen. Dort kenne mich niemand und ich könne dort schalten und walten wie ich nur wolle. Es waren immer nur ungefähr sieben Künstler, denn diese Zahl stellte sich als praktisch heraus, weniger Künstler produzierten nicht genug Ehrgeiz und Friktion, mehr verursachten, dass sie nicht zusammenhielten, obwohl jeder in seiner Art allein bleiben sollte. Sobald größere Aufträge kamen, sollten sie sich immer – wenn möglich – gegenseitig helfen, was auch geschah.

Der größte von Allen blieb Olbrich.244 Auf ihn bin ich durch einen Zufall gekommen. Ich sah seine Zeichnung für die Sezessionsausstellung in Wien und eine Skizze für einen Handleuchter, ganz persönlich und anders als die damalige Richtung. Ich fühlte sofort, da ist etwas Frisches und ganz zu mir Passendes, etwas Sonniges, was ich bei allen anderen nicht spürte. Er kam sofort auf meinen Ruf um mit mir gegenseitig erst Fühlung zu nehmen, aber wir beide fingen sofort Feuer. Meine Gedanken begeisterten ihn und mir war er von vornherein äußerst sympathisch. Dabei fühlte ich, dass dem deutschen Geist etwas mehr Leichtigkeit und Geschmack von Nöten war und dass er gerade der Richtige war, denn gerade diese Feinheit war seine Natur. Kameradschaftlich war er in großem

---

242 Die 1899 gegründete Darmstädter Künstlerkolonie, der bis zu ihrer offiziellen Auflösung 1929 insgesamt 23 Künstler, darunter Peter Behrens (1868-1940) und Hans Christiansen (1866–1945), angehörten, zählt zu den herausragenden Wegbereitern der frühen Moderne in Architektur und Kunsthandwerk. Die Mathildenhöhe wurde am 24.7.2021 zur Welterbestätte der UNESCO erklärt.
243 Werke des Bildhauers Ludwig Habich (1872–1949) haben sich in Darmstadt zahlreich erhalten. U.a. schuf er das für Ernst Ludwigs Mutter, Großherzogin Alice, errichtete Denkmal auf dem Wilhelminenplatz (1902) und das Grabmal für seine Tochter Elisabeth im Park Rosenhöhe (1903/04).
244 Joseph Maria Olbrich (1867–1908), Schöpfer des Wiener Sezessionsgebäudes (1897), gilt als eines der führenden Mitglieder der Darmstädter Künstlerkolonie. Zu seinen dortigen Arbeiten zählen das Ernst-Ludwig-Haus (1900), die Ausstellungshallen (1908) und der Hochzeitsturm (1908).

„*Ich fühlte sofort, da ist etwas Frisches und ganz zu mir Passendes*"
Links: Joseph Maria Olbrich (Entwurf): Schmuckkästchen, um 1901. Rechts: Joseph Maria Olbrich (Entwurf): Plakat für die Ausstellung der Darmstädter Künstlerkolonie, 1901.

Maße, denn bei allen seinen Gebäuden hier und in Ausstellungen wie in Turin, Chicago und Paris sorgte er weitsichtig, dass die anderen Künstler ordentlich zu tun hatten. Wir wurden bald wirkliche Freunde und besprachen aber auch alles zusammen. Jede Idee, die er hatte und jeden Plan, den er aufzeichnete, bearbeiteten wir zusammen und wenn er zu himmelstürmend war, konnte ich ihm immer die Notwendigkeit der Realität entgegenstellen, die er auch gleich begriff. Vielen von meinen Träumen, von denen ich voll war, half er zur Realisierung und viele kleine Wünsche, die ich hatte, vollführte er mit größter Geschwindigkeit. Ich war ja auch so jung und konnte deshalb so gut mit Begeisterung alles Stürmen dieser jungen Geister mitmachen und mit all ihren Arbeiten mitgehen. Es war eine ganz herrliche Zeit, denn sie bestand immer aus Kampf, damit unsere Zukunftsideale durchgesetzt würden. Wir stießen ja oft mit den Alten oder Rückständigen zusammen, auch hatte man gegen kleinliche Intriguen anzukämpfen. Dafür war ja meine Stellung gut, denn ich konnte den Künstlern helfen, wo sie allein nicht durchgedrungen wären. Man muss sich nur vergegenwärtigen, der Älteste war 28 Jahre alt und der Jüngste 18 und ich mitten darunter.[245] Aber schön war es doch.

Ich erwähne noch Schneckendorf, dem ich links im Eingang des Schlosses ein Laborato-

Joseph Emil Schneckendorf: Flache Glasschale, um 1908.

rium einrichtete. Er machte Kunstgläser mit Einschmelzung von Metallen, jedes einzelne Stück war ein Kunstgegenstand. Aber die Arbeit war so teuer, dass ich später den Kontrakt auflöste.

Dann hatte ich Scharvogel, mit dem ich die keramische Manufaktur gründete. Besonders schön waren seine Hartglasuren. Beinahe die ganze Ausschmückung von Bad Nauheim ist von der keramischen Fabrik gemacht worden. Geschäftlich war er nicht zu gebrauchen, sodass er nach ein paar Jahren ging und ich die Manufaktur als solche vermietete.[246]

---

[245] Das älteste Mitglied der Kolonie, der Maler und Kunsthandwerker Hans Christiansen, war zur Zeit ihrer Gründung 33, das jüngste, der Maler und Graphiker Paul Bürck (1878–1947), 21 Jahre alt.
[246] Josef Emil Schneckendorf (1865–1949), war von 1907–1911 Direktor der für ihn eingerichteten Großherzoglichen Edelglasmanufaktur. Die im Winter 1904 gegründete Großherzogliche Keramische Manufaktur wurde von Jacob Julius Scharvogel (1854-1938), geleitet und 1913 an die Großherzogliche Badische Majolika-Manufaktur Karlsruhe verpachtet.

Ernst Riegel: Deckelpokal in Form eines bekrönten Adlers, um 1908.

Riegel war mein bester Goldschmied, der wirklich Stücke von großem Kunstwert hervorbrachte. Er folgte später einem Ruf nach Düsseldorf. Sein Nachfolger war Wende.[248] Durch die Künstlerkolonie war das Kunsthandwerk so gehoben, dass Geschäfte wie Glückert, Trier, Alter etc. weltberühmt wurden und das ganze In- und Ausland belieferten.[249]

Wenn ich jetzt die Gebäude sehe und vieles so ganz anders und verlassen, kommt ein Gefühl der Wehmut über mich und oft der Gedanke: Wieviel war alles dies ein Anstoß? Aber als Trost muss ich daran denken, wie ich ihnen allen immer sagte: Später erst wird man unsere Tat beurteilen können, denn nur durch die Zeit bekommt man klare Augen.[250]

Ich gründete den "Verein der Kunstfreunde in den Ländern am Rhein". Er war dazu da um alle Kunstfreunde zu verbinden und strebsamen Künstlern weiter zu helfen. Jedes Jahr wurde eine Ausstellung abwechselnd immer in einer anderen Stadt gemacht.[251] Da wurden viele Kunstwerke verkauft und auch verlost. Auch hatten wir eine gute Zeitschrift.[252] Der Verein ging von der Schweiz aus bis nach Holland und hat

Ich gründete die Ernst Ludwig-Presse mit Kleukens, die sehr gut ging und überall großes Aufsehen erregte. Der Krieg hat sie dann stillgelegt.[247]

---

[247] Die Leitung der im Oktober 1907 gegründeten Privatpresse hatte Friedrich Wilhelm Kleukens (1878–1956). Sein Bruder Christian Heinrich (1880–1954), löste ihn 1914 ab.
[248] Ernst Riegel (1871–1939), seit 1907 in Darmstadt ansässig, wurde 1912 als Professor an die städtische Werkschule in Köln (nicht Düsseldorf) berufen; Theodor Wende (1883–1968), kam 1913 nach Darmstadt.
[249] Die in der neueren Forschung vielfach geäußerte Meinung, Ernst Ludwig habe die Künstlerkolonie primär gegründet, um die hessische Wirtschaft zu fördern, wird in seinen Aufzeichnungen keineswegs bestätigt. Vielmehr standen offensichtlich ästhetische Gesichtspunkte im Vordergrund, s. S 133, 197–198.
[250] Erst in den 1960er Jahren begann die kunsthistorische Forschung, sich mit dem häufig als „Auswuchs" der Jahrhundertwende kritisierten sog. Jugendstil auseinanderzusetzen. Die vielbeachtete Ausstellung, die das Hessische Landesmuseum Darmstadt, die Kunsthalle Darmstadt und das Institut Mathildenhöhe 1976 anlässlich des 75. Jahrestages der Kolonieausstellung „Ein Dokument Deutscher Kunst" (1901) kuratierte, zählt zu den Meilensteinen einer international einsetzenden Rezeption der Sezessionskunst.
[251] Die erste Wanderausstellung des Verbandes, in dem sich die rheinischen Kunststädte Darmstadt, Düsseldorf, Frankfurt a. M., Karlsruhe, Straßburg i. E. und Stuttgart nebst Umland zusammengeschlossen hatten, wurde am 4. Dezember 1904 auf der Darmstädter Mathildenhöhe eröffnet.
[252] Gemeint ist vermutlich die Zeitschrift „Die Kunst unserer Heimat, Mitteilungen der Vereinigung zur Förderung der Künste in Hessen und im Rhein-Main-Gebiet", die zwischen 1907–1913 in Darmstadt herausgegeben wurde.

„Später erst wird man unsere Tat beurteilen können"
Die Mathildenhöhe, Welterbestätte der UNESCO. Blick von Südosten, nach 1908.

sehr stark gewirkt. Später schloss sich sogar die Schweiz noch an. Leider haben der Krieg und die Revolution ihn zum Aussterben gezwungen. Er ist langsam wegen Geldmangel eingegangen.

Bayreuth war für mich jungen Menschen mein größtes Erlebnis, denn durch den unauslöschlichen Eindruck, den der Parsifal auf mich machte, hat es mein ganzes Leben beeinflusst. Es war im Jahre 1886 als ich zum ersten Mal hinkam, ich war nicht ganz 18 Jahre und mein Regimentskamerad Gordon, der mich begleitete, verstand wenig von diesem allem, obwohl er musikalisch war, sodass ich eigentlich ganz allein war und niemanden hatte, mit dem ich mich hätte aussprechen können. Parsifal war es, der mich so erschütterte. Nach dem ersten Akt bin ich hinausgelaufen und habe mich in ein Kornfeld geworfen und geweint und geweint, sodass als der zweite Akt anging ich schnell hineinschlüpfte, damit die Menschen mich nicht sehen sollten. Seit der Zeit gehe ich, wenn möglich, jedesmal hin. Ich habe es in der Anschauung der Menschen steigen, sinken und wieder steigen sehen und immer ist es für mich die gleiche Freude geblieben. Zwei Sänger blieben mir immer im Sinn. Frau Materna, welche die erste Kundry war. Für mich bleibt sie unerreicht. Es war nicht nur meine Jugend, die für sie schwärmte, sondern alle großen Kenner haben es mir bestätigt, dass sie doch eine der Allergrößten als Kundry war. Reichmann war der erste Amfortas gewesen und der Abgott von Vielen, wie auch von Frau Cosima.[253] Er war grandios, aber für mich war Scheidemantel[254] unerreicht. Sein "Erbarmen Allerbarmer" war wirklich der Ruf der Menschheit nach Erlösung ihrer Sünden.

Was mich mit der Zeit so ganz heimisch in Bayreuth machte war, dass erst unser großer Maschinist Brandt und dann unser Kranich die Bühne dort leiteten, begleitet von unseren

" ... und immer ist es für mich die gleiche Freude geblieben" Bayreuth: Wagners Festspielhaus.

---

[253] Amalie Materna (1844–1918) und Theodor Reichmann (1849–1903). Zu den Festspielen des Jahres 1889 wurde Ernst Ludwig von Gustav Römheld begleitet. Dieser berichtet: „Es wurde Parsifal gegeben, den wir zweimal mit van Dyk in der Titelrolle und Materna als Kundry sahen; ferner Tristan und Meistersinger." Zit. nach Römheld (1933), S. 15-16.
[254] Karl Roderich Scheidemante. (1859–1923).

ganzen Maschinenarbeitern, die sich immer freuten, wenn sie mich sahen und mir stets die neuesten Erfindungen zeigen wollten.[255] Dann waren im Orchester und Männerchor Leute von uns und sehr oft sangen unsere jugendlichen Soprane in den Blumenmädchen mit wie z.B. Egli, Salden, Geiersbach etc. Wir waren eine ganze Darmstädter Kolonie, die dort vereinigt sich traf.

Mit Recht nannte man Frau Cosima die Herrin von Bayreuth. Was war das für eine Frau, in allem belesen und gebildet und von der allerhöchsten Kultur. Wie oft hat sie mit mir über Zustände in Hessen gesprochen, ob politisch, ob kulturell, ob sozial, immer wusste sie einem die höchste Anschauung in der jeweiligen Frage beizubringen, von der Größe der Kunst ganz abgesehen. Und immer fühlte man sich ihr gegenüber ganz klein, aber dabei war sie wieder so menschlich, dass man sich stets bei ihr wohl fühlte. Ich höre noch ihr ganz merkwürdiges Lachen, welches zwischen einem Pferdewiehern und einem Menschenschrei plötzlich losbrach. Wie ich es das erste Mal zwischen Menschen herausplatzen hörte, fuhr ich einfach zusammen, weil ich nicht begreifen konnte, was es war und woher es kam.

Bei ihren gemütlichen Mittagen und Abenden, auch sonstwo lernte ich viele der größten Dirigenten und Sänger kennen. Levi (Parsifal), Richter (Meistersinger), Mottel (Tristan) waren das große Dirigenten-Kleeblatt in der herrlichen Musik.[256] Als Menschen passten sie sogar äußerlich zu ihren Werken. Levi mit dem abgeklärten Gesicht und der tiefen Seele, Richter mit dem roten Bart und dem tiefen deutschen Empfinden, Mottel mit schwarzem Schnurrbart, getrieben von einer großen Leidenschaft. Dazu später der feine und große Muck,[257] der ein Hesse war. Dazu all die großen Sänger. Van Dyk als Parsifal mit Materna, Malten, Sucher etc. als Kundry.[258] Van Roy[259] als Hans Sachs und als ganz unerreicht in ihrer Größe und Leidenschaft Frau Sucher als Isolde. Als grandiose Brunhilde war Frau Gulbrandson[260] viele Jahre hindurch die Einzige. Diese wenigen habe ich aus der Masse herausgenommen, die sich damals um Frau Cosima scharten, denn es war die größte Ehre, wenn einer in Bayreuth singen durfte. Leider ist es nicht mehr ganz so geblieben. Die Bescheidenheit der Großen sinkt immer mehr, sie haben kaum noch das Gefühl, ihre ganze große Kraft zum Gelingen des Werkes einzusetzen, da ihre persönliche Eitelkeit jetzt die Hauptrolle spielt. Nach dem Tode der Frau Cosima glaubten die Meisten, dass Bayreuth erledigt wäre, aber Siegfried Wagner, der ganz aus der großen Kraft seiner Mutter geschaffen wurde, hat es doch verstanden Bayreuth auf seiner

---

[255] Zum Wirken des Darmstädter Hoftheater-Maschineriedirektors Carl Brandt, der maßgeblich an der Gestaltung der ersten Bayreuther Festspiele 1876 beteiligt war, s. Kaiser (1964).
[256] Die Dirigenten Hermann Levi (1839–1900), Hans Richter (1863–1916) und Felix Mottl (1853–1911).
[257] Karl Muck (1859–1940), Dirigent.
[258] Ernest van Dyck (1861–1923), Therese Malten (1855–1930), Rosa Sucher (1849–1927), Opernsänger.
[259] Anton van Rooy (1870–1932), Opernsänger.
[260] Ellen Gulbranson (1863–1947), Opernsängerin.

Die großherzogliche Familie während der Bayreuther Festspielsaison: Großherzog Ernst Ludwig und Großherzogin Eleonore (2. und 3.v.l.), Prinz Ludwig (hintere Reihe, links), Erbgroßherzogin Cécile (im weißen Kleid), Tenor Max Lorenz (4.v.r.), Erbgroßherzog Georg Donatus (hintere Reihe, rechts), nach 1933.

Höhe zu erhalten. Jetzt muss Frau Winifrid Wagner[261] es noch beweisen, ob es ihr gelingen wird, dasselbe zu erringen. Die deutsche Regierung hilft ihr ja, was bis jetzt noch nie geschehen ist. Jetzt bin ich schon über 50 Jahre beinahe immer in Bayreuth gewesen.[262]

Ich hatte während einiger Jahre bis 1914 im Frühling Dirigenten-Festspiele eingerichtet, die daraus bestanden, dass große Dirigenten eingeladen wurden je 3 Opern zu dirigieren.[263] Wir besprachen das Nötige im Herbst vorher und inszenierten darauf die Oper neu und

---

[261] Winifred Wagner (1897–1980), Schwiegertochter Richard Wagners, verheiratet mit dessen Sohn Siegfried (1869–1930)

[262] Auch diese Bemerkung bestätigt die neuesten Erkenntnisse zur Datierung der Aufzeichnungen. Da der Großherzog laut eigener Aussage 1886 erstmals Bayreuth besuchte, entstanden die Erinnerungen in seinem letzten Lebensjahr (1936/37).

[263] Für die Darmstädter Frühlingsfestspiele der Jahre 1913 und 1914 konnte Ernst Ludwig so namhafte Dirigenten wie Arthur Nikisch (1855–1922), Leo Blech (1871–1958), Bruno Walter (1876–1962), Max von Schillings (1868–1933) und Felix von Weingartner (1863–1942) für Darmstadt verpflichten. Letzterer nahm 1914 auf Wunsch des Großherzogs die Stelle des Generalmusikdirektors am Großherzoglichen Hoftheater an.

studierten sie so genau wie möglich ein, damit der jeweilige Dirigent möglichst wenig Proben brauchte. Unter ihnen war Nikisch, mit dem ich seine Wünsche besprach. Tristan schlug ich ihm vor, worüber er sehr befriedigt war. Man muss nicht vergessen, dass er eigentlich und hauptsächlich Konzert-Dirigent war. Wir saßen gemütlich zusammen und im Gespräch kam es heraus, dass er furchtbar gerne Carmen dirigiert hätte, aber sie wäre vielleicht nicht auf der großen Höhe. Ich sagte ihm, selbstverständlich solle er sie haben, es wären ja Dirigenten-Festspiele und ihnen zur Freude bestimmt worden. Er war begeistert, denn er hätte sie noch nie dirigiert. Weiter im Gespräch kam es heraus, dass leider für ihn die Fledermaus ein Traum bleiben müsse. Ich frug ihn, warum sie denn ein Traum bleiben müsse. Ich machte ihm klar, dass wenn er sie dirigiere, sie in den Rahmen passen würde. Er hatte eine rührende Freude und konnte mir nicht genug danken, dass ich ihm seine versteckten Wünsche zur Wahrheit mache. Er war ja als Mensch so herzlich bescheiden, wenn er auch seinen Wert genau kannte. Während einer Probe des Tristan klopfte er plötzlich ab und sagte zu dem Orchester: "Meine Herren, Sie verstehen mich so vollkommen und folgen mir so gut, dass ich es für unrecht erachte, Sie noch länger mit einer Probe zu quälen. Ich danke Ihnen herzlich und wir wollen aufhören, denn in der Aufführung wird ja alles glänzend gehen".

Und so war es auch. Ich konnte die glücklichen Gesichter des Orchesters sehen, denn ich saß in der vordersten Reihe. Bei der Aufführung hat er eine Klangschönheit und Tiefe herausgeholt, die ganz unerhört war. Seine Carmen war tiefgefühlte, blitzende Leidenschaft und dabei von einer sprühenden Größe. Nun erst seine Fledermaus war so hinreißend, dass kaum ein Mensch sitzen bleiben konnte. Zum Schluss war man wie betrunken. Wie eine Schnur von blitzenden Brillanten jagten die Melodien hinter einander her. Mir sagte er noch, dass er das Darmstädter Orchester für das geistreichste in Deutschland hielte, was man ihm sage, begriffe es sofort.

Dasselbe war mit dem berühmten italienischen Dirigenten Vinia[264]. Er dirigierte Troubadour, Aida, die dritte Oper weiß ich nicht mehr. Er wollte viele Proben haben und man hatte Angst vor ihm, weil er berühmt grob war. Ich vergesse nie, wie er erstaunt war, dass er so wenig probieren musste. Er meinte, man hätte jemand nach Italien geschickt um seine besonderen Schliche kennen zu lernen. Ottenheimer[265] hatte ihn einmal vor Jahren gehört und in seiner Feinfühligkeit konnte er bei den Vorproben das Orchester schon auf die Flüssigkeit des Ganzen hinarbeiten. Einige Grobheiten flogen doch herum, aber da sie auf Italienisch waren, fühlte sich das Orchester nicht im Mindesten betroffen.

---

[264] Gemeint ist Arturo Vigna (1863–1927). Er dirigierte im November 1913 einen zu Verdis 100. Geburtstag veranstalteten Zyklus mit „Rigoletto", „Maskenball" und „Troubadour".
[265] Paul Ottenheimer (1873–1951), Kapellmeister.

Weingärtner, Bruno Walter, Klemperer[266] und noch andere haben dirigiert, leider vergesse ich, welche Werke es waren. Unsere Oper war wirklich auf sehr großer Höhe, denn durch die vielen großen Dirigenten war unser Orchester von einer solchen Leichtigkeit und Empfindsamkeit geworden, dass es alles, auch das Schwerste, bewältigen konnte.

Wie ich als junger Mensch in Leipzig studierte, waren die Gewandhauskonzerte auf ihrer Höhe. Viele große Solisten habe ich dort gehört. Aber wir Jungen waren mit Reineke nicht zufrieden, weil er an dem Alten eisern festhielt. Man musste ihm ja seine großen Fähigkeiten als Dirigent anerkennen, aber er war auch als Mensch schon zu alt. Zuletzt wurde er einfach moralisch gezwungen etwas von Wagner zu geben. So dirigierte er endlich das Vorspiel zu den Meistersingern. Es war ein Hereinfall nach unserer Ansicht, denn er dirigierte es in gleichmäßigem Tempo von Anfang bis Ende. Er wollte es beweisen und sagte es auch, dass diese Musik einfach langweilig wäre. Nach dem Konzert bei dem Fest, das die Limburgers regelmäßig gaben, kam er auf mich los und sagte: "Na sehen Sie, ich kann auch Wagner dirigieren". Erbost und jung wie ich war antwortete ich: "Wenn Sie nach Bayreuth gingen, würden Sie erfahren, wieviel daraus zu machen ist". Ich hatte ja dort im Sommer die Meistersinger unter Richter erlebt. Er drehte mir den Rücken und hat mich von da an geschnitten. Wir Jungen waren wegen seiner Stellungnahme einfach entrüstet. So setzte nun ein Kampf gegen ihn ein. Da er aber einen großen Anhang hatte, war der Kampf schwer, aber zuletzt siegten wir. Leider war ich schon von Leipzig fort, um den Sieg mitzuerleben. Sein Nachfolger war, soviel ich mich erinnere, schon damals Nikisch, der größte Dirigent des vor Wohllaut singenden Orchesters.[267] Der Kampf ging in Allem bis aufs Messer. So gab es ein Kammerkonzert, welches der damalige junge Sinding gab. Es wurden viele seiner Kompositionen gespielt, in einigen spielte er selber mit.[268] Die Alten wurden immer entrüsteter und wir Jungen, darunter viele Conservatoristen, wurden immer begeisterter. Dass es nicht zu Tätlichkeiten ausartete, bleibt mir noch ein Wunder. Neben mir saßen einige, die in einem fort laut schimpften, worauf ich mit Anderen ihnen in unseren Antworten nicht nachstand. Zuletzt schrien wir uns einfach an. So ging es im ganzen Saale her. Zum Schluss siegten wir Jungen, vielleicht auch weil wir die lauteren Stimmen und kräftigeren Hände zum Applaudieren hatten. Aber siegesbewusst stolzierten wir nach Hause.

In Leipzig hörte ich auch d'Albert[269] zum ersten Mal, der durch sein klingendes Spiel alles mit sich riss. Er war damals noch ganz jung.

---

[266] Die Dirigenten Bruno Walter und Otto Klemperer (1885–1973).
[267] Carl Reinecke (1824–1910) blieb noch bis 1895 Dirigent der Gewandhaus-Konzerte und wurde dann tatsächlich durch Arthur Nikisch abgelöst.
[268] Die Leipziger Uraufführung des Quintett Op. 5 von Christian Sinding (1856–1941) 1889 löste heftigen Widerspruch seitens vieler Kritiker aus.
[269] Eugen d'Albert (1864–1932), Komponist und Pianist.

Rubinstein[270] hörte ich oft. Warum er immer die Tasten zerhaute, blieb mir ein Rätsel, bis mir ein Klavierbauer einstens sagte, dass wenn man falsch auf die Tasten niederschlüge, auch die besten derselben es nicht aushielten. Es gäbe sicher noch viele andere, die die gleiche Kraft hätten, aber die Tasten blieben dabei immer heil. Trotzdem war sein Spielen riesenhaft. Einstens hörte ich ihn spielen, begleitet von dem großen Petersburger Orchester unter Tschaikowsky.[271] Es war ein Ereignis und das Petersburger Publikum raste vor Begeisterung.

Als Pfitzner noch in Mainz war, haben wir in Darmstadt seinen „Armen Heinrich" aufgeführt. Wir waren das erste oder eines der ersten Theater, die ihn aufführten. Das Publikum machte sich damals nicht viel daraus.[272]

Wenn auch Strauss unser größter lebender Componist ist, bin ich nicht immer mit allem einverstanden. Ich hörte Salome, wie sie ganz neu war, zum ersten Mal in Mainz und da empfand ich das absolute Nichtverstehen der seelischen Motive der Salome. So führte ich das Schauspiel auf. Es wurde sehr gut gegeben. Ich hatte Lilli Marberg als Salome aufgefordert, welche diese Rolle grandios gab, nachdem ich sie mit ihr besprochen hatte und ihr klargelegt hatte, worauf es ankam.[273] Die Dekorationen waren schön und die Stimmung des ganzen Werkes bis aufs Kleinste abgestimmt. Sogar ließ ich zu Anfang Narabot und die Anderen auf von mir gewählte Töne die Worte skandieren. Es wirkte ausgezeichnet. Der Erfolg war groß und besonders freute es mich, dass es einzelnen Damen bei der Aufführung vor Aufregung schlecht wurde. Strauss war außer sich, da die Oper überall Furore machte. Er ließ mich immer von Neuem bitten, ich solle doch seine Salome aufführen. Einer meiner Gründe, die ich ihn wissen ließ war, dass für solch eine Oper der Preis zu unverschämt hoch war. Da bot er sie mir um die Hälfte an. Das ärgerte mich und so hat es lange gedauert, bis sie in Darmstadt aufgeführt wurde.[274]

Reger, der so ein guter treuer Mensch war, habe ich sehr gut gekannt. Was hat er kämpfen müssen, bis er anerkannt wurde und noch jetzt wird er wenig gespielt und dabei fühlt man genau, dass er von Bach, Beethoven, Brahms entstanden ist, aber es ist eine zu überfüllte Musik. Eine besondere Freude bereitete ich ihm, als ich in jedem Mai die Kammermusikfeste gab.[275] Da kam er immer dazu, weil von ihm stets, wenn möglich, seine neuesten Werke in dieser Richtung aufgeführt wurden, so sein Klarinettenkonzert, welches er mir widmete. Es war eine Sonate, die er für unseren Klarinettisten Winkler (Kammermusiker) geschrieben hatte, von dem er sagte, er wäre in seinem Fach bei

---
[270] Anton Rubinstein (1829–1894), Pianist.
[271] Piotr Iljitsch Tschaikowsky (1840–1893), russischer Komponist.
[272] Hans Pfitzners (1869–1949) erste Oper „Der arme Heinrich" wurde 1895 in Mainz aufgeführt. In Darmstadt wurde das Werk nach nur einer einzigen Vorstellung (1. April 1897) wieder abgesetzt, vgl. Kaiser (1955), S. 139.
[273] Die Darmstädter Premiere von Oscar Wildes „Salome" mit Lili Marberg (1876–1962) als Gast am 24. April 1907 war nach Kaiser (1955), S. 160 eine der größten Sensationen des zeitgenössischen Theaters. Die „reiche Kultur" und in hohem Maße avantgardistische, auf „viele führende Künstler" anziehende Wirkung der hessischen Residenzstadt schreibt die Schriftstellerin Vicky Baum allein dem „hinter allem stehenden Großherzog" zu. Baum (1962), S. 273.
[274] Die Darmstädter Erstaufführung der von Richard Strauss (1864–1949) komponierten Oper „Salome" fand am 21. April 1918 statt.
[275] Bei den drei von Ernst Ludwig initiierten Darmstädter Kammermusikfesten (1908–1910) kam u.a. das von Max Reger (1873–1916) komponierte Trio für Klavier, Violine und Violoncello in E-Dur zur Uraufführung.

Weitem der Beste in ganz Deutschland. Unvergesslich bleibt die Passagiala, die er mit Frau Quast-Hodapp auf zwei Klavieren spielte, diese Wucht und dieses Piano.[276] Überhaupt sein Piano war unerreicht, ich habe Gleiches nie wiedergehört. Frau Quast sagte immer, er hätte so dicke und weiche Finger, dass er, ohne dass je die Fingerknochen etwas davon verspürten, darauflos spielen könne. Frau Quast ist die beste Interpretin seiner Klavierwerke und oft hat er sein neustes Werk noch ungedruckt ihr geschickt, damit sie es beurteilen und ihm Vorschläge zur Änderung machen konnte. Er hat mir oft gesagt, dass er Frau Quast als eine der allerersten Künstlerinnen betrachte, auf jeden Fall als die beste Klavierspielerin.[277] Wie recht hatte er doch, denn die beste Klavierspielerin der Welt ist sie ja und die deutscheste. Als Künstlerin steht sie hoch über den Meisten, weil sie ihre Kunst von dem höchsten Standpunkt aus betrachtet, nicht für sich, sondern um den Komponisten den Zuhörern in seiner wahren Größe vorzuführen. Zu der Zeit waren die meisten Musikkritiker Juden und selten bekam sie in Deutschland wirklich gute Kritiken, während das Ausland raste. Einst in Berlin kam einer der größten jüdischen Kritiker auf sie los und sagte nur: "Es war ja ganz schön". Sie antwortete: "Es freut mich, dass Sie nicht gelobt haben". Er erstaunt: "Warum denn?" Da sagte sie: "Es hätte mir wirklich leid getan, wenn ein Jude mein deutsches Spielen richtig gelobt hätte, denn das wäre unehrlich gewesen". Fluchend zog er ab.

Für ihn [Max Reger] machte ich das Regerfest am 28. Mari 1911. Es war sein 100. Psalm. Die Chöre hatte ich durch verschiedene von unseren und welche aus Frankfurt verstärkt. Nach der ersten Aufführung war eine Stunde Pause, in der die Menschen nach Hause gehen konnten und essen oder ihre Billette an andere abgeben konnten, und die Sänger und das Orchester sich im Herrngarten ausruhen konnte. Dann wurde der Psalm zum zweiten Mal aufgeführt. Reger, der selbst dirigierte, war ganz begeistert und das Publikum raste.[278] Wenn man mit Reger zusammensaß, konnte er nicht an sich halten und musste einem Geschichten erzählen. Er war einfach vollgespickt mit ihnen und wenn sie unmöglich waren, musste man sofort mit ihm in die nächste Ecke, denn lange hielt er es nicht aus, bis er sie losgeworden war. Dabei war er doch ein ernster und großdenkender Mensch, der von seiner Kunst ganz durchdrungen war und der unablässig immer arbeiten musste.

In Darmstadt lebte Frau Lilli Wolfskehl, die eine berühmte Klavierspielerin gewesen war. Sie tat sehr viel für die Kunst und durch sie habe ich

---

[276] Im sog. roten Band der Erinnerungen in „Passacaglia" korrigiert. Beim 2. Musikfest (Juni 1909) wurde Regers dem Großherzog gewidmete Sonate für Klarinette und Klavier in B-Dur (op. 107) uraufgeführt; auch die Passacaglia und Fuge für zwei Klaviere (op. 96) stand auf dem Programm. Neben Reger spielte dessen Schülerin, die „Großherzoglich Hessische Kammervirtuosin" Frieda Kwast-Hodapp (1880-1949). Vgl. Darmstädter Zeitung 133. Jg. Nr. 131-133, S. 958, 964 und 975

[277] Die nachfolgende Passage (bis einschließlich „Fluchend zog er ab.") wurde in der ersten, stark überarbeiteten Edition der Aufzeichnungen kommentarlos gestrichen, s. Franz (1983), S. 124. In seiner Korrespondenz mit dem Historiker Golo Mann bezeichnete der Herausgeber, Eckhart G. Franz, die Passage als „unnötige, antisemitische Anekdote". Mann stimmte einer Streichung mit dem Bemerken zu, Ernst Ludwig sei „nicht im Ernst ein Antisemit" gewesen, es handle sich vielmehr um „so eine Laune, eben schon im Dritten Reich niedergeschrieben und der Schreibende war alt und nachgiebig geworden." Archiv der Hessischen Historischen Kommission Darmstadt, HFtAD N22 Nr. 1, Brief E.G. Franz an G. Mann vom 3.11.1892 und Antwortschreiben vom 19.11.1982.

[278] Bei dem Reger-Fest von 1911 handelte es sich nicht, wie Wauer (1938), S. 71 f., fälschlich schreibt, um das dritte und letzte Musikfest; dieses Kammermusikfest, an dem Reger ebenfalls beteiligt war, hatte bereits am 3.-5. Mai 1910 stattgefunden.

„Als Großherzog versuchte ich nun das Theater aus dem inneren Wert heraus zu erneuern" Das Großherzogliche Hoftheater in Darmstadt.

viele große Künstler kennen gelernt. Zu ihrem 80. Geburtstag gab sie noch ein Konzert, in dem sie mit Frau Quast auf zwei Klavieren spielte und zwar noch wirklich schön.[279]

In unserer Familie lebte von jeher das große Interesse für das Theater. Schon Ludwig VIII. fuhr noch als alter Mann immer von Kranichstein nach Darmstadt ins Theater und starb dort in seiner Loge mit 77 Jahren.[280] Er war auch musikalisch, z.B. ist der hessische Präsentiermarsch von ihm. Ludwig IX. komponierte unzählige Märsche. Natürlich waren viele darunter, die nur einige Takte lang waren und zum Präsentieren, oder aus Pfeifen und Trommeln bestehend, zum Marsche dienten.[281] Ludwig I.

---

[279] Die am 31. März 1841 geborene Lili Wolfskehl geb. Schulz starb bereits vor Vollendung des 80. Lebensjahres, am 19. Juni 1920.
[280] Landgraf Ludwig VIII. von Hessen-Darmstadt (*1691) starb am 17. Oktober 1768 während eines Theaterbesuches an den Folgen eines Schlaganfalls.
[281] Landgraf Ludwig IX. von Hessen-Darmstadt (1719–1790) hatte nach seinen minutiös geführten Tagebüchern, HStAD D 4 Nr. 509-520, die vor allem die tägliche Kompositionsleistung notieren, bis Ende 1789 insgesamt 92176 Märsche komponiert – mitunter bis zu 300 an einem Tag.

spielte so gut Violine, dass er im Orchester mitspielen konnte. Auch dirigierte er oft das Orchester.[282] Zur Zeit Ludwig III. war die Oper besonderes wegen ihrer Ausstattung so bekannt, dass viele Menschen von auswärts kamen, um sie zu sehen. Mein Vater, der das Theater sehr liebte, ging beinahe täglich hin und wir Kinder begleiteten ihn oft. Später waren wir seine ständigen Begleiter. Meine erste Oper war die Zauberflöte. Als 6-jähriger Bub durfte ich meine Eltern begleiten. Sie wurde zum Geburtstag meiner Mutter, 25. April 1873, im Interimstheater (das alte Haus) gegeben.[283] Das große Haus war ja abgebrannt. Ich erinnere mir sehr viel von der Aufführung. Aber was ich nie vergessen konnte war, dass ich früher nach Hause zu Bett musste, wo Papagena als alte Frau vor Papageno erscheint.

Unser Theater war vorzüglich. Das Schauspiel unter Wünzer[284] (früher Meininger Schauspieler), der zugleich Theaterdirektor war und die Oper unter Willem de Haan.[285] Zuletzt aber fehlte doch der innere Schwung, obwohl alles vorzüglich war. Nur die Einsicht der guten Tradition, die überall geblieben war, erhielt die Höhe, sodass ich, auf sie mich verlassend, es verhältnismäßig leicht hatte, weiter und von Neuem aufzubauen. Als Großherzog versuchte ich nun das Theater aus dem inneren Wert heraus zu erneuern. Es ist immer sehr schwer ein solches Theater wie das unsrige, welches sehr wenig Geldunterstützung hatte, auf ein wirklich hohes Niveau zu bringen. Die Ausstattung verschlingt zu viel Geld und große Künstler kann man sich aus demselben Grunde nicht leisten. Entweder sind es sehr gute, aber junge Kräfte, die dann sofort von größeren Bühnen aufgeschnappt werden oder es sind Künstler, die nicht mehr ganz auf der Höhe sind, welche man dann nur kurz behalten kann. Dadurch bleibt immer eine stete Unruhe auf solchen Bühnen. Deshalb muss die ausfüllende Mittelklasse möglichst gut sein, sodass sie länger bleiben kann.[286]

Unsere besten Kräfte waren der lyrische Tenor Hofmüller, welcher der erste David (Meistersinger) in Bayreuth war und in Deutschland sehr beliebt war. Frl. Roth, unsere dramatische Sängerin, war sehr dünn und hässlich und hatte einen enormen Mund, wie ein Portemonnaie. Das rettete sie für uns. Sie war aber eine große Künstlerin mit einer sehr schönen Stimme. Je grösser die Aufgabe war, umso mehr wuchs sie. Unser Tenor Wolff war so gut, dass er viel gastieren musste. Er kam zuletzt an die Oper zu München, wo er viele Jahre verblieb. Die Dramatische, Frau Kaschowska, war auch nicht ganz jung, wurde aber erst auf unserer Bühne berühmt und sang in der ganzen Welt, auch Amerika. Sie ist jetzt Gesangslehrerin in Paris.

---

[282] Zum musikalisch aktiven Landgrafen Ludwig X., nachmaligen Großherzog von Hessen und bei Rhein, Lud(e)wig I. (1753-1830), s. insbesondere Kramer (2020).
[283] Der Großherzog irrt: Mozarts Singspiel „Die Zauberflöte" wurde in der Spielzeit 1872/73 nicht gegeben, nachweisbar ist jedoch eine Aufführung anlässlich des Geburtstages Ludwigs IV. am 12. September 1878. Die Erwähnung des „Interimstheaters" bezieht sich auf die Brandkatastrophe des Jahres 1871, die den 1810 von Georg Moller errichteten klassizistischen Theaterbau vernichtete. Erst 1879 wurde das renovierte Haus wiedereröffnet.
[284] Theodor Wünzer (1831–1897), Schauspieler und Intendant.
[285] Der niederländische Komponist und Dirigent Willem de Haan (1849–1930) war von 1881 bis 1914 Hofkapellmeister in Darmstadt. Er erteilte Ernst Ludwig und seinen Schwestern Klavierstunden sowie (nur dem Erbgroßherzog) Unterricht in Kompositionslehre.
[286] Zur Reform des Theaters unter Ernst Ludwig insbesondere Kaiser (1964).

Dann war da unser großer Tenor Mann,[287] der erst von uns in die ganz großen Rollen hineingearbeitet wurde. Er kam nach Berlin. Karuso[288] starb und er sollte gerade als sein Stellvertreter an die Metropolitan Opera. Doch vor seiner Abreise starb er plötzlich auf der Bühne, mitten in einer Aida-Aufführung. Auch Leo Schützendorf[289] war unser Bariton, der später nach Berlin kam und weltberühmt wurde. Jetzt hatten wir Liselotte Ammermann; sie ist jung, groß, schön, sehr musikalisch und dramatisch und hat eine schöne Stimme. Leider ist sie schon wieder fort, nach Hamburg engagiert[290] Wenn ihre Stimme aushält, wird sie eine der ganz Großen werden.

Wir haben vorzügliche Schauspieler und Schauspielerinnen gehabt, aber niemanden von solchem Ausmaß, dass er berühmt wurde, außer Jannings, der bei uns anfing. Unser technisches Personal war das Beste in Deutschland und das einzige bis zum Kriege in Bayreuth. Das kam daher, dass unser Maschinendirektor Brand als der beste in seinem Fach großen Weltruf hatte. Er hat auch Bayreuth mit Richard Wagner eingerichtet. Sein Nachfolger, unser Kranich, wandelte genau in seinen Spuren und war auch sehr viele Jahre in Bayreuth.[291] Überallhin wurde er berufen. So leitete er die Oper von Monte Carlo viele Jahre.

Unser Orchester stand viele Jahre unter Willem de Haan. Wenn er auch keiner von den ganz Großen war, so begegnete man ihm überall mit größter Hochachtung, denn er war ein sehr feinsinniger Dirigent von sehr hoher musikalischer Empfindung. Da er ein sehr edel denkender und sehr gebildeter Mensch war, stand das Orchester auf gleich hoher Stufe. Nie gab es eine weniger gute Aufführung, das hätte er in seiner Pflichttreue nicht durchgelassen.

Unser Schauspiel war gut, oft weit über den Durchschnitt. So konnte ich den Faust I. & II. Teil als stehendes Repertoirestück halten. Jede Saison wurde er ein oder zweimal gegeben, sodass man auch an der Ausstattung immer feilen konnte und sie immer mehr verbessern konnte. Wir gaben ihn ohne eine Bearbeitung, soviel als es möglich war, war er ganz wie er sein sollte. Er war auf 4 Abende verteilt. Erster Teil, I. Abend bis zur Hexenküche. II. Abend die Gretchentragödie. Zweiter Teil, III. Abend bis zur klassischen Walpurgisnacht. IV. Abend bis zum Ende. Für diese Aufführungen gab es besondere Abonnements.[292]

Ich richtete mein Augenmerk auch auf Shakespeares Königsdramen, damit sie mehr aus dem Pathos der alten Zeit in das große menschliche

---

[287] Josef Mann (1883–1921), von 1916–1919 in Darmstadt engagiert.
[288] Enrico Caruso (1873–1921), Opernsänger.
[289] Leo Schützendorf (1886–1931), von 1912–1915 in Darmstadt tätig.
[290] Der Verweis auf das Hamburger Engagement der Altistin Liselott Ammermann (1906-?) präzisiert den Zeitraum der Entstehung von Ernst Ludwigs Aufzeichnungen: Ammermann hatte sich am 21. Juni 1936 mit der Titelpartie in Beethovens „Fidelio" von der Darmstädter Bühne verabschiedet und am Folgetag die Stadt verlassen; vgl. den entsprechenden Artikel in der Darmstädter Wochenschau, JG 1936, Nr. 26 (4. Juniheft). Ich danke Frau Prof. Dr. Ursula Kramer für den wichtigen Hinweis!
[291] Vgl. Fußnote 255. Gustav Römheld, der Ernst Ludwig zu den Bayreuther Festspielen des Jahres 1889 begleitete, schreibt in seinen ungedruckten Memoiren: „An einem Vormittag besichtigten wir unter Führung des leitenden Maschinenmeisters Kranich vom Darmstädter Hoftheater eingehend das Festspielhaus und seine hochinteressanten maschinellen Einrichtungen." Zit. nach Römheld (1933), S. 16.
[292] Zu dieser erstmals am 7.-10. April 1896 aufgeführten Inszenierung s. Kaiser (1955), S. 156 f. Die zunächst drei-, später vierteilige Inszenierung wurde bis in die Spielzeit 1911/12 wiederholt.

Gefühl eingingen. Auch den Sommernachtstraum teilte ich ganz anders ein. Alle Waldszenen mit den dazugehörigen lustigen Handwerkerszenen zog ich in eins zusammen, sodass man gar nicht aus der Stimmung durch den ewigen Szenenwechsel gebracht wurde und die Aufführung dadurch kürzer erschien.

Salome von Wild stattete ich besonders stimmungsvoll aus. Für die ersten Szenen hatte ich mir einen Quintakkord ausgewählt und ließ die einzelnen Schauspieler auf je einen Ton sprechen. Natürlich so, dass das Publikum es nicht merken konnte. Dadurch bekam ich gleich zu Anfang eine ganz eigentümlich hypnotische Wirkung, durch welche der Zuschauer schon aufgepeitscht wurde noch ehe Salome auftrat. Das ganze Stück war in seiner Art so gelungen, dass es während der Aufführung zwei Damen schlecht wurde.[293]

Nach dem fürchterlichen Brand des Ringtheaters in Wien 1883 ist die Oper Hofmanns Erzählungen von Offenbach überhaupt nie mehr irgendwo aufgeführt worden, denn es hatte sich dazu ein Aberglaube gebildet, dass die Hauptdarstellerin immer, wenn sie die Rolle gesungen hätten, sterben müsse. Ich liebte die Musik dieser Oper ganz besonders und wollte sie gerne um 1893 aufführen. Unsere arme Sängerin war ganz verzweifelt und wollte wissen, warum ich sie eigentlich umbringen wollte. Ich hatte die größte Mühe, sie zu überreden und versprach ihr auch, wenn sie wirklich sterben würde, ihr ein großes, pomphaftes Leichenbegräbnis zu bereiten. Zuletzt gab sie nach. So war unser Theater das erste, welches diese Oper wieder von Neuem aufführte und von nun an kam sie dann schnell an alle anderen Bühnen.[294]

Für die Aida zeichnete ich die Dekorationen und die Kostüme. Die Aufführung war wirklich sehr gelungen, denn unsere Sänger passten gut in ihre Rollen. Die ganze Tetralogie wurde neu wieder aufgeführt und neu inszeniert,[295] dabei kam es mir auch besonders auf die richtige Beleuchtung an, die immer langweilig gewesen war und sich doch mehr nach der Musik und dem Wort richten muss. Ich probte viel und hart. Eine Probe vergesse ich nicht, die von 3 Uhr nachmittags bis 8 Uhr abends dauerte und dann ging es weiter von nachts 10 bis 5 Uhr früh und von 8 Uhr morgens bis 12 Uhr nachmittags. Es waren hauptsächlich Dekorationsfragen und die immer von Neuem falsche Beleuchtung und Wolken. Ich ließ beständig immer einige der Arbeiter sich ablösen und schlafen, die anderen bekamen Kaffee und Brötchen. So ging es pausenlos weiter. Da ich selbst nicht einen Augenblick von der Bühne war, konnte keiner klagen. Die Leute waren einfach rührend in ihrer großen Arbeitswilligkeit.

---

[293] Dieser Absatz wurde in der Edition des Jahres 1983 gestrichen.
[294] Die Premiere der Darmstädter Neuinszenierung von „Hoffmanns Erzählungen" fand am 3. Januar 1897 statt; die Rolle der Olympia sang Martha Frank.
[295] Die „Aida"-Inszenierung des Jahres 1914, die von Kurt Kempin (1874–1972) nach Ideen des Großherzogs gestaltet wurde, gehört ebenso wie die Aufführung von Wagners „Ring" 1913 in den Zusammenhang der bereits erwähnten Frühlings-Festspiele.

Bühnenbildentwurf Großherzog Ernst Ludwigs für die Darmstädter Inszenierung der Oper „Aida" von Giuseppe Verdi im Jahr 1914, 1. Akt, 1. Bild.

In Tristan versuchte ich im zweiten Akt eine Änderung nach der Stimmung und den Worten.[296] Oben war die Plattform des Turmes und der Mauer. Da war die erste wilde Begegnung. Nun stieg man auf die Mitte herab, bei der gegenseitigen Erklärung, von da an noch tiefer, wo die Bank an einer Mauer in einer Nische mit Efeu bewachsen stand, dort war das große Sichversenken. So war für das Auge die äußere Begebenheit dem großen inneren Gefühl angepasst. Natürlich waren die drei Abteilungen durch Stufen und schräge Flächen verbunden. Marke trat auf dem zweiten Podest auf und zuletzt sprang Tristan von unten nach der Höhe zu uns bei den Worten "Wehr dich Melot" stach dieser von oben herab. Ich persönlich fand diese Änderung sehr dem Verständnis des Werkes mithelfend.

---
[296] Die von Nikisch dirigierte „Tristan"-Aufführung eröffnete am 30. März 1913 die ersten Darmstädter Frühlings-Festspiele.

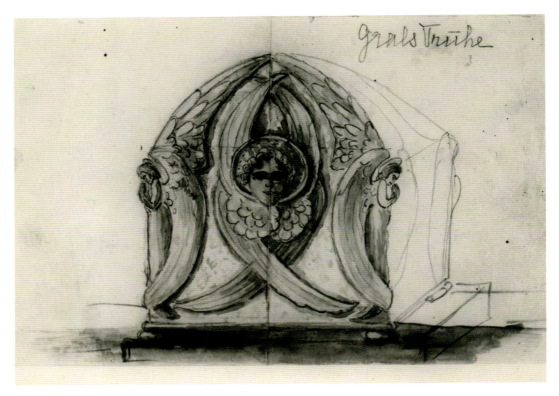

„Gralstruhe", Entwurf Großherzog Ernst Ludwigs für die Darmstädter Erstaufführung der Oper „Parsifal" von Richard Wagner am 19. September 1915.

Wir waren das letzte Theater, welches Parsifal gab. Erst Ostern 1915, während des großen Krieges, fühlte ich die Zeit dafür gekommen. Ich kannte Parsifal seit 1886 und war immer dafür gewesen, dass er in Bayreuth bleiben solle. Jetzt gab ich nach. Ich zeichnete genau die Dekorationen und jedes Kostüm. Wie alles soweit war, kam ich von der Front nach Hause und probte viel. Da ich alles so genau kannte, konnte ich den Sängern sehr behilflich sein. Ich ließ auch die Aufführung genauso wie in Bayreuth anfangen. Auch die Posaunenzeichen der Zwischenpausen waren die gleichen. Das Publikum konnte sich im Theater oder in den anliegenden Restaurants erfrischen und im Herrngarten sich ergehen. Es hat mir Freude gemacht, dass ich verschiedentlich daraufhin angeredet wurde, dass von allen Theatern in Deutschland die Stimmung in Darmstadt die am nächsten ähnliche mit Bayreuth gewesen wäre. Die Aufführungen wurden nur zur Osterzeit gegeben.[297]

Unser größter Dirigent, der erst 1916 kam, war Balling.[298] Ich kannte ihn schon lange sehr gut, weil er ein alter Schützling der Frau Cosima war und sie ihn wie einen Sohn liebte. Er war ein Bayer von einem großen, tiefen Charakter und dabei ein ganz großer Musiker. Sein Humor war groß, aber auch seine Grobheit. Unter ihm stieg das Orchester zu einer großen Höhe. Sehr lange lebte er leider nicht mehr, denn eine böse Krankheit befiehl ihn. Ich erinnere mich noch sehr gut seines letzten Parsifal in Bayreuth, wo er eigentlich schon sterbend war. Er hat nur noch ganz kurz gelebt.

Was ich im Theater erstrebte war, dass die Ausstattung so gut wie möglich wurde, sie durfte aber nie den Inhalt drücken, was leider jetzt so oft an anderen Theatern der Fall ist. Es darf nie der Rahmen kostbarer sein als das Bild. Auch einen Fehler der jetzigen Zeit finde ich, dass man nur nach dem Dirigenten geht und das Werk kaum noch berücksichtigt. Selbstverständlich je besser der Dirigent, je höher die Aufführung. Das können sich aber nur ganz große Bühnen leisten. Es gibt aber

„Erst Ostern 1915, während des großen Krieges, fühlte ich die Zeit dafür gekommen" Entwürfe Großherzog Ernst Ludwigs für „I Act, 1. Bild" und „III Act, 1. Bild" der Darmstädter Erstaufführung der Oper „Parsifal" von Richard Wagner am 19. September 1915.

einige Bühnen, die im Ganzen gute Dirigenten haben und das Werk mit aller Liebe herausbringen. Das ist richtig, wir sollen doch die Werke kennen und lieben lernen. Deshalb darf man auch nicht den falschen Maßstab anlegen, indem man diese Dirigenten mit den ganz Großen vergleicht. Man wird dabei zu oft ungerecht und verliert noch dazu sehr leicht die Freude am Werk.

---

[297] Richard Wagners Oper „Parsifal" wurde erst mit dem Ablauf der Schutzfrist zum 1. Januar 1914 für Aufführungen außerhalb Bayreuths freigegeben. Zu der am 19. September 1915 erstaufgeführten Darmstädter Inszenierung hat sich in der Hessischen Landes- und Hochschulbibliothek eine Reihe von eigenhändigen Bühnenbildentwürfen des Großherzogs erhalten.
[298] Der Dirigent Michael Balling (1866–1925) wurde laut Angaben des Darmstädter Stadtlexikon erst im Jahr 1919 und somit nach Ernst Ludwigs Absetzung zum Generalmusikdirektor des nunmehrigen Darmstädter Landestheaters berufen.

Zur berühmten Dunkanschule kam ich in Kontakt, weil ich mich für ihre Gedanken interessierte, Kinder in einer Schuler zu erziehen, die moralisch und rhythmisch hoch stand. Isidora Dunkan gründete sie, aber sie war zu unpraktisch, so übernahm sie ihre Schwester Elisabeth und führte sie in ihrem Sinne weiter. Ich gab der Schule ein Gelände auf der Marienhöhe und meine größte Freude war dorthin zu gehen und die Entwicklung der Kleinen zu beobachten, denn Alles, wenn auch einfach, war von Rhythmus und Schönheit durchtränkt.[299] Die Schule hat dort länger bestanden. 1914 war sie aufgefordert worden in Salzburg bei der Aufführung von Glucks Orpheus mitzuwirken. Alles war einstudiert, auch das Zusammenspiel mit den Solisten. Noch ehe sie abreisten brach der Krieg aus. Da wollte es das Schicksal, dass sie gerade vorher nach Amerika eingeladen war und mit vieler Mühe und Eile konnte man sie noch abschicken. Sie blieb dort lange. Später war sie in Klesheim bei Salzburg, denn Elisabeth fühlte doch, dass Europa mehr Verständnis für diese Fragen hatte. Jetzt ist die Schule in der Nähe von München. Aus ihr sind viele Lehrerinnen entstanden, die überall wirken, viele auch in Amerika.

Die Schönheit war immer in meinem Sinn, so habe ich auch viel für Gärten gearbeitet. Den Verein für den Fensterschmuck von Darmstadt gründete ich und als Preise waren es meistens Pflanzen von mir. Die Rosenhöhe verschönte ich, sodass der Garten eine Sehenswürdigkeit wurde.[300] Tausende von Rosen deckten die Pergolas und den Dom. Hochstämme und Pyramiden waren überall und dazwischen ganze Felder von Rosen. Leider ist alles vergangen durch den Krieg und später der Notwendigkeit folgend. Nur noch ist mir Wolfsgarten geblieben, das versuche ich zu erhalten und zu verschönern, soweit es die Mittel erlauben.

Viele Festlichkeiten habe ich mit der Zeit gemacht, nur einige von ihnen will ich erwähnen. Zur Zeit meines Vaters gab er mir freie Hand, dieselben im Neuen Palais so schön wie möglich zu machen. Es waren meistens Bälle, da richtete ich gemütliche Ecken mit orientalischen Tüchern, Kissen und Blumen zurecht. Einen großen Costümball gab er im Theater. Wir hatten ja die beiden großen Foyers und noch das ganz große mittlere. Der Zuschauerraum war geschlossen, aber einige Logen richtete ich als schöne Lauben ein, sodass sie nur nach den Gängen auf waren. Es gab viele schöne Costüme.[301]

Einstens gab ich ein Empirefest. Alle Menschen waren in Empire, die Diener auch. Das ganze Weißzeug und die Tafelaufsätze. Den Kaisersaal

---

[299] Die 1904 in Berlin-Grunewald gegründete Tanzschule Isidora Ducans (1877–1927) war nach dem reformierten, Licht und Bewegung in frischer Luft propagierenden Körperideal der Jahrhundertwende ausgerichtet. Ihr erstes Gastspiel in Darmstadt gab die Schule am 27. Mai 1907 im Städtischen Saalbau; ein Neubau an der Darmstädter Marienhöhe wurde am 17. Dezember 1911 eingeweiht, vgl. Peter (2000). Ernst Ludwigs Söhne besuchten das von Duncans Schwester Elizabeth (1871–1948) geführte Darmstädter Institut. Prinz Ludwig erinnert sich: „In Darmstadt gingen wir – nicht sehr zu unserer Freude – in die Elisabeth-Duncan-Schule, das war eine sogenannte Tanz- und Bewegungsschule […] wo ich als kleiner dicker Junge in einem hellblauen Kittel mit Schnürsandalen an den Füßen herumspazierte und eine Blume darstellen sollte, wie sie aufwuchs und erblühte und dann verwelkte. Ich kam mir entsetzlich lächerlich vor und der Anblick dürfte wohl auch reichlich lächerlich gewesen sein." Zit. nach Landgraf (o.D.), S. 5.

[300] Zu der im frühen 19. Jahrhundert im Osten Darmstadts angelegten und von ihm wesentlich erweiterten Parkanlage verfasste der Großherzog eine bebilderte Schrift, die 1927 als 10. Jahresgabe der Ernst-Ludwig-Presse unter dem Titel „Rosenhöhe" herausgegeben wurde.

[301] Bei dem am 3. Februar 1891 veranstalteten Ball handelte es sich laut Gustav Römheld um „ein prachtvolles Kostümfest in den Foyers des Hoftheaters. Der Erbgroßherzog und Prinzessin Alix […] trugen herrliche venezianische Renaissance-Kostüme, ich das flotte Zigeuner-Kostüm, dass ich mir für den Tillmann'schen Ball in Leipzig hatte machen lassen." Zit. nach Römheld (1933), S.21. Zu den höfischen Festen s. Haberkorn (2018).

Hofball in Renaissance-kostümen: Ernst Ludwig mit seiner Schwester Alix und seinem Vater, Großherzog Ludwig IV., Darmstadt 1891.

hatte ich mit Lorbeeren in Gänge und Lauben eingeteilt, dazwischen alle die griechischen und römischen Abgüsse aus dem Museum.[302]

Unser großes Renaissancefest war sehr gelungen. Alle Gäste sahen sehr schön aus und besonders die Damen, weil ich für sehr viele von ihnen die Hauben gezeichnet hatte, die ihnen am besten standen. Zuerst war eine große Polonaise, sodass alle sich im Prunk ihrer Kleider sehen konnten. Dann tanzte die Jugend eine große Quadrille. Für die jungen Herren hatte ich die Kostüme alle vom Theaterschneider machen lassen, die dann später dorthin kamen. So kosteten sie sie nichts. Nach der Quadrille, die im Weißen Saal getanzt wurde, zog alles hinauf zum Kaisersaal, den ich als Theater zurechtgemacht hatte. Dort gaben meine Schauspieler den "Tod des Tizian" von Hofmannsthal. Da das Stück auch in denselben Kostümen spielt, war alles einheitlich. Von da zog man in die verschiedenen Zimmer zum Essen.[303] Für die Jugend hatte ich alle ihre Tische in verschiedenen Blumen decken lassen; da die Damen Sträuße von immer einer bestimmten Blume bekamen, konnten sie bald ihre Plätze finden. Für die Älteren hatte ich ein Prunkessen gemacht. In einem der Renaissance-Zimmer war der hufeisenförmige Tisch, aber nur von außen besetzt. Der innere Teil war mit Guirlanden und großen goldenen Rosentuffen geschmückt. Auf ihm stand mein ganzes Renaissancesilber. Ein Streichorchester spielte alte Weisen, versteckt durch einen Vorhang. Die Diener, die gleichfalls alle kostümiert waren, servierten. Da gab es Pfauen, Schwäne, Fasanen etc. (alle ausgestopft), wobei das Fleisch um dieselben lag. In der Mitte des Essens erschienen 3 meiner besten Tänzerinnen, die alte Tänze in alten Kleidern produzierten. Es war wirklich sehr schön.

---

[302] Die Abendgesellschaft in Empire-Kostümen, zu deren Dekoration offenbar Objekte aus der Abguss-Sammlung des heutigen Hessischen Landesmuseums Darmstadt verwendet wurden, fand am 17. Januar 1898 im Kaisersaal des Darmstädter Residenzschlosses statt; vgl. die genauere Beschreibung in der Darmstädter Zeitung 122 Jg. Nr. 28, S. 94.
[303] Das in einem Fotoalbum im Bestand des Großherzoglichen Hausarchivs, HStAD D 27 A Nr. 79, gut dokumentierte Renaissancefest fand am 18. Januar 1906 im Weißen Saal des Darmstädter Schlosses statt. Nach dem ausführlichen Bericht in der Darmstädter Zeitung, 130. Jg. Nr. 16, S. 105 f., wurde als Einlage neben Tanzvorführungen jedoch eine Separatvorstellung der dramatischen Dichtung „Gringoire" (1866) von Théodore de Banville (1823–1891) gegeben. Eine Aufführung von Hofmannsthals „Tod des Tizian" ist lediglich aus Anlass der Eröffnung der „Jahrhundertausstellung deutscher Kunst 1650–1800" am 19. Mai 1914 nachweisbar.

Großherzog Ernst Ludwig und Großherzogin Eleonore anlässlich des Renaissancefestes im Jahr 1906.

Nach dem Essen wurde die Quadrille wiederholt und dann war allgemeines Tanzen.

Ein anderes Fest im Schloss war ein großes Protzenessen, welches ich den reichen Frankfurtern gab. Ich wollte doch auch einmal protzen und zeigen, wie ein Fürst so etwas macht. Den ganzen Weißen Saal hatte ich als großes Wohnzimmer eingerichtet. Er war voll von meinen besten Rococo und Louis XVI. Möbeln, vermischt mit Bronzen und Blumen. Er sah wirklich wunderschön und gemütlich aus. Dort empfingen wir ganz zwanglos unsere Gäste. Dazwischen sang ein Engländer mit einer wunderbaren Stimme und unsere Harfenistin (Vicky Baum, spätere Schriftstellerin) wechselte mit ihm ab.[304] Da man immer Pausen machte, konnte auch gemütlich gesprochen werden. Von dort ging man in den Kaisersaal zum Essen. Den hatte ich so eingerichtet: Zwei sehr lange Tafeln (an einer ich, an der anderen Mama), aber nur an der einen Seite gedeckt, sodass man bequem die gegenüberstehende Tafel übersehen konnte. Die eine Tafel hatte nur Baroque-Silber mit dunkelgelben Blumen und die Aufsätze mit Massen von Orangen gefüllt. Die andere Tafel hatte nur Empire-Silber mit hellgelben Blumen und die Aufsätze mit Zitronen gefüllt. Am unteren Ende hatte ich quer einen großen Tisch als Anrichte gestellt. Auf dem stand mein Renaissance-Silber mit hellrosa Blumen. In der Mit-

[304] Offensichtlich die Soirée im Residenzschloss vom 14. März 1913 mit Darbietungen der Harfen-Virtuosin Vicky Baum und des Sängers Pitt Chatham, zu der achtzig Gäste geladen waren, vgl. Darmstädter Zeitung 137. Jg. Nr. 63, S. 476. In ihren Memoiren hat Vicky Baum der Person und den vielfältigen künstlerischen Aktivitäten des Großherzogs ein zwar mitunter ironisch gefärbtes, im Ganzen aber wertschätzendes Denkmal gesetzt; s. Baum (1962), S. 273.

te zwischen den Tischen stand, etwas erhöht, eine riesenhafte baroque silberne Suppenterrine, ganz aufgefüllt mit Orchideen, die von ihr auf die Stufen herniederfielen. Nach dem Essen nahm jeder Herr seine Dame dorthin und gab ihr einen Strauß Orchideen. Ich glaube, ich habe mit diesem Diner den Frankfurtern doch imponiert.

Ein anderes Mal gaben wir ein großes Masken- und Kostümfest. Die Hauptsache war eine Reihenfolge von Quadrillen, die die Tageszeiten darstellten; zuerst die Nacht. Mama als Königin der Nacht ganz in Schwarz mit Brillanten, auf dem Kopf einen großen Halbmond aus denselben Steinen. Zehn schöne junge Mädchen als Sterne (schwarz mit Sternen) trugen ihren langen schwarzen durchsichtigen Mantel. Zweitens der Morgenstern in hellgelb und grün mit goldenem Stern. Die Morgenröte in Lachsrosa mit silber. Der Tau hellblau und weiß mit Glastropfen. Jede Dame hatte zwei Herren, die sie führten. Drittens die Winde. Die Herren in enger maurischer Tracht mit Helm und Feder, ihr dünner Mantel an den Seiten und Beinen genäht. Die Damen dazu passend mit Flügeln in den Haaren. Der Westwind hellgrün und silber, der Südwind orange und kupfer, der Nordwind grau und stahl (ich), der Ostwind mauve und gold. Viertens: da öffneten sich zwei Türen und von der einen Seite kamen zwanzig Mädchen, geführt von der Sonne in Gold und von der anderen kamen zwanzig Mädchen, geführt vom Regenbogen. Die Mädchen waren alle in weiß mit je einer Art Blume besteckt. Es war ein richtiges Wirbeln, da sie alle einen Walzer tanzten. Für unsere Tänze im Neuen Palais versuchte ich den Cotillon so schön und vergnügt wie möglich zu machen. Z.B. waren einmal die ganzen Treppen mit Singvögeln in kleinen Käfigen besetzt. Jede Dame bekam einen. Da ich leidenschaftlich gerne tanzte, so war meine Passion für Quadrillen sehr groß. Ich kann mir nur einige erinnern. 1. Alte spanische Hof-Q. 2. Russische Zigeuner, 3. Alt venezianische, 4. Torero-Q. 5. Renaissance, 6. Nordwind.[305]

---

[305] Das Saison-Programm des Großherzoglichen Hofes umfasste zumeist zwei Hofbälle Anfang Januar und einen sog. Thé dansant einige Wochen später, der zum Teil als Kostümfest gestaltet wurde. Der letzte Hofball fand am 20. Januar 1914 als Hirtenfest mit Laternen statt. Der Ausbruch des Ersten Weltkrieges im Sommer desselben Jahres beendete diese lange Tradition.

Großherzog Ernst Ludwig empfängt Kaiser Wilhelm II. am Bahnhof Egelsbach, v.l.n.r. Großherzog Ernst Ludwig, Zar Nikolaus II. von Russland, Kaiser Wilhelm II., Prinz Heinrich von Preußen, Herbst 1903.

V.
Politik

In der auswärtigen Politik habe ich nie eine große Rolle gespielt, denn sehr bald merkte ich, dass dieses von Berlin aus nicht gewünscht war. (Ob Eifersucht?) Und doch hätte ich so viel helfen können, denn mit England und Russland war ich ja schon so lange nahe verwandt. Sowohl in England wie in Russland hatten sie mich gerne und so stand ich wirklich in sehr nahem Familien-Verhältnis. Eduard VII. und Georg V. wie Nikolaus II. sprachen ganz offen zu mir über alles, was Deutschland anging und haben mir in vielen Fragen ihr Herz über Deutschland wegen Unannehmlichkeiten etc. ausgeschüttet. Wie oft sagten sie ungefähr: "Kannst du diesen Gedanken und diese Anschauung von mir nicht auf irgendeine Art nach Berlin übermitteln?" Und immer konnte ich nur sagen, dass ich mein Möglichstes tun würde, mit dem inneren Gefühl, es wird ja doch nichts.

Weil ich so nahe zu allen Verwandten stand, glaubte man immer in Berlin, ich wäre sicher entweder ein Anglomane oder ein Russophile, da ich doch nicht immer mit allem einverstanden sein konnte, was unser auswärtiges Amt machte. Wie oft hätte ich vor Schritten warnen können, die man nahm und die dann einen schlechten Eindruck machten. Aber man musste mit allem einverstanden sein, was geschah, sonst war man in den Augen der Regierung höchst suspekt. Ich habe mich sogar einstens dem Auswärtigen Amt (eigentlich gegen meine innere Anschauung eines Fürsten) zur Verfügung gestellt, um für unser Deutschland zu arbeiten, habe aber nie eine Antwort auf dieses Anerbieten erhalten.[306]

Ein einziges Mal konnte ich von direktem Nutzen sein. Als ich in Russland war, beklagte sich Kaiser Nikolaus II. mir gegenüber sehr ernst über Kapitänleutnant Hintze, der Marineadjutant unseres Kaisers war und sozusagen der Person des russischen Kaisers attachiert war. Ein russischer Adjutant Tatischew[307] war in Berlin dem Kaiser Wilhelm auch sozusagen beigegeben worden. Letzterer ein sehr vornehmer und verschwiegener Mensch, den ich schon jahrelang kannte. Dieser gegenseitige Austausch der Adjutanten war auf ganz besonderen Wunsch des Kaiser Wilhelm II. geschehen, weil [Zar] Nikolaus I. und [Kaiser] Wilhelm I. als Schwäger es so gehalten hätten.[308] Nun machte sich Hintze mit der Zeit ganz unmöglich, indem er ganz öffentlich in zweideutigen Lokalen in Petersburg mit Menschen verkehrte, von denen man ganz genau wusste, dass einige von ihnen mehr oder weniger Spione waren. Dieses war so besonders unmöglich, weil Hintze doch am russischen Hof als Adjutant des russischen Kaisers betrachtet wurde. Nikolaus II. war ganz außer sich, denn er wusste keinen Ausweg sich dieses Menschen zu entledigen, ohne einen öf-

---

[306] Dem Dichter Fritz von Unruh schrieb Ernst Ludwig am 12. November 1915: „Besonders sitze ich eben mitten in großen politischen Fragen […]. Neulich war ich wieder in Berlin. Ich hoffe, noch in verschiedenen etwas zu erreichen und auf andere Fragen einwirken zu können. Es geht nicht schnell, weil ich offiziell nicht mitsprechen darf, aber ich habe die meisten soweit, dass sie mich unter der Hand fragen. Dann bin ich drinnen und leite, ohne dass sie es wissen. Es ist ja doch Alles für's Vaterland." Zit. nach Franz (1987), S. 62.
[307] Ilja Leonidowitsch Tatischtschew (1859–1918), Generaladjutant von Zar Nikolaus II., Ernst Ludwigs Schwager, dem er in die Gefangenschaft in Jekaterinburg folgte. Dort wurde er im Juli 1918, wenige Tage vor der Ermordung der Zarenfamilie, von bolschewistischen Soldaten erschossen.
[308] Zar Nikolaus I. war mit Charlotte von Preußen, einer Schwester Kaiser Wilhelms I. verheiratet.

fentlichen Skandal zu produzieren oder doch wenigstens eine gespannte Stimmung heraufzubeschwören. Er bat mich innig, ihm in dieser Frage zu helfen. Ich versprach ihm, ich würde tun, was in meinen Kräften läge. Ich glaube, es war schon auf der Rückreise, dass ich den Reichskanzler Bethmann-Hollweg in Berlin genau über den Sachverhalt unterrichtete, wobei ich ihn bat, so schnell als möglich Abhilfe zu schaffen. Er war ganz entsetzt. Sehr bald darauf wurde Hintze abberufen und bekam wo anders einen guten Posten.[309]

In England um 1910 war wieder eine sog. "skare"[310] im Gange gewesen. Man war dort so hysterisch geworden, dass es einige Leute gab (darunter eine Tante), die sogar glaubten, dass alle deutschen Kellner in London, von denen es sehr viele dort gab, unter der Hand so eingeteilt und ausgerüstet wären, dass sie im Falle eines Krieges gleich mindestens ein Regiment im Herzen von England aufstellen könnten. Da hatte ich eine Unterhaltung mit einem Engländer. Ich setzte ihm alle Gründe auseinander, warum wir garnicht an einen Krieg dächten. Er blieb dabei, wir wären doch ein ganz unsicherer Faktor zur Frage des Friedens, denn wir wären ja alle so "faithful". Ich begriff nicht, was die Treue damit zu tun hätte. Da meinte er, wenn wir Engländer bestimmt einen Krieg nicht haben wollen, so kann sowohl der König wie auch seine Regierung uns überhaupt nicht dazu zwingen. Ihr aber könnt noch so sehr gegen den Krieg sein, da befiehlt der Kaiser Mobilmachung und sofort stürzt Ihr alle zu den Fahnen, bereit zu kämpfen, wenn Ihr auch in Eurem Herzen gegen den Krieg seid. Das gibt uns das ewige Unsicherheitsgefühl Euch gegenüber.

Übrigens fing die Nervosität Englands Deutschland gegenüber erst da an, als der Kaiser und Tirpitz[311] die kolossale Vergrößerung unserer Marine anstrebten. Einst sagte mir Lord Landsdown "You have the army, we have the navy, let us remain friends on these lines."[312] Ich glaube, er hatte ganz recht und mit etwas taktvollerer Behandlung der ganzen Frage hätten wir auch ruhig unsere Marine vergrößern können, ohne dass England etwas dagegen gehabt hätte. Wir machten aber die ganze Sache auf viel zu aggressive Art.

In letzter Zeit fühlte ich durch, dass in Russland (beim russischen Hof) man unsere Besuche nicht sehr wünschte, auch wurden dem Kaiserpaar immer von Neuem Schwierigkeiten in den Weg gelegt, wenn sie zu uns kommen wollten. Man hat sogar meiner Schwester Alix beibringen wollen, dass diese Reisen zu uns so kostspielig wären, dass man sie dadurch viel seltener machen könne.[313] Ich lachte meine

---
[309] Paul von Hintze (1864–1941) war von 1908-1911 Militärbevollmächtigter des Kaisers bei Zar Nikolaus II., anschließend Gesandter in Mexiko, Peking und Oslo sowie 1918 kurze Zeit Staatssekretär des Auswärtigen; vgl. Hürter (1998). Aufgrund der Freistellung Hintzes zum Januar 1911 müsste die Einschaltung Ernst Ludwigs während des mehrwöchigen Besuches des Zaren in Hessen im Herbst 1910 besprochen worden sein.
[310] Gemeint sein dürfte „scare", engl. für „Schrecken", „Hysterie".
[311] Alfred von Tirpitz (1849–1930), deutscher Großadmiral
[312] Henry S. Marquess of Lansdowne (1845–1927) schloss als britischer Außenminister 1902 das Bündnis mit Japan und 1904 die entscheidende Alliance cordiale mit Russland und Frankreich ab.
[313] Die Zarenfamilie besuchte Hessen vom 10.–29. Oktober 1896, 2.–29. Oktober 1897, 28. September–7. November 1899, 25. September–7. November 1903 und letztmalig vom 30. August–14. November 1910.

Schwester aus und bewies ihr, man könne einfach die Hälfte der Menschen, die von diesen Reisen profitierten, zu Hause lassen. Ich merkte bei Gesprächen genau heraus, dass man mich für viel zu liberal hielt und dass ich in dieser Richtung hin den Kaiser schlecht beeinflusse. Sie gingen soweit, mich beim König Eduard [VII. von England] anzuschwärzen. Erst als er mich einst in Windsor daraufhin anredete, ich solle mich doch in die russischen Angelegenheiten nicht einmischen, konnte ich ihm den ganzen Sachverhalt erklären. Er sah sofort, wo alles hinauswollte und stimmte mir ganz herzlich zu. Er sagte sogar, ich solle mir nicht alles gefallen lassen, sondern klar gegen solche Manipulationen auftreten.[314] Er würde schon für mich eintreten. Mein Hauptfeind war der Fürst Woronzow-Daschkow, welcher der alte Freund Alexander III. gewesen war und alles Deutsche hasste. Er war schon ganz außer sich, als der Kaiser meine Schwester heiratete, weil er befürchtete, dass sein Einfluss beim Kaiser sinken würde, was auch Gott sei Dank zuletzt geschehen ist. Er und seine boshafte Frau, eine sehr große Intrigantin, waren die intimen Freunde der Kaiserinmutter Marie.[315] Ich sprach offen darüber mit meinem Schwager Nikolaus, der mir sagte, er hätte es auch schon gemerkt, aber für uns beide wäre es ja ganz einerlei. Solche schmutzigen Intriguen rührten ihn überhaupt nicht. Noch 1911 in der Krim sprach ich mit dem Minister des Äußeren Sasonow in Livadia.[316] Er wand sich mit allen möglichen Gründen erst hin und her, dann sagte er, es wäre nicht wahr, er würde solches Gerede nicht glauben. Ich fühlte aber, dass diese Auseinandersetzung ihm höchst peinlich war, denn ich wusste schon damals, dass er nicht für Deutschland war und ließ es ihn merken.

Die Reichsregierung machte uns von Berlin aus oft Schwierigkeiten durch die Art, wie sie sich uns Ländern gegenüber benahm. Wenn sie bestimmte Fragen mit dem Ausschuss des Bundesrats zu besprechen hatte, so musste sie uns einen Tag vorher benachrichtigen, damit wir den jeweiligen Abgesandten hinschicken konnten. Nun aber, wenn sie etwas durchdrücken wollte, von dem sie nicht sicher war, dass der jeweilige Staat, den die Frage besonders anging, ganz einverstanden sein würde, hatte sie sich angewöhnt, die Nachricht der Sitzung, die immer sehr früh anberaumt war, so spät den Abend vorher zukommen zu lassen, dass es passierte, dass unser Abgesandter zu spät kam und die in Frage kommende Sache schon besprochen und sehr oft gegen unsere Anschauung bestimmt worden war. Wir reklamierten und beklagten uns, aber immer wieder wurde dieser nicht feine Kniff gebraucht. Zuletzt bat ich meine Minister, einen kleinen Koffer bereit zu stellen, indem sie die nötigen Sachen schon ge-

---

[314] Die Briefe Ernst Ludwigs an Zar Nikolaus II. belegen, dass der Großherzog durchaus nicht zögerte, seinem Schwager Ratschläge in Sachen Regierungsstil zu geben; vgl. den Brief vom 24.11.1906 bei Kleinpenning (2010), S. 278.
[315] Fürst Illarion Woronzow-Daschkow (1837–1916), Generalgouverneur des Kaukasus und General der Kavallerie.
[316] Sergej Dimitrijewitsch Sasonow (1860–1927), russischer Außenminister von 1910–1916. Die Reise des Großherzogs und seiner Familie nach Liwadia, dem neu erbauten Sommerpalast Nikolaus II. bei Jalta, im Süden der Halbinsel Krim, fand tatsächlich vom 14. April–31. Mai 1912 statt.

packt hatten und sobald die Nachricht ankam, fuhr der jeweilige Minister, dessen Ressort die Besprechung anging, sofort zur Bahn. So waren wir immer zur rechten Zeit zum Erstaunen der Berliner da. Wir ließen uns wenig gefallen und so kam es, dass man in Berlin sagte, die Hessen sind ja sehr grob, aber auch sehr gescheit. Es war nötig so zu handeln, denn die Reichsregierung versuchte auf jede mögliche Art den Bundesrat, wo es immer ging, beiseite zu schieben. Überhaupt wäre es ihr am liebsten gewesen, wenn der ganze Bundesrat abgeschafft worden wäre.

Überhaupt glaube ich, wir Fürsten haben den großen Fehler begangen, die Unstimmigkeiten, die mit der Reichsregierung und ihrem Führer öfters entstanden, der Öffentlichkeit zu verschweigen. Es war in dem Gefühl geschehen, solche Kämpfe dem deutschen Volk zu verheimlichen, damit im ganzen Reiche die moralische Ruhe gewahrt würde. Dabei wurde uns nie gedankt und wenn trotz allem etwas durchsickerte, hieß es immer von oben herunter, es wäre beschränkter Lokalpatriotismus und man hätte kein Gefühl für Deutschland. Das war doch meistens so unrichtig wie nur möglich, denn nur allzu oft war die Reichsregierung mehr preußisch als deutsch. Ähnlich ging es den Fürsten der kleineren Länder mit dem Kaiser. Wir durften den Mund nicht aufmachen.

Brachten wir etwas, das nach seiner Anschauung nicht in die Allgemeinheit hineinpasste, so wurde man schlecht behandelt und bei einigen weiß ich, kehrte der Kaiser den Obersten Kriegsherrn heraus und sie wurden fast wie renitente Offiziere behandelt. Auf diese Art wurden die meisten Stimmen der Fürsten nicht gehört oder nicht berücksichtigt und mit der Zeit lernten sie schweigen, wenn sie für ihr eigenes Land sorgen wollten. So sagte er einst meinem Schwager Ludwig Battenberg in England, die deutschen Fürsten fingen an, sich zu fühlen, er würde sie aber noch ganz klein kriegen, denn er wäre der Kaiser und ihm hätten sie zu gehorchen. Meine Schwester Viktoria erzählte mir diese Äußerung viele Jahre später[317].

Bei mir ereignete sich eine typische Kleinigkeit, bei der man sehen konnte, wie wenig sein Gefolge die Situation begriff. Wir Fürsten gingen jedes Jahr nach Berlin zum Geburtstag des Kaisers. Einmal wurde ich dort rücksichtslos behandelt, deshalb ging ich das nächste Jahr nicht hin. Sehr bald kam General von Scholl[318] (der ein geborener Hesse war) zu mir und fragte mich, ob ich zum nächsten Geburtstag käme. Ich antwortete, nein, ich käme nicht, bis ich sicher wäre, dass der Kaiser sich freuen würde, wenn ich erschiene. Scholl wollte die Antwort nicht begreifen, ich könne das nicht verlangen und außerdem freue der Kaiser sich im-

---

[317] Victoria Milford-Haven fügte in diesem Zusammenhang dem Typoskript ihres Bruders eine handschriftliche Notiz bei: „[…] Nach meiner Erinnerung sagte er [Kaiser Wilhelm II.] ungefähr: die deutschen Fürsten erlaubten sich ihm drein zu reden, dass [sic] würde er nicht dulden. Sie müssten doch begreifen, dass er [es] besser wissen müsse (must know better) als sie. V[ictoria] M[ilford] H[aven]." Die auf Papier mit schwarzem Trauerrand geschriebene Notiz findet sich nur im sog. braunen Band, HStAD D 24 Nr. 32/8. Sie ist undatiert, könnte aber unmittelbar nach dem Tod Ernst Ludwigs in Wolfsgarten entstanden sein, wo Victoria zwei Tage später eintraf; vgl. das Tagebuch des Freiherrn Fabian von Massenbach (1872–1949), HStAD D 24 Nr. 62/6, Eintrag vom 11.9.1937.
[318] Der in Darmstadt geborene General Friedrich von Scholl (1846–1928) war seit 1901 Generaladjutant Wilhelms II. Zu den oft schwierigen Verhältnissen mit dem Berliner Hof vgl. die Ausführungen auf S. 124 „Vergiss nicht, dass du der Erbgroßherzog bist"

mer, wenn ich käme. Ich sagte, ich wolle erst die Gewissheit haben. Da gab er zuletzt nach. Und später bekam ich ein offizielles Schreiben in dem stand, dass der Kaiser sich besonders freuen würde, wenn ich zu seinem Geburtstag käme. Man sieht daraus, wie schwer es oft den Fürsten gemacht wurde. Ich hatte es ja leicht wegen meiner nahen Verwandtschaft. Mein Hauptaugenmerk richtete ich ganz auf unser Hessenland und versuchte unser Land so viel wie möglich in die Höhe zu bringen, damit es eine angesehene Stellung unter den anderen Staaten Deutschlands hätte. Es ist auch ziemlich gelungen, denn ich fühlte, wie immer mehr von allen Seiten uns geschrieben wurde, um unsere Anschauung in verschiedenen Fragen zu erhalten, sehr oft sogar in Fragen, die uns überhaupt nichts angingen.

Von Bismarck kann ich nur wenig sagen. Das erste Mal wie ich ihn sah war auf diese Art: Meine Großmutter war im März 1888 auf ihrer Rückreise von Italien zu Besuch der Kaiserin und des schwerkranken Kaiser Friedrich in Schloss Charlottenburg abgestiegen.[319] Sie wusste, dass ich in Berlin zum Offiziersexamen war. Sie ließ mir sagen, ich solle einen Nachmittag zu ihr kommen. Am ersten freien Nachmittag fuhr ich hinaus. Ich lief gleich in ihre Wohnung und wartete im Vorzimmer, weil ich Stimmen bei ihr hörte. Worte konnte ich nicht verstehen, aber zu meinem Erstaunen hörte ich die Stimme von Lord Salisbury, von dem ich gehört hatte, dass er nicht da wäre.[320] Nach einiger Zeit kam zu meinem Erstaunen Bismarck aus dem Zimmer heraus. Nie bin ich so erstaunt gewesen, dass diese beiden Männer so viel Ähnlichkeit in der Stimme hatten. Als ich bei meiner Großmutter eintrat, war sie froh, mich zu sehen, hatte aber Angst, dass sie mein Examen unterbräche. Dann kam sie auf Bismarck zu sprechen, dass er sehr höflich und liebenswürdig zur ihr gewesen wäre. Ob sie wohl glaubte, er würde sie auffressen? Aber so bescheiden war sie, wenn sie sich auch sehr genau ihrer Stellung als Herrscherin bewusst war. Ich sagte ihr meine Erfahrung über die Ähnlichkeit der Stimmen. Sie hatte es auch gemerkt und fügte gleich hinzu, Bismarck wollte wahrscheinlich besonders höflich sein und hätte deshalb ihr gegenüber seine Stimme gesenkt. Zum zweiten Mal sah ich ihn bei der berühmten Reichstagseröffnung 1888,[321] dann noch ein paar Mal bei Hoffestlichkeiten. Außer Höflichkeitsaustausch gab es keine Unterhaltung. So war es mit allen Ministern. Unsereiner war für sie zu klein. Überhaupt war man immer nur eine Nummer der Staffage, denn in kleinerem Kreis, auch beim Kaiser, traf ich die Minister nie.

Den Reichskanzler Fürsten Bülow kannte ich schon früher. Er war der richtige geistreiche und witzige "Causeur" und es war ein Genuss,

---

[319] Queen Victoria hielt sich vom 24.–26. April 1888 in Berlin auf. Kaiser Friedrich III., ihr Schwiegersohn, starb wenige Monate später an den Folgen von Kehlkopfkrebs.
[320] Robert Gascoyne-Cecil, 3. Marquess of Salisbury (1830–1903), britischer Premierminister.
[321] Die Reichstagseröffnung am 25. Juni 1888 war die ersten Thronrede Kaiser Wilhelms II. Neben Ernst Ludwig und seinem Vater waren auch zahlreiche andere Bundesfürsten zugegen.

Die Enthüllung des Bismarckdenkmals auf dem Darmstädter Ludwigsplatz, 1. April 1905.

mit ihm über alle möglichen Dinge zu sprechen. Er hatte einen großen Fehler, dass er beinahe alle Menschen für viel dümmer hielt als sie es waren, oder dass sie viel dümmer wären als er selbst. Früher oder später kamen die Menschen dahinter, dass er sie an der Nase herumgeführt hatte. Dabei legte er zu viel Wert auf die Schmeichelei. Gewiss fielen sehr viele darauf herein, aber wenn sie es entdeckten, wurden sie seine Feinde, die hinter seinem Rücken intriguirten. Eine meiner ersten Begegnungen mit ihm war in Berlin beim Ordensfest wo er, ich und noch Andere die Kette zum Schwarzen Adlerorden vom Kaiser empfingen.[322] Bei der Zeremonie saß der Kaiser auf dem Thron und legte einem die Kette über den Kopf und gab einem darauf einen Kuss, die sog. Accolade. Bülow kam gerade hinter mir, sodass ich alles beobachten konnte. Nach dem Kuss nahm Bülow die beiden Hände des Kaisers und küsste sie alle beide. Ich empfand es als höchst kriecherisch, aber Andere waren davon gerührt.

Der größte Fehler in seiner Politik war, dass er uns mit England entfremdete und nicht begriff, dass Russland schon längst von uns abzurutschen begann, wenn es auch oben an seiner Regierung beim Alten blieb. Der wachsende Panslavismus war schon viel zu weit gestiegen, aber man glaubte noch immer bei uns, dass die beiden Kaiser, wenn sie Freunde blieben, ihn unterdrücken könnten, was natürlich unmöglich war, denn der russische Kaiser war doch ein Russe und musste zuerst an Russland denken. Hätte er sogar diesen Zug in seinem Reich unterdrücken wollen, so hätte er sicher den Kürzeren gezogen und wäre in schweren Konflikt mit seinem Volk geraten. Die Folgen zeigten sich im großen Kriege, als Italien von uns absprang, weil es unmöglich gegen die geschlossene englische und französische Flotte hätte aufkommen können. Ich weiß bestimmt, dass der König von Italien über diesen Schritt verzweifelt war, aber er war durch die Verhältnisse dazu gezwungen worden.

Der Reichskanzler von Bethmann Holweg, den ich sehr wenig kannte, machte mir den Eindruck eines sehr vornehm und anständig denkenden Mannes, der nur sehr langsam von Entschluss war.[323]

Im Sommer 1917 ließ sich plötzlich zu meinem Erstaunen Rathenau bei mir in Wolfsgarten melden.[324] Ich hatte schon früher verschiedene seiner Bücher gelesen. Er kam zum Mittagessen und ich habe den ganzen Nachmittag mit ihm in anregendem Gespräch zugebracht. Was er eigentlich von mir wollte, konnte ich nicht herausbekommen. Vielleicht wollte er mir nur politisch auf den Zahn fühlen. In vielen Fragen war er pessimistisch, aber dann wieder brachte

---

[322] Gemeinsam mit 15 weiteren Ordenrittern wurde Ernst am 18. Januar 1889 in den „Hohen Orden vom Schwarzen Adler", die höchste Auszeichnung des Königreiches Preußen, aufgenommen; s. Darmstädter Zeitung 113. Jg. Nr. 19 und 21, S. 111 und 119. Bernhard von Bülow (1849–1929), damals noch Gesandter in Bukarest, erhielt den Orden allerdings erst 1901.
[323] Theobald von Bethmann-Hollweg (1856–1921), Reichskanzler in den Jahren 1909–1917.
[323] Der Besuch des Mitbegründers der Deutschen Demokratischen Partei und Außenministers Walther Rathenau (1867–1922) ist aufgrund fehlender Dokumente bislang nicht genauer datierbar.

er Pläne für die Zukunft vor, die mir sehr gefielen, nur waren sie meiner Meinung nach zu philosophisch theoretisch, sodass ich keinen wirklichen Zug dahinter fühlte. Ich habe ihn nie mehr gesehen und vorher war er mir als Mensch ganz unbekannt gewesen. Was mag er gewollt haben? Mir bleibt es ein Rätsel.

Die englischen Minister lernte ich alle bei meiner Großmutter, nur den Lord Beakonsfield lernte ich aus persönlichem Antrieb allein kennen. Es war im Februar 1879 in Osborne.[325] Meine Mutter war am 14. Dezember 1878 gestorben. Die Gouvernante meiner Schwestern, Miss Jackson,[326] war eine enragierte Conservative und schwärmte für Lord Beakonsfield. Ich war 10 Jahre und zwei Monate alt. Ich wusste, wo der Minister wohnte und nahm mir eines Morgens meinen Mut zusammen, ging hin und klopfte an. Bei seinem Herein bin ich beinahe wieder eilig davongelaufen. Er saß am Schreibtisch. Als er mich sah, stand er auf und fragte mich: "Was willst Du, kleiner Mann?" Ich sagte, dass ich ihn hätte sehen wollen. Da setzte er mich auf einen Stuhl, zog einen anderen vor und setzte sich so, dass seine beiden Knie rechts und links von mir waren. Mir wurde dieses sehr unheimlich. "Wer bist du kleiner Mann?" fragte er. "Ich bin Mamas Sohn", war die Antwort. "Wer ist sie", frug er. "Princess Alice", sagte ich. Da sagte er nur: "O du armes liebes Kind".

Was er noch weiter sagte, weiß ich nicht mehr. Nachher sagte er nur, ich solle weiterlaufen, was ich sofort mit großer Erleichterung tat. Was mich besonders beeindruckte, war dieser große schwarze Mann (er war nämlich gefärbt) mit der rauen Haut und den stechenden Augen, von denen eines eine ausgelaufene Pupille hatte. So ein Auge sah ich nur bei [dem Maler] F.A. von Kaulbach wieder.

Mr. Gladstone habe ich oft gesprochen und es war höchst interessant ihm zuzuhören, wenn er seine Gedanken erklärte. Einmal, bei einem Gespräch über Irland, setzte ich ihm die Beschaffenheit des deutschen Reiches auseinander und schlug vor, ob man wohl Irland so behandeln könne wie eines unserer Länder im Reich. Die Idee schien ihn zu interessieren, denn er frug mich weiter aus. Als ich ihn später einmal wieder sah, sagte er mir, er hätte noch öfters über unser Gespräch nachgedacht, vielleicht würde er doch noch einmal einen ähnlichen Weg finden. Meine Großmutter konnte ihn im Inneren nicht ausstehen aber nie habe ich gesehen, dass sie es ihn jemals merken ließ.[327] Aber doch habe ich ihn und Lord Salisbury richtig zittern sehen, wenn die kleine Frau zornig ihre Meinung sagte. Es waren zwei große Männer und sie so klein und doch dabei sitzend, sodass sie noch kleiner schien und nach oben sehen musste. Ich war in Windsor,

---

[325] Benjamin Disraeli, seit 1876 Lord Beaconsfield, war bis zum 18. April 1880 englischer Premierminister; die großherzogliche Familie hielt sich vom 21. Januar bis zum 28. Februar 1879 in Osborne House und Windsor Castle auf.
[326] Margaret Hardcastle-Jackson, Gouvernante der Töchter Ludwigs IV. von Hessen von 1877–1888.
[327] In privaten Briefen nannte die Königin den viermal amtierenden britischen Premierminister William Gladstone (1809–1898) spöttisch „Fröhlichstein" – in wörtlicher deutscher Übersetzung seines Namens.

als Gladstone seine letzte Audienz bei seiner Herrin hatte.[328] Als er fort war sagte sie nur: "Der arme Mann tut mir leid, denn er fühlt, es ist sein definitives Ende". Nach einem tiefen Atemzug: "Du weißt, ich mochte ihn nie."

Mrs. Gladstone war die treue Helferin ihres Gatten, aber berühmt wegen ihrer Zerstreutheit. Einstens bei einer Einladung in einem Landhaus standen vor dem Essen einige der Gäste herum und sprachen über eine Überschwemmung in der Nähe. Da sagte einer salbungsvoll: "Der Herr oben wird uns schon retten". Mrs. Gladstone, die nicht richtig zugehört hatte, antwortete: "Gewiss, er wird gleich herunterkommen, er wäscht sich nur die Hände." Mrs. Gladstone war zum Diner bei der Königin in Windsor eingeladen. Als sie sich umzog, fand sie zu ihrem Schrecken ihre Taille des schwarzen Abendkleides nicht. Verzweifelt schickte sie zu den Hofdamen, die ihr mit Spitzenschals und vielen Nadeln eine Taille zurechtsteckten. Dieses erzählte mir beim Diner die Hofdame Violet Paget. Nach dem Essen beim Cercle sehe ich etwas Schwarzes schwer aus Mrs. Gladstones Schleppe herauslugen. Ich gehe zu Violet Paget hin und mache sie darauf aufmerksam; diese lotste Mrs. Gladstone aus dem Zimmer. Bald kommen sie zusammen zurück und ich sehe Miss Paget purpurrot im Gesicht. Ich schlängle mich zu ihr und dem Platzen nahe sagte sie: Es war die verschwundene Taille, die dort angesteckt war und Mrs. Gladstone erinnerte sich, dass ihre Jungfer beim Packen gesagt hätte, sie stecke die Taille dort an, damit sie dieselbe ja gleich finden könne.

Ich war in Frogmore mit Großmama beim Frühstück, als ich sie schmunzeln sah. Ich frug sie, was es denn gäbe. Sie sagte: "Ich wollte heute noch einmal Mrs. Gladstone zum Abschied empfangen. Zuletzt um recht freundlich zu sein, gab ich ihr einen Kuss. Da sagte sie: Ew. Majestät, nie werde ich diese Stelle waschen. Schmutzige Person, ich möchte wissen, wie lange es her ist, dass sie sich überhaupt gewaschen hat."

Wenn man mit Lord Salisbury sprach, fühlte man immer den Grandseigneur, wenn er auch sehr ruhig war und wenig sprach. Einmal setzte er mich in große Verlegenheit als er mich plötzlich frug, ob ich nicht auf meinen Vetter, den Kaiser Wilhelm einwirken könne, dass er nicht so plötzlich wäre. Es würde ein Segen für die Ruhe der Welt sein. Warum benähme er sich politisch wie ein enfant terrible, denn er wäre doch viel zu klug dazu. Es war höchst peinlich.

Mit meinen [hessischen] Finanzministern Gnauth, Küchler und Becker hatte ich Glück. Gnauth war Oberbürgermeister von Gießen ge-

---

[328] Bei der Verabschiedung des 4. Kabinetts Gladstone im März 1894. Ernst Ludwig hatte im Sommer 1886 auch den Wechsel vom kurzlebigen 3. Kabinett Gladstone zum konservativen Kabinett Salisbury miterlebt; s. seinen Brief an den Vater vom 8. August 1886: „Heute nach dem Mittagessen kommen eine Menge Minister zu Großmama, die Alten, die weggehen, und die Neuen, die eintreten." HStAD D 24 Nr. 13/3.

wesen. Ich kannte ihn gut aus meiner Studienzeit in dieser Stadt.[329] Ein sehr fähiger Mann, der viele Reformen einführte und viele Verbesserungen machte. Da er sehr liberal war und leider sich nicht genug Mühe gab mit der Ersten Kammer gut zu stehen, ist er endlich durch ihren Einfluss gefallen. Wegen Gnauth kam es einstens zu einem großen Konflikt mit der Ersten Kammer. Sie verlangte, dass er abtrete. Da mein Ministerium ganz einheitlich war, sagten die anderen Minister, sie würden dann auch gehen, was ein großer Schaden für das ganze Land gewesen wäre. Ich entsinne mich, wie ich sehr spät in der Nacht mit Ewald mich herumstritt. Alles stak fest und keiner wusste einen Ausweg. Da wurde inmitten dieses Kampfes Don geboren und die Begeisterung war so riesenhaft im ganzen Land, dass diese wichtige Frage einfach in Vergessenheit geriet.[330]

<u>Küchler</u>[331] ist Oberbürgermeister von Worms gewesen. Sehr lebhaft und mit einem großen Herzen. Für mich war er wie ein alter Freund, der meine Pläne für die Zukunft ganz verstand. So den Ankauf und Umtausch der schlechten Bauernwälder um dafür Äcker und Wiesen, die in den Händen vom Staat und in der Nähe der Dörfer lagen, abzugeben. Besonders begeisterten ihn meine Gedanken über die Hebung unseres Weinbaues durch die Praxis, nicht durch Theorien allein. Er war noch mitten in der Arbeit als er eines Tages zu mir kam und sagte, die Ärzte hätten ihm gesagt, er hätte nur noch kurz zu leben, weil er Krebs hätte. Ich musste ihm versprechen, niemanden, auch seiner Familie, nichts davon zu sagen, denn sonst würde er nicht die Kraft haben, bis zuletzt in seiner Arbeit auszuhalten. Es war eine furchtbare Zeit immer mit dem Mann zusammenzuarbeiten, der keine Minute seiner Zeit zu etwas anderem gebrauchte, als für sein Vaterland zu arbeiten. Beinahe aber auch alles, was er sich vorgenommen hatte, gelang ihm noch. Da kam er eines Morgens zu mir und sagte mir, nachdem wir Vieles besprochen hatten, dass er mir jetzt seinen Tod melden müsse. Es wäre so weit, er müsse es jetzt seiner Familie sagen. Den Augenblick vergesse ich nie. Wir lagen uns in den Armen und mit Tränen in den Augen dankte er mir, dass ich ihm so treu zur Seite gestanden hätte. Sein Leben dauerte nur noch kurze Zeit.

<u>Becker</u>[332] war ein Finanzgenie in vielen Fragen und mit seinem eisernen Willen setzte er alles durch. Er gab nie nach, wenn er etwas für richtig befunden hatte, was manchmal für mich und die anderen Minister schwer war, er hatte aber auch beinahe immer recht. Wie der große Krieg ausbrach waren Hessens Finanzen auf der Höhe.

---

[329] Dipl.-Ing. Feodor von Gnauth (1856–1916), ab 1890 Oberbürgermeister in Gießen und seit 1901 Finanzminister des Großherzogtums Hessen.
[330] Zu einem ersten Konflikt kam es bereits 1905, als die Erste Kammer die Gemeindesteuer-Vorlage Gnauths ablehnte. Angesichts des damals drohenden Rücktritts von Staatsminister Carl Rothe meldete der preußische Gesandte Hohenlohe am 27. November 1907 nach Berlin, man wolle „in Hessen voran gehen und den badischen Nachbarstaat an Liberalismus noch überflügeln. Bei dem Gleiten auf der schiefen Ebene nach links bildete Staatsminister Rothe bisher den Hemmschuh, der es verhinderte, daß der Wagen zu schnell ins Rollen kam. Gewinnt jetzt der demokratische Atheist Dr. Gnauth Oberhand, dann dürfte die Schwenkung zur Demokratie oder auch zur Sozialdemokratie im Galopp ausgeführt werden." PA PP, RZ 201/3072. Ernst Ludwigs erster Sohn, Erbgroßherzog Georg Donatus, kam 8. November 1906 in Darmstadt zur Welt.
[331] Wilhelm Küchler (1846–1900), seit 1898 hessischer Finanzminister, erhielt bereits am 8. August 1900 den aus Gesundheitsgründen erbetenen Abschied und starb am 31. Oktober desselben Jahres.
[332] Johann Baptist Becker (1869–1951) übernahm erst während des Weltkriegs, Ende 1916, als Nachfolger des verstorbenen Finanzministers Ernst Braun (1857–1916) die Leitung des Ministeriums, in dem er bereits seit 1897, zuletzt als Geheimer- und Staatsrat tätig war.

Staatsminister Carl von Ewald, 1910.

als Mensch für so eine wichtige Stellung nicht befähigt genug. Es bedurfte eines recht harten Kampfes bis er mir endlich zusagte. Worunter er am meisten zu Anfang litt, war, dass man politisch sein ja und nein anzuzweifeln wagte. Er war ja als Jurist und Richter gewöhnt gewesen, dass man seine Aussprüche nie bezweifelte. Mit der Zeit fand er sich auch darein und ist von allen Menschen geliebt und geehrt worden, denn er war unantastbar.

Das eine Glück hatte ich, dass alle meine Minister meine Freunde wurden, wodurch wir immer zusammen für unser Vaterland arbeiten konnten, denn einer traute dem Anderen.

Ewald[333] war der bedeutendste meiner Minister. Er war der vornehmste und edelste Mann, den man finden konnte. Er war am Reichsgericht in Leipzig, als ich ihn zum Justizminister wählte. Er nahm die Stellung ungern an, weil er seine Freiheit aufgeben musste. Wie ich ihn als Staatsminister wählte, war er ganz außer sich, erstens wäre ein Richter nicht der Richtige um einen Staat zu leiten, zweitens fühlte er sich

---

[333] Carl (von) Ewald (1852–1932), von 1906 bis 1918 Regierungschef (Staatsminister) in Darmstadt.

Hessische Soldaten beim Ausmarsch auf der Darmstädter Rheinstraße, August 1914.

VI.
Weltkrieg

Wir waren in Wolfsgarten, als der Mobilmachungsbefehl erschien und siedelten sofort nach dem Schloss in Darmstadt über.[334] Es war eine furchtbare Zeit der Aufregung und dabei eine Begeisterung unter der Menschheit, von der man sich keinen Begriff machen kann. Den ganzen Tag und die ganze Nacht hindurch sangen die Menschen aus vollem Halse vaterländische Lieder. Bei der Kriegserklärung war die Begeisterung einfach frenetisch. Von unserem Schlafzimmer aus (wir hatten alle Fenster wegen der Hitze auf) konnte man das Singen aus der ganzen Altstadt hören. Es war ein unbeschreibliches Gefühl, diese singenden jungen Männerstimmen durch die Nacht zu hören und dabei zu wissen, sie ziehen ja alle in den Tod. Es war oft kaum auszuhalten.

Selbstverständlich gab es auch viele Auswüchse, so z.B. die Suche nach russischen Spionen. Wir hatten viele russische Studenten in Darmstadt gehabt, die schon früher entweder zurückgerufen oder abberufen worden waren. Nun ging die Jagd plötzlich los; jeder Einwohner fühlte sich verpflichtet zu suchen, so gab es unangenehme und komische Szenen. So wurden einmal zwei katholische Barmherzige Schwestern auf der Rheinstraße festgehalten und man zog ihnen die Kleider hoch weil man glaubte, dass die eine zu große Füße für eine Frau hätte. Die Armen müssen eine furchtbare Angst ausgestanden haben.

Für mich war es ja besonders hart von nun an ganz von meinen Geschwistern und nächsten Verwandten auf unbestimmte Zeit abgeschnitten zu sein. Das wurde auch noch schwerer als die schlimmen Botschaften aus Russland allmählich durchsickerten und man nicht wusste, ob ihnen überhaupt Glauben zu schenken sei oder nicht.[335] Jetzt kam die härteste Zeit für uns, das Abschiednehmen von allen Regimentern. Wir fuhren kreuz und quer durch das ganze Land, oft auf den Straßen angehalten, denn es war eine allgemeine hysterische Suche nach sog. russischen Autos im Gange, die Gold aus Frankreich nach Russland durch Deutschland befördern sollten. Ich habe nie erfahren können, ob etwas an der ganzen Sache wahr gewesen ist. Überall in den Standorten der Regimenter war die Begeisterung eine erhebende, wenn auch dabei viel geweint wurde. Außer all den Bekannten in den Regimentern sah man viele neu eingereihte Gesichter von nahen guten Bekannten, auch Söhne von Freunden, frühere Diener etc. Und alle wollten einen noch sprechen, wenn es möglich war. Zuerst marschierten unsere beiden Dragoner-Regimenter aus. Da hörten wir zum ersten Mal das alte "Muss i denn" und es schnürte uns den Hals und das Herz zusammen als die Regimenter bei diesem Lied, als sie ihre Standarten im Schloss abgeholt hatten, aus dem Schloss die Rheinstraße hinunter nach dem Bahnhof marschierten.[336]

---

[334] Am 1. August 1914.
[335] Der Erste Weltkrieg trennte d e Geschwister: als Repräsentanten deutscher Fürstenhäuser standen Ernst Ludwig und Irène von Preußen auf der einen, Zarin Alexandra und Großfürstin Elisaweta von Russland sowie Victoria von Battenberg in Russland bzw. England auf der anderen Seite der feindlichen Lager. Die Zarin schrieb ihrem Bruder 1915: „Unsere Liebe zueinander bleibt bestehen [...], nichts und niemand kann das ändern." Zit. nach Aufleger (2016), S. 11. Zu den zahlreichen unwahren Zeitungsgerüchten um die Ermordung der Zarenfamilie s. ebd., S. 25.
[336] Das Dragonerregiment Nr. 24 verließ Darmstadt am 3. August 1914; vgl. Engels (2019 a), S. 22–23.

Beim Einladen waren wir natürlich auch dort, wie beim Einladen aller in Darmstadt garnisonierten Regimenter. Noch ein besonders schwerer Moment war, als wir mit den Kindern Abschied vom lieben alten Leibregiment nahmen. Es hatte im Herrngarten Aufstellung genommen und marschierte dann von dort ab. Ich rückte erst später ins Feld nachdem schon alle Truppen fort waren.[337]

Die Zeit an der Front war oft nicht leicht, da ich dem Korpskommando zugeteilt war und eigentlich nur als Zuschauer geduldet wurde. Wo es immer anging, bin ich bei meinen Truppen gewesen, oft bei Angriffen und Gefechten oder wenn die Verwundeten zurückbefördert wurden, dabei bleiben mir ihre Augen unvergesslich, denn wenn man mit ihnen sprach schienen sie einem kaum zu sehen, denn ihre Augen hatten den Tod gesehen und ihre Seelen hatten Fürchterliches durchlebt, sodass man sich ganz klein ihnen gegenüber fühlte. Ich ging auch in alle Lazarette um, wenn möglich, moralisch mitzuhelfen. Die Freude der Leute, wenn sie mich erkannten, war oft rührend, dass man doch fühlte, dass man für Etwas von Nutzen hat sein können. Ich bin immer nur in der Nähe der Truppen geblieben, nicht wie die meisten Fürsten, welche die Gelegenheit benutzten überall hinzufahren um sich gegenseitige Besuche zu machen oder Städte anzusehen, dazu war man

Großherzog Ernst Ludwig und seine als Lazarettschwester tätige Ehefrau Eleonore bei einem Zusammentreffen nahe der Kriegsfront. Im Hintergrund Prinz Wolfgang von Hessen-Kassel, Frankreich 1915.

nun doch nicht da. Ich fuhr weiter hinaus, nur wenn ein hessischer Truppenteil weiter ab eingesetzt worden war, oder das eine Mal nach Brügge, um an der Meeresfront hessische Matrosen zu sehen und die Tapferkeitsmedaille zu verteilen.[338]

Nach dem Sommer 1915 bin ich viel zu Hause gewesen, denn ich fühlte wie äußerst nötig es

---
[337] Ernst Ludwig stand im Rang eines Generals beim Generalstab des 18. Armeekorps; vgl. Engels (2019 a), S. 23. Laut seines Kriegstagebuchs hielt er sich vom 15. August 1914 bis 30. März 1915 (mit kurzfristigen Unterbrechungen im November und zu den Weihnachtstagen) durchgängig an der Front in Belgien und Nordfrankreich auf, zumeist im nordfranzösischen Moyencourt, Département Somme. HStAD D 24 Nr. 32/6-7.
[338] Die Reise nach Brügge und Zeebrügge am 26.–30. Juli 1915 wurde mit einem Besuch bei Prinz Rupprecht von Bayern (1869–1955) in Lille und der Besichtigung von Antwerpen und Brüssel verbunden; vgl. 2. Band des Kriegstagebuchs, HStAD D 24 Nr. 32/7.

war, dass die Heimat, welche so hart ohne Dank arbeiten musste, so viel wie möglich moralisch hochzuhalten war und dass die Regierung doch noch fest mit ihr verankert bleiben musste.[339] Es wurde einem oft schwer gemacht, weil alte pensionierte Generäle zu stellvertretenden Korpskommandeuren mit besonderer Vollmacht eingesetzt worden waren. Nun kamen übereilte Befehle von Berlin, welche sie als streng zu befolgen weitergaben. So der Befehl von Gall,[340] dass die ganze Kirschenernte zu sammeln wäre und sofort nach Frankfurt zu schicken sei. Die Menschen waren ganz außer sich, weil schon so wenig Obst da war und sie schimpften gegen die Regierung, die doch nur den Befehl auszuführen hatte. Nach ungefähr einer Woche kam wieder ein Befehl, wir sollten die Kirschen wieder abholen, man gebrauche sie nicht. Natürlich waren beinahe alle nicht mehr zu gebrauchen.

Mama[341] sah die Notwendigkeit ein, ein Lazarettauto für unsere Korps zu beschaffen. Sie ging selbst zu Gall, der es rundweg abschlug. Nun arbeitete sie mit Frau von Passavant, bis sie genug Geld in Frankfurt und Darmstadt gesammelt hatte. Nachdem alles nun fertig war, ließ Gall das Auto nicht fort. Mama teilte mir alles mit und ich musste mich direkt an den Kaiser wenden, der mir sofort die Erlaubnis zur Abschickung gewährte. Das Lazarettauto tat so gute Dienste, dass die Nachbar-Korps es auch benutzen wollten. Ich erlaubte es aber nicht, denn es war ja nur von Angehörigen unseres Corps angeschafft worden. Später kamen ja noch mehr für unsere Armee. Nie vergesse ich die jeweilige Weihnachtszeit, wo wir in allen Lazaretten abwechselnd die Bescheerungen mitmachten. Die Leute waren natürlich immer besonders weich gestimmt und es war so schwer, den Schwerverletzten Hoffnung auf ihre Besserung einzuflößen. So arbeiteten wir beide, an der Front und zu Hause, soviel als es in unseren Kräften stand an der Menschheit, ihren moralischen Mut hochzuhalten. Eure Mutter war während der ganzen Kriegszeit so wunderbar wie nur die deutsche Frau mit dem großen Herzen es sein kann.[342] Nie hat sie einen Augenblick in ihrer großen Arbeit nachgelassen und nie hat sie sich einen Augenblick erlaubt müde zu sein. Man muss sich vergegenwärtigen, wie viele Fäden in ihren Händen zusammenliefen, denn wenn ich an der Front war, führte sie auch noch die Regierung und wie beinahe jeden Tag zu allen anderen Fragen es etwas ganz Neues gab, das ausgearbeitet, neu eingereiht werden musste.[343] Ihr Beispiel war die große Hilfe für unsere arbeitenden Frauen.

Unter den Menschen, die ich draußen an der Front kennen lernte, hat mir General von Kühne den tiefsten Eindruck gemacht. Er hatte die

---

[339] Nach der Frontreise vom 12. Juli–4. August 1915 verzeichnet das Kriegstagebuch eine Kurz-Reise am 22.–27. Januar 1916, einen längeren Aufenthalt im Feld am 17. Februar–8. April 1916, dann kürzere Frontbesuche am 13.–18. November und 30. November–8. Dezember 1916, am 28. Februar–4. März und am 3.–7. Oktober 1917, sowie letztmals am 25. Februar–6. März 1918. HStAD D 24 Nr. 32/7.
[340] Karl Freiherr von Gall (1847–1926), General der Infanterie. Nach seiner Pensionierung im Jahr 1907 wurde Gall unmittelbar nach dem Mobilmachungsbefehl, am 2. August 1914, als General des XVIII. Armeekorps eingesetzt.
[341] Großherzogin Eleonore von Hessen und bei Rhein.
[342] In der 1983 publizierten ersten Edition der Erinnerungen wurde dieser Satz folgendermaßen geändert: „Eure Mutter war während der ganzen Kriegszeit wunderbar." Franz (1983), S. 148. Bei Knodt (1978), S. 349 hingegen wird der ursprüngliche Wortlaut wiedergegeben.
[343] Zur Regierungsübernahme der Großherzogin Eleonore in Abwesenheit Ernst Ludwigs vgl. die Bekanntmachung vom 16. August 1914, im Wortlaut wiedergegeben bei Knodt (1978), S. 351.

Die großherzogliche Familie mit verwundeten Soldaten auf Schloss Wolfsgarten, 18. Oktober 1918.

hessische Division, sodass ich ihn oft sehen konnte. Er ist ein Mann mit einem ganz großen Herzen, der für seine Truppen wirkliche Liebe hatte. Wo es ihm nur möglich war, sorgte er für alle auf das Rührendste; bis zu dem einzelnen Manne ging seine Sorge. Dabei war er ein sehr guter Soldat, der die Division ganz vorzüglich führte. Er hatte einen einzigen Sohn der, wie der Krieg ausbrach, als Maler in Norwegen weilte. Erst später erfuhr er, dass auch er sich zur Armee gemeldet hatte. Da traf ihn plötzlich die Nachricht, dass derselbe gefallen wäre.[344] Er wurde ganz still und zog sich von Allem zurück. So sehr lastete dieser Verlust auf ihm, dass seine Herren in großer Sorge um ihn waren. Sie setzten es durch, dass er Urlaub bekam und sofort zog er an die Stelle, wo der Truppenteil seines Sohnes stand. Vor ihm lag das zerschossene

---

[344] Längere Gespräche mit Alfred von Kühne (1853–1945), Kommandeur der zum XVIII. Armee-Korps zählenden Großherzoglich-Hessischen Division, erwähnt das Kriegstagebuch u.a. am 5. und am 27. Februar 1915. HStAD D 24 Nr. 32/7. Kühnes zweiter Sohn Hans Georg war bereits am 28. August 1914 als Leutnant bei Mouslains nördlich Péronne gefallen.

Dorf, in dem derselbe seinen Tod gefunden hatte. Da ist der Vater im schlimmsten Feuer ganz allein, nur mit einem Stock in der Hand bis in das verlassene Dorf gegangen und fand die Stelle, wo sein Sohn gefallen war. Dann kehrte er so, wie er gekommen war, wieder zurück. Keine Kugel traf ihn. Diese Wallfahrt scheint ihm so geholfen zu haben, dass er sich ganz wiederfand und von Neuem seine Division mit der alten Sicherheit weiterführte. Viele ganz reiche Stunden habe ich mit diesem so tief kultivierten Manne verbracht. Allein als Sprachen kann er Lateinisch, Griechisch, Italienisch, Französisch und Englisch so gut, dass er alle Bücher in der Muttersprache lesen kann. So z.B. übersetzte er an der Front in seinen freien Stunden Guy de Maupassant ins Deutsche. Sobald wir abends zusammenkamen, richtete sich sehr bald das Gespräch auf die tiefsten Dinge, sodass wir ganz vergaßen, wo wir eigentlich waren. Als ich einst einen Abend zum Essen im Divisionsstab war, ging es uns beiden wieder so. Wir setzten uns ins Freie wegen der schönen Luft, die anderen blieben im Haus. Nach einiger Zeit kamen die anderen heraus und machten uns klar, dass es Zeit war, zu Bett zu gehen, denn es war inzwischen drei Uhr morgens geworden. Nicht nur seiner Truppe war er immer gerecht, sondern auch den Einwohnern. Da er so gut französisch konnte, hatten sie zu ihm persönlich das größte Zutrauen. Sobald eine Stadt in der Nähe war, fuhr er hin und holte sich Bonbons. Damit füllte er sich seine Taschen und gab davon, wo er hinkam, den Kindern welche. Es war zu nett zu sehen, wie die Kinder immer zutraulicher zu dem fremden General wurden und ihn ganz als ihren Freund betrachteten. Es war allgemeine Trauer in der Division, wie er nach der Ostfront versetzt wurde. Ich sehe ihn nur noch selten, er ist aber dann immer derselbe.

Der Dichter Fritz von Unruh[345] war zu dem Korpskommando gekommen, nachdem er erst in seinem Ulanenregiment den Vormarsch mitgemacht hatte. Ex.[zellenz] von Schenck ließ ihn zu sich kommandieren, weil er den Eltern versprochen hatte, dass er für ihn sorgen wolle. Der Krieg hatte Unruh sehr stark mitgenommen und er rang verzweifelt mit sich, um den großen inneren Wert dieses Abschlachtens zu erkennen. Damals entstand das Werk "Vor der Entscheidung". Oft, sehr oft sprachen wir und diskutierten zusammen ganze Nächte hindurch, nachdem er ein neues Stück des Werkes gedichtet hatte. Wie es fertig war, las er es den Herren des K.K. Stabes vor. Es war interessant zu sehen, wie es auf die Einzelnen wirkte. Man muss nicht dabei vergessen, dass es alle Offiziere waren. Einige fanden die Dichtung an sich schön, Einige fanden alles zu phantastisch, aber die Meisten waren innerlich entrüstet.[346] Immer arbeitete Unruh an neuen Gedanken und

---

[345] Fritz von Unruh (1885–1970), deutscher Dichter.
[346] Unruh las "Vor der Entscheidung" am 17. Februar 1915, nachdem er die Entwürfe bereits im Spätherbst 1914 (24. Oktober und 8. November) mit dem Großherzog erörtert hatte. Ernst Ludwig notierte dazu: „Ich glaube, alle waren ergriffen. Er selbst meinte: dieser Nachmittag ist einer der Grundsteine unserer großen deutschen Kunst, die aus den Blutfeldern des fürchterlichen Krieges herauswachsen wird und muß." HStAD D 24 Nr. 32/6-7. Vgl. Hessen (1986), Seite 64–66; 114.

Ideen und wurde immer mehr menschenscheu, da er fühlte, dass ihn nur wenige verstanden. Dazu kam seine Art, die leicht hochfahrend war und immer hatte er das Gefühl, man wolle ihn zurücksetzen, sodass er zuletzt stets mit jemanden pikiert war. Um ihm mehr freie Zeit zum Arbeiten zu geben und ihn aus diesem ihm so unsympathischen Kreis herauszuziehen, ließ ich ihn, nach einer Besprechung mit Schenck, zu meinen Buben als Begleiter kommandieren. Er gab sich redliche Mühe. Zu meinem 25. Regierungsjubiläum [1917] schrieb er eine reizende Allegorie, welche die Buben mit ihren Spielkameraden mir vorführten. Sie waren damals noch alle ganz klein, spielten aber mit großer Hingabe und Begeisterung. Damals schrieb er auch "Ein Geschlecht", welches er in der Schweiz fertig aufführte. Es ging mit dem Jungen sehr gut bis er krank wurde und nach der Schweiz ging, wo er eine schwere Nervenentzündung bekam und nicht mehr zurückkehrte, da in der Zwischenzeit die Revolution ausbrach, an der er sich dann beteiligte. Seitdem habe ich ihn nur dreimal gesehen. Er hat sich ganz von mir gelöst.[347]

---

[347] Als erklärter Pazifist und Regimekritiker war Unruh seit 1933 der Verfolgung durch das NS-Regime ausgesetzt; seine Werke wurden zensiert und zum Opfer der Bücherverbrennung. Er emigrierte zunächst nach Italien. Im Nachlass des Großherzogs zählt die umfassende Korrespondenz mit Unruh, aus den Jahren 1915–1919, HStAD D 24 Nr. 37/5, zu den wenigen außerhalb der Familienkorrespondenz erhaltenen Briefwechseln; vgl. die Teil-Edition anlässlich von Ernst Ludwigs 50. Todestag, Franz (1987).

Der deutsche Fürsten-Tag, Frankfurt am Main, 1863.

VII.
Fürstlichkeiten

"... hingerissen von dieser alten, noch so schönen und geistreichen und liebenswürdigen Frau"
Kaiserin Eugenie von Frankreich, 1873.

Leopold II. von Belgien kannte ich ziemlich gut, weil er als Vetter der Königin Viktoria öfters bei ihr war. Aber persönlich verachtete sie ihn. Er hat ja viel für sein Land getan, aber sein Familienleben war doch sehr schmutzig. Wie er mich einstens in Darmstadt besuchte[348] war ich einfach entsetzt, wie zynisch er über seine eigenen Töchter und nahe Verwandte sprach.

Ein komisches Erlebnis ereignete sich, als einst der König Chulalongkorn von Siam meinen bei mir weilenden russischen Geschwistern seine Aufwartung machte.[349] Nicky warnte uns schon vorher, dass die siamesische Etikette es verlange, dass je höher die Stellung des Menschen wäre, umso lauter müsse man ihn anreden. Unten an der Treppe begrüßte er mich schon sehr laut. Als er den Kaiser sah, schrie er ihn schon an. Und als er meine Schwester oben an der Treppe begrüßte, brüllte er einfach. Obwohl wir alle gewarnt waren, mussten wir uns gegenseitig vor lauter Lachen hinter die Säulen verstecken. Später sprach er ganz normal.

Kaiserin Eugenie[350] lernte ich als Bub kennen. Es war in Balmoral Herbst 1879. Sie lebte in Abergeldie Castle. Papa nahm mich zum Besuche mit. Sie hatte ihr Reich, ihren Gatten (Napoleon III.) und ihren Sohn verloren; mein Vater seine Gattin, meinen Bruder Fritz und meine Schwester May. Sie sahen sich zum ersten Male

nach dem Krieg 1870–71 wieder. Als mein Vater ihre Hand küsste, küsste sie ihn unter Tränen und ich wurde schnell von ihrem Gefolge abgeführt.[351] Das zweite Mal, dass ich sie sah, war in Kranichstein 1883. Ich war 13 und Alix 11 Jahre. Kaiserin Eugenie wollte meinen Vater besuchen. Als sie erfuhr, dass er und meine älteren Schwestern verreist waren, sagte sie sich doch zum Mittagessen an. Also mussten wir beiden Kinder für sie sorgen. Zum Essen war ihr Herr und Dame, Herr Muther und Wilhelmine von

---

[348] König Leopold II. von Belgien (1835–1909) besuchte Darmstadt am 14. April 1899; vgl. Darmstädter Zeitung 123. Jg. Nr. 125, S. 691.
[349] Der Besuch König Rama V. von Siam (1853–1910) fand am 7./8. Oktober 1897 im Rahmen einer mehrmonatigen Europareise statt. Anlass für den kurzen Aufenthalt in Darmstadt bot die Anwesenheit von Zar Nikolaus II. und Zarin Alexandra, die zur Grundsteinlegung der russisch-orthodoxen Kirche der Heiligen Maria-Magdalena (Russische Kapelle) auf der Mathildenhöhe angereist waren; vgl. Darmstädter Zeitung 121. Jg. Nr. 470, S. 1784.
[350] Eugénie, Kaiserin der Franzosen (1826–1920), geb. de Montijo, Ehefrau Napoleons III. (1808–1873).
[351] Großherzog Ludwig IV. vermerkte am 5.10.1879 in seinem Tagebuch: „Nach Abergeldie zu Kaiserin Eugenie. Liebenswürdig wie immer, doch schwer getroffen durch ihres Sohnes Tod." HStAD D 24 Nr. 7/5. Prinz Louis Napoleon war am 1. Januar 1879 gestorben.

Grancy zugegen. Trotzdem unterhielt sie sich viel mit uns, das Sprechen durch eingeflochtene englische Worte uns erleichternd. Bei ihrer Abfahrt versprach sie, uns etwas zu schicken. Und richtig kamen für Alix eine große Puppe in Blau und für mich ein Dreirad an. Im Jahre 1887 traf ich sie auf der Insel Wight wieder, wo sie in einem Häuschen bei Osborne wohnte. Sie lud mich zum Abendessen ein. Es waren noch einige Leute und zwei von ihren Nichten anwesend. Ich saß beim Diner neben ihr und versuchte mein bestes Französisch zu sprechen, was mir schwer fiel, weil ich immer ihren Fächer ansehen musste. Nie war er ruhig und bewegte sich wie ein lebendes Wesen, manchmal wie ein Schmetterling, dann wie eine Möwe und wieder wie ein schwebender Adler. Immer anders und immer zu den Worten passend. Es war von einer bestrickenden Schönheit. Nur zum Essen legte sie ihn hin. Noch öfters sah ich sie bei Großmama. 1890 sah ich sie zum letzten Male. Großmama hatte die Yacht Viktoria und Albert uns jungen Verwandten, darunter Alix und ich, mit ihren Freunden und Gefolgen zu einer Rundfahrt um die Insel geliehen. Plötzlich erschien auch Kaiserin Eugenie. Wir Jungen tobten durch das ganze Schiff. Nach dem Essen setzte sich die Kaiserin in eine geschützte Ecke und sah uns Jungen zu. Sie sprach mit einigen von uns und fing Geschichten aus ihrem Leben zu erzählen an. Allmählich vergrößerte sich der Kreis ihrer Zuhörer, bis wir eine gedrängte Masse von jungen Menschen im Halbkreis auf dem Boden sitzend ihr zuhörten. Das aber war ein wunderbares Erzählen. Sie brachte einem zu Tränen, dann zu lustigem Lachen, dann zum Schmunzeln und wieder zu herzklopfender Erregung. Wir waren alle in atemlosem Zuhören festgebannt, hingerissen von dieser alten, noch so schönen und geistreichen und liebenswürdigen Frau.

Kaiser Franz Joseph sah ich zum ersten Mal, als ich meinen Antrittsbesuch bei ihm in Wien machte im Juni 1893.[352] Ich lebte in der Burg und er hatte in mein Vorzimmer die berühmte Darmstädter Uhr, von Ludwig VIII. an Maria Theresia, aufstellen lassen.[353] Er war von einer auserwählten Liebenswürdigkeit und betrachtete mich ganz als nahen Verwandten. Das große Diner war am Nachmittag. Da man mir gesagt hatte, dass der Kaiser immer überpünktlich wäre, oft eine Viertelstunde und noch mehr vor der Zeit, zog ich mich sehr früh schon an. Da es sehr heiß war, so hatte ich noch garnichts am Körper um mich abzukühlen. Da klopfte es an und ein Diener sagte durch die Türe, der Kaiser warte auf mich im Vorzimmer. Ich schlüpfte in mein Hemd und zog mir gerade die Hosen an, als der Kaiser in voller Uniform hereinkam. Er sagte lachend, ich solle mich nicht stören lassen, er wolle nur behilflich sein, dass meine österreichische Uniform und Orden gut säßen.

---

[352] Der Besuch bei Kaiser Franz Joseph von Österreich (1830–1916) fand tatsächlich vom 15.–19. Mai 1893 statt.
[353] Die sog. Maria-Theresien- oder Vorstellungsuhr wurde von den Darmstädter Hofuhrmachern Ludwig und Friedrich Knauß geschaffen und im Oktober 1750 als Geschenk Landgraf Ludwigs VIII. von Hessen-Darmstadt an Kaiserin Maria Theresia (1717–1780) und Kaiser Franz I. Stephan (1708–1765) überbracht. Sie gilt als herausragendes Beispiel der Uhrmacherkunst des 18. Jahrhunderts; vgl. Weber (1962), S. 49. Dieselbe Aufmerksamkeit erwies der Kaiser wenige Jahre später Ernst Ludwigs Schwester Alix, die als neu gekrönte Zarin von Russland im August 1896 Wien besuchte. HStAD D 24 Nr. 36/8, Brief der Zarin Alexandra von Russland an Großherzog Ernst Ludwig vom 15./27.8.1896

Ich schwitzte aber doch wieder.[354] Nun ging ich mit ihm in den einen großen Saal, wo auf der einen Seite alle Erzherzoginnen und auf der anderen alle Erzherzöge dem Range nach Aufstellung genommen hatten. Der Kaiser stellte mich allen nach der Reihe persönlich vor. Ich dachte ich würde sterben, denn sie halfen mir nicht viel in der Conversation. Da gingen die Doppeltüren auf und der Oberstceremonienmeister Prinz Hohenlohe sagte, die Gäste wären alle versammelt. Ich sah in einem noch viel größeren Saal eine Masse von Uniformen etc. Der Kaiser schritt mit mir herein. In einem sehr großen Halbkreis standen alle Großen des Reiches. Es nahm mir den Atem. Schnell flüsterte ich Hohenlohe zu, mir hauptsächlich die Stellung der Herren zu sagen, die Namen wären einerlei. Nun ging es los. Hinter mir allein stand der Kaiser, dahinter im Halbkreis die Familie und vor mir alle österreichischen und ungarischen Minister etc. Wie es abging weiß ich nicht, denn in der Stille fühlte ich, wie der Kaiser genau auf jedes Wort der Unterhaltung bei den jeweiligen Herren aufpasste. Hätte man mir vorher gesagt was mir bevorstand, wäre ich sicherlich in Verzweiflung geraten, ich war ja erst 24 Jahre und hatte so etwas und auf solche Art noch nicht mitgemacht. Dann ging es zum Diner.

Der Kaiser hatte für mich eine Menge Festlichkeiten bestimmt, die nur bei großen Herrschern stattfanden. Darunter war eine Pirutschade, die über 20 Jahre nicht stattgefunden hatte: An einem Nachmittag in Schönbrunn fuhren wir, die ganzen Erzherzöge und Minister etc. in mindestens 30 je zweisitzigen Wagen in ganz langsamen Trab hin und her durch die großen Alleen und Wege des Parkes an dichtgedrängten Mengen von Wienern vorbei. Wir hätten eigentlich alle im Rococoanzug sitzen müssen. Zu einem großen Familiendiner hatte sich zu allgemeinem Erstaunen plötzlich Kaiserin Elisabeth angesagt. Sie war ja durch Bayern mit uns entfernt verwandt und hätte, wie sie mir sagte, meinen Vater sehr gerne gehabt, deshalb wäre sie gekommen.[355] Sie war noch immer wunderschön, ganz in Schwarz mit Jettschmuck. Sie aß nur Schwarzbrot und trank Milch dazu, sprach aber viel mit mir, was alle erstaunte und frug mich nach Verwandten aus, auch erzählte sie viel von der bayerischen Familie. Ich sah sie erst wieder ungefähr 14 Tage vor ihrer Ermordung. Es war in Nauheim, wo sie zur Kur war[356]. Was mir einen tiefen Eindruck machte war das Gespräch in dem Garten ihrer Villa nach dem Essen. Wie immer war sie in schwarz und die Sonne schien auf ihre wundervolle dunkelkupferfarbige Haarkrone. Sie erzählte mir, wie sehr sie den Tod ersehne und wenn er nur plötzlich käme, ehe sie es merkte. Nur nicht wirklich krank sein, das wäre zu furchtbar. 14 Tage nachher kam der Tod, ge-

---

[354] Ernst Ludwig wurde bei dieser Gelegenheit zum Oberst-Inhaber des K. K. Infanterie-Regiments Nr. 14 ernannt, dessen Chef bereits seit 1851 der jeweilige hessische Großherzog war.
[355] Kaiserin Elisabeth „Sisi" von Österreich (1837–1898), geb. Herzogin in Bayern, mied seit dem Tod ihres Sohnes, des Kronprinzen Rudolf 1888 die Hofgesellschaft. Ihr Erscheinen wurde folglich als besondere Auszeichnung angesehen. Die erwähnte Blutsverwandtschaft Elisabeths mit dem Haus Hessen bezieht sich auf ihre Großmutter, Königin Caroline von Bayern (1776–1841), geb. Prinzessin von Baden. Deren jüngere Schwester Wilhelmine (1788–1836) war die Ehefrau des hessischen Großherzogs Ludwig II. (1777–1848) und somit Ernst Ludwigs Urgroßmutter.
[356] Elisabeth hielt sich vom 16. Juni–29. August 1898 unter dem Pseudonym einer Gräfin Hohenembs zur Kur in Bad Nauheim auf, wo sie am 19. August vom hessischen Großherzogspaar besucht wurde. Am 10. September fiel sie in Genf dem Attentat eines italienischen Anachristen zum Opfer.

nicht das hessische Wappen wäre, welches er auf dem Porzellanservice bemerkt hätte. Ich bestätigte es ihm, da sagte er: "Ich dachte es mir und ich habe mich geschämt."[357]

Prinzregent Luitpold von Bayern war von Natur aus ein ganz einfacher Mensch, aber seine übertriebene Höflichkeit war manchmal beinahe unangenehm, weil man dadurch gezwungen war, an jeder Tür, in jedem Zimmer, vor jedem Wagen einen Höflichkeitstanz aufzuführen. Seinen Sohn Ludwig III. kannte ich sehr gut, besonders dadurch, dass ich ihn zweimal aus einer heiklen Situation retten konnte.[358] Er hatte nämlich bei der Krönung in Moskau und bei dem Jubiläum in London jedesmal einen Durchfall. Das eine Mal fing es schon in der Kirche an und ich konnte ihn noch in ein Zimmer retten, wo er warten musste, bis ich etwas finden konnte. Das zweite Mal [war es so], dass ich ihn noch in einen Wagen setzen konnte. Es war besonders schwer, da er hilflos war, denn er konnte keine Sprache sprechen.

In Moskau bei der Krönung waren viele deutsche Fürstlichkeiten und viele deutsche Abordnungen versammelt. Da gaben ihnen die deutschen Ansässigen ein großes Gartenfest. Bei der Begrüßungsrede, die ein ganz einfacher Herr hielt, fiel das Wort Vasallen. Ludwig als Ältester und Vertreter Bayerns musste ant-

nau wie sie ihn ersehnt hatte. Den Kaiser Franz Joseph sah ich nur noch einmal am Berliner Hof wieder.

Kaiser Karl lernte ich während des Krieges in Homburg kennen. Bei einem Mittagessen war es, zu dem wir von Kaiser Wilhelm eingeladen waren. Nach dem Essen frug er mich, ob das

„Ich schlüpfte in mein Hemd und zog mir gerade die Hosen an, als der Kaiser in voller Uniform hereinkam"
Franz Joseph von Österreich, um 1910.

---

[357] Kaiser Karl (1887–1922) und Kaiserin Zita (1892–1989) von Österreich waren am 3.4.1917 bei Kaiser Wilhelm II. in Schloss Bad Homburg zu Gast. Das Erbe der Landgrafen von Hessen-Homburg war mit deren Aussterben im März 1866 an die Darmstädter Linie des Hauses Hessen gefallen. Als Folge des Deutschen Krieges wurde der Besitz bereits wenige Monate später durch das Königreich Preußen annektiert. Die Tatsache, dass der Großherzog von Hessen als geladener Gast auf Porzellan mit dem Wappen seines eigenen Hauses bewirtet wurde, bedeutete nach Ansicht Kaiser Karls einen Affront.
[358] Der bayerische Prinzregent Luitpold (1821–1912), Bruder der 1862 verstorbenen Großherzogin Mathilde von Hessen, machte am 21./22. November 1893 einen offiziellen Antrittsbesuch in Darmstadt. Sein ältester Sohn wurde 1913 als Ludwig III. (1845-1921) der letzte König von Bayern.

worten. Dabei stellte er fest, wir wären keine Vasallen, wir hätten aus freiem Willen uns unter den Kaiser gestellt, dieses alles leider in ziemlich deutlichen und klaren Worten. Es war vielleicht ein Taktfehler, in einem solchen Augenblick so deutlich zu sein, da der arme Vorredner überhaupt nichts Böses gemeint hatte. Gleich darauf sagte mir Ludwig, er hätte doch den Deutschen in Moskau den geschichtlichen Standpunkt klarstellen müssen. Heinrich,[359] der deutsche Botschafter und die preußischen Delegationen waren wütend. In so einem Moment solle man der Welt gegenüber nicht die Zwietracht Deutschlands darstellen. Nun war es ein ganz intimes Fest und keine Fremden dabei, auch hätte man die Reden zum Druck ändern können. Aber es wurde alles nach Berlin berichtet. Dem Prinzen Ludwig war der Aufenthalt in Berlin und Preußen verboten. Er war richtig verbannt. Lange Hin- und Herschreibereien zwischen München und Berlin. Endlich nach einem Jahr wurde er nach Kiel befohlen um sich dort zu entschuldigen.[360] Ich habe nie begriffen, dass man so ein Aufsehen von dieser Sache machen konnte. Bayern und Preußen waren wieder aneinander und der spätere König Ludwig III. hat diese Sache nie überwinden können, wie er mir selber sagte. Und was muss der Prinzregent Luitpold, sein Vater, gedacht haben, der sich doch immer so anstrengte mit Berlin gut zu stehen?

Eine kitzelige Sache passierte mir, als Ludwig III. noch als Prinzregent für den armen König Otto mir seinen offiziellen Besuch abstatten wollte (jedermann wusste schon damals, dass er sich gerne zum König machen wollte). Um ihm eine Freude zu machen, wollte ich ihm als Galaoper die gute und neueinstudierte und in Szene gesetzte Oper "Wenn ich König wäre" von Adam[361] geben. Um ein Haar wäre der Brief mit der Frage, ob diese Oper ihm genehm wäre, an ihn abgegangen als mein Hofmarschall Ungern-Sternberg sich des Klatsches erinnerte. Erschreckt meldete er mir dieses und schnell wurde eine andere Oper gewählt. Man kann sich denken was für ein Schmunzeln und Klatschen entstanden wäre.[362]

Mit seinem Sohne Ruprecht kam ich immer sehr gut aus, weil er ein so gebildeter Mensch ist und sehr deutsch denkt. Aber während des Krieges in Lilles erzählte er mir etwas, das so arg war, dass ich Angst für dieses Gefühl hatte. Vom Hauptquartier schickte man ihm, dem Armeeführer, einen Bericht der genau bewies, dass zwei von den bayerischen Generälen und ein Oberst sich unmöglich gemacht hätten durch Feigheit, Ungehorsam etc. Ich weiß nicht mehr die Einzelheiten. Er ließ sie kommen, schnauzte sie furchtbar an und schickte einen oder zwei sofort zurück. Wie ich bei ihm war, war er in einer so furchtbaren Aufregung, dass ihm die Tränen

---

[359] Prinz Heinrich von Preußen, Bruder Wilhelms II. und Ernst Ludwigs Schwager.
[360] Die Schilderung dieses Vorfalls vom 5. Juni 1896 entspricht im Ganzen der bei Möckl (1972), S. 383-397, gegebenen Schilderung. Der „Entschuldigungs-Besuch" Prinz Ludwigs in Kiel, der in den Akten ausdrücklich als „Canossagang" bezeichnet wird, fand allerdings nicht nach einem Jahr, sondern bereits auf der Rückreise nach München, am 29. Juni 1896 statt.
[361] Die opéra comique „Wenn ich König wär" von Adolphe Adam (1803–1856) wurde 1852 in Paris uraufgeführt.
[362] Prinzregent Ludwig ließ sich im November 1913, wenige Monate nach seinem Besuch in Darmstadt, zum König von Bayern proklamieren. Die Tatsache, dass der psychisch kranke König Otto (+1916), ein Vetter von Ernst Ludwigs Vater, zu diesem Zeitpunkt noch am Leben war, und Bayern somit über zwei Könige verfügte, sorgte für harsche Kritik an Ludwig. Für die Festaufführung des Darmstädter Hoftheaters am Abend des 14. Mai 1913 wurde Friedrich von Flotows (1812–1883) „Alessandro Stradella" ausgewählt; vgl. Darmstädter Zeitung 137. Jg. Nr. 110 und 111, S. 835 und 844.

in den Augen standen. Er sagte mir nämlich, dass ihm die Sache keine Ruhe gelassen hätte. So ließ er alles noch einmal genau untersuchen. Dabei stellte es sich heraus, dass die drei Fälle auf Befehlshaber der Nachbartruppen passten, welche Preußen waren und nicht Bayern. Er hätte die Tatsache sofort dem Kaiser berichtet und hätte um seine Ablösung gebeten. Was ihn ja selbstverständlich so furchtbar wurmte war, dass er seinen Bayern gegenüber durch Leichtgläubigkeit ungerecht geworden wäre. "Wie soll man", rief er mir zu, "bei so etwas noch ein richtiger Deutscher bleiben!". Ich habe nie das Ende der Geschichte gehört, weil ich ihn nicht mehr danach fragen wollte.[363]

König Wilhelm II. von Württemberg war wirklich innerlich vornehm, ein Gentleman, sehr bescheiden und liebenswürdig und in seinem Land sehr beliebt. Seine Privatpassion waren Pferde, von denen er eine berühmt gute Zucht hatte, aus denen viele gute Rennpferde stammten. Es war eine Freude mit ihm zu sprechen. Auch stand ich mit seiner zweiten Frau Charlotte von Schaumburg-Lippe auf sehr freundlichem Fuß.[364] Besonders erfreute mich immer ihre gerade Wahrheitsliebe, die leicht in Grobheit ausartete. Seinen Erben, den Herzog Albrecht von Württemberg kenne ich seit vielen Jahren. Er ist ein feiner, gebildeter Mensch, nur leider wie seine ganze Familie bigott katholisch. Als Führer unserer II. Armee war er ganz vorzüglich, denn er ist weitsichtig und war in Allem sehr gerecht. Militärisch wurde er sehr geachtet.

König Albert von Sachsen war einer der alten vornehmen Zeit. Mit klarem Gehirn alles durchschauend aber dabei von einer großen Güte. Ich kannte ihn schon als junger Student in Leipzig, wenn er mich nach Pillnitz oder Dresden einlud.[365] Von allen regierenden deutschen Fürsten war er uns jungen Prinzen gegenüber von einer wirklich väterlichen Liebe. Erst später begriff ich, wie er als Erzieher auf uns einwirkte und bin sicher, dass es seine Absicht war. Seine Frau, Tante Carola, die Tochter von Gustav Wasa, behandelte einem ganz als ihren leiblichen Neffen. Sie war ja auch durch Baden mit uns verwandt.[366] Sie tat sehr viel Gutes und hatte ein reges Interesse für ihre Wohlfahrtseinrichtungen. Ihre Passion war nachmittags Croquett zu spielen, da sie aber sehr kurzsichtig war, konnte sie die entfernteren Bälle nicht sehen. Ich hielt immer mein Taschentuch vor dem Ball, den sie dann aber auch unfehlbar traf. Bei Hoffesten trug sie wunderbaren Schmuck, der ihr aber ganz einerlei war. So trug sie einmal drei lange Brillantrivièren und viele lange Perlenreihen alle durcheinander, welche sich natürlich verkratzten.

---

[363] Ernst Ludwigs Kriegstagebuch dokumentiert ein Zusammentreffen mit Kronprinz Rupprecht (1869–1955) in Lille am 26. Juli 1915. HStAD D 24 Nr. 32/7.
[364] König Wilhelm II. (1848–1921) und Königin Charlotte von Württemberg (1864–1921).
[365] Zu König Albert s. S. 61–62. Zu den Aufenthalten am sächsischen Hof während Ernst Ludwigs Studentenzeit schreibt sein Studienbegleiter, Gustav Römheld: „Der erste Besuch in Dresden fand im Wintersemester 1889/90 gelegentlich eines „Kammerballes" statt [...] Die Allerhöchsten Herrschaften waren sehr gnädig und meine Pflichten bestanden wesentlich darin, mich vor[zu]stellen und die jüngeren Herrn, meist Offiziere, dem Erbgroßherzog vorzustellen. [...] Auch der große Hofball, an dem wir teilnahmen, war für mich eine ungemütliche Sache, da sehr viel Menschen [sic] da waren (überdies solche, die mir doch sozusagen alle unbekannt waren) [...] und ich war froh, als ich endlich mit meinem hohen Herrn wieder im Wagen saß, um nach unserem Hotel Bellevue zu fahren." Zit. nach Römheld (1933), S. 18–19.
[366] Königin Carola von Sachsen (1833–1907) stammte über beide Elternteile von der als „Schwiegermutter Europas" bezeichneten Markgräfin Amalie von Baden (1754–1832), einer Schwester des ersten hessischen Großherzogs ab. Als geborene Prinzessin Wasa war sie außerdem eine Enkelin des 1809 entthronten schwedischen Königs Gustav IV. Adolf. (1778–1837).

König Georg von Sachsen war nicht sympathisch, obwohl sehr gescheit. Er konnte oft sehr sarkastisch sein, auch war er ein Intriguant. Da seine jüngeren Söhne zu gleicher Zeit mit mir in Leipzig studierten, wurde ich oft nach Hosterwitz eingeladen.[367] Mit seiner Tochter Mathilde stand ich mich zum Erstaunen von jedermann sehr gut, denn sie hatte eine berüchtigte böse Zunge und war sehr hochmütig wie ihre ganze Familie. Sie war eine vorzügliche Malerin, aber leider persönlich sehr schmutzig. Einst haben alle ihre Vettern und Cousinen ihr zu Weihnachten je eine Schachtel mit Zahnbürste und Seife spendiert. Als große Gnade musste ich ihr als Student im Sommer immer die Leiter halten, wenn sie morgens früh immer Kirschen essen wollte, deren Kerne sie mir meistens auf meinen Kopf spuckte. Im Übrigen war der Anblick von unten schlimm.[368] Eigentlich war die Familie uninteressant, nur der spätere König Friedrich August war besser. Schon damals machte er seine guten, wenn auch oft recht taktlosen Bemerkungen. Seine beiden Brüder Hans und Max studierten ja zu gleicher Zeit wie ich in Leipzig. Hans sagte mir einst, er wolle den Dante seines Großvaters König Johann wieder neu übersetzen, denn er wäre zu schlecht.[369] Erstaunt frug ich ihn ob er italienisch so gut könne. Nein, sagte er, ich will die Sprache erst lernen.

Der Onkel Fritz (Friedrich I.) von Baden, den wir alle ganz gerne hatten, war aber zu sehr eine Suse. In der ganzen Familie hatte er nur den Namen "Onkel Wie du willst Luise". Da er der Schwiegersohn vom alten Kaiser Wilhelm war, fühlte er sich eigentlich mehr preußisch als badisch, was seinem Lande oft nicht zum Vorteil gereichte, denn Tante Luise beherrschte ihn ganz. Da sie aber eine hervorragende Landesmutter war, wusste sie, wie man Vieles einrenken konnte. Tante Luise (von Baden) war eine Freundin meiner Mutter gewesen, da sie beide das gleiche Interesse für Wohlfahrtseinrichtungen hatten. Nur hatte Tante Luise die unleidige Angewohnheit, immer den lieben Gott bei allem heranzuziehen. Sogar war es Sitte, wenn jemand kam um sie zu sprechen, so musste der Diener sagen, die jeweilige Person solle sich gedulden, die Großherzogin wäre eben im Gebet. Darüber konnte ihre Tochter Viktoria (Schweden) in Wut geraten. Als meine beiden älteren Schwestern herangewachsen waren, hatte sie einen besonderen Hass auf dieselben, weil Ella ihren Sohn Fritz (Fr.[iedrich] II.) ausgeschlagen

---

[367] Prinz Georg (1832–1904), der jüngere Bruder des kinderlosen Königs Albert, war von 1902-1904 König von Sachsen. Sein Landsitz Hosterwitz lag südöstlich von Dresden.
[368] Ernst Ludwigs Bemerkungen zu der bei dem Maler Alfred Diethe (1836-1919) ausgebildeten Prinzessin Mathilde (1863–1933) wurden in der von Eckart G. Franz 1983 edierten Fassung nur bis zum Wort „Malerin" gedruckt. In seinem Briefwechsel mit dem Historiker Golo Mann, der den Band mit einem biografischen Essay zu Ernst Ludwig einleitete, spricht Franz von diversen Streichungen und davon, er wolle „vielleicht auch die Passage über Prinzessin Mathilde von Sachsen […] weglassen." Mann entgegnete: „Ihre beiden Kürzungs-Vorschläge billige ich absolut, sowohl die antisemitische Anekdote wie auch die unschöne Charakteristik der Prinzessin von Sachsen müssen heraus." Archiv der Hessischen Historischen Kommission Darmstadt, E.G. Franz an G. Mann, 3.11.1982 und Antwort vom 19.11.1982, HFtAD N22 Nr. 1.
[369] Der nachmalige König Johann von Sachsen (1801–1873) hatte seit 1828 unter dem Pseudonym „Philalethes" („Freund der Wahrheit") Teilübersetzungen von Dante Alighieris (1265–1321) „Divina Commedia" publiziert. Mit seinen Enkelsöhnen, den Prinzen Johann Georg „Hans" (1869–1938) und Maximilian (1870–1951) von Sachsen, stand Ernst Ludwig laut der Einschätzung Gustav Römhelds „sehr nett zusammen, aber ohne sich gegenseitig anzuziehen." Zit. nach Römheld (1933), S. 18.

hatte.³⁷⁰ Sie glaubte, Darmstadt wäre Sodom und Gomorrah und sagte es auch. Als mein Vater gerade gestorben war, schickte sie ein langes Beileidstelegramm an Heinrich.³⁷¹ Um uns aufzuheitern, las er es vor. Es schloss mit den Worten: "Wie ist der moralische Zustand deiner geliebten Schwägerinnen? Gottbefohlen Luise". Wir mussten lachen und dann halfen wir ihm bei der Antwort, die schloss: "Der moralische Zustand meiner geliebten Schwägerinnen ist den Umständen entsprechend vorzüglich. Gottbefohlen Heinrich". Aber es drückte uns das Gewissen bis ein Telegramm von ihr an Heinrich kam, welches Heinrich für seine ausführliche Nachricht dankte.

Der alte Großherzog Carl Friedrich von Sachsen-Weimar bildete sich furchtbar viel ein, dass er der Bruder der Kaiserin Augusta war.³⁷² Und bei allen Hoffestlichkeiten in Berlin versuchte er meinen Vater beiseite zu schieben, um den Vorrang zu erlangen, was meinen Vater höchst vergnügte. Als ich nun Großherzog wurde, erinnerte ich mich des kleinen Spiels und immer stellte ich mich zur Seite, um den alten Herrn vorzulassen, zum Erstaunen meiner jeweiligen Dame. Nun war es sehr ergötzlich zu sehen, wie der Ehrgeiz mit seinem Anstandsgefühl kämpfte. Manchmal ging er vor, aber zuletzt verbeugte er sich immer und sagte dann mit sauersüßer Miene: "Mon cher, Du hast den Vorpas, je cède au coutume".³⁷³ Einst war eine große Galavorstellung dort. Eine riesenlange, sehr langweilige Allegorie von Wildenbruch, Willehalm benannt, wurde gegeben. Der alte Herr war dabei eingeschlafen. Just als Germania unter der Eiche eine lange Tirade losließ, wachte er auf und rief in seiner komischen Staccatosprache: "Soll das wohl meine Schwester sein? Arme Schwester". Wir starben alle an unterdrücktem Lachen, denn man sollte doch höchst ernst sein.³⁷⁴

Onkel Ernst von Coburg (Ernst II.), welcher der Schwager von Großmama war,³⁷⁵ war in seinem Alter sehr dick, besonders sein Hinterteil war ganz enorm. Sein Haar war glänzend schwarz gefärbt und er zog sich höchst übertrieben elegant an. Tante Alexandrine, seine Gattin, die er immer hintergangen hatte, nannte ihn "Ernst mein Schatz". Nun hatte Serge sich angewöhnt, mich als Witz so zu nennen. Zum ersten Jubiläum waren wir 1887 in Windsor. Im langen Corridor ruft mich Serge auf diese Art, sieht aber nicht den Onkel vom anderen Ende

---

³⁷⁰ Queen Victoria hatte sich 1882/83 für eine Verbindung ihrer Enkelin Elisabeth von Hessen mit dem badischen Erbprinzen Friedrich, Sohn Großherzog Friedrich I. (1826–1907) und der Großherzogin Luise (1838–1923) ausgesprochen. Angesichts von Elisabeths Verlobung mit dem Großfürsten Sergej von Russland schrieb die Königin an Victoria von Battenberg: „How very unfortunate of Ella to refuse good Fritz of Baden, so good and steady, with such a safe, happy position, and for a Russian. I do deeply regret it." Zit. nach Hough (1975), S. 44.
³⁷¹ Prinz Heinrich von Preußen, Ernst Ludwigs Schwager, war ein Neffe der Großherzogin Luise von Baden.
³⁷² Gemeint ist nicht Großherzog Karl Friedrich von Sachsen-Weimar-Eisenach (1783–1853), sondern sein Sohn und Nachfolger Karl Alexander (1818–1901). Dessen ältere Schwester Augusta (1811–1890) heiratete den späteren deutschen Kaiser Wilhelm I.
³⁷³ Gemeint sein dürfte etwa: „Mein Lieber, Du hast den Vortritt, ich überlasse ihn dir der Sitte gemäß." Unter den deutschen Bundesfürsten rangierte das Großherzogtum Hessen an 6. Stelle und somit vor dem Großherzogtum Sachsen-Weimar-Eisenach an 10. Stelle. Ob Ernst Ludwig den Großherzog mit fehlerhaftem Französisch zitiert, oder ob es sich hier um seinen eigenen Fehler handelt, ist unklar.
³⁷⁴ Ernst von Wildenbruchs „Willehalm. Dramatische Legende in 4 Bildern" wurde am 22. März 1897 anlässlich der Feierlichkeiten zum 100. Geburtstag Kaiser Wilhelms I. im Königlichen Opernhaus Berlin aufgeführt.
³⁷⁵ Herzog Ernst II. von Sachsen-Coburg-Gotha (1818–1893) war der ältere Bruder des englischen Prinzgemahls Albert und somit ein Großonkel Ernst Ludwigs. Die Ehe mit Alexandrine von Baden (1820–1904) blieb kinderlos, so dass sein Neffe, Herzog Alfred von Edinburgh, ihm 1893 als Regent in Coburg nachfolgte.

heraufkommen. Meinen entsetzten Blick sieht Serge und dreht sich um. Im Nu waren wir beide davongelaufen und in verschiedene Zimmer geflüchtet. Ich platze vor Lachen, aber Serge hatte längere Zeit eine Mordsangst, weil er nicht wusste, ob Onkel Ernst ihn gehört hatte.

Übrigens, wenn ich zu Kaisers Geburtstag in Berlin weilte, fand ich oft, dass viele von meinen sog. Kollegen noch so rückständig in ihren Anschauungen waren, dass ich mich als reiner Sozialist fühlte.[376] Sie begriffen so garnicht die Frage, wie man mit der Zeit gehen muss, wenn man zuletzt nicht von ihr übergangen werden will. Leider bewies es die Zeit der Revolution, sie wurden weggefegt ohne irgendetwas zurückzulassen, weil sie doch zu große Nullen waren, wenn sie auch anständig dachten.

---

[376] Für die Einschätzung Ernst Ludwigs als „roter Großherzog", vor allem am Berliner Hof, ist der Bericht des preußischen Gesandten in Darmstadt, Prinz Hohenlohe, vom 13. März 1901 über eine „Parlamentarische Soiree" aufschlussreich, zu der der Großherzog auch mit dem sozialdemokratischen Abgeordneten Carl Ulrich (1853–1933) zusammentraf. Hohenlohe bemerkt, dass „Seine Königliche Hoheit der sozialdemokratischen Partei in der That gewisse Sympathien entgegenbringen. [...] Der Großherzog betrachtet die Partei, wie er mir gegenüber einmal äußerte, als einen nützlichen, sogar schwer zu missenden Faktor im politischen Leben. So verdanke Deutschland im Grunde ihr eine ganze Reihe von Einrichtungen und Gesetzen, welche der ärmeren und Arbeiterklasse zugutekommen." PA AA Nr. 201/3058.

Großherzog Ernst Ludwig (links) mit seinem Schwager, Zar Nikolaus II. von Russland, auf dem Rücksitz eines Automobils der Firma Opel, Friedberg 1910.

VIII.
Regierungszeit, Anekdoten

Mit Opels trat ich sehr früh in Verbindung durch meinen ersten Besuch ihrer Fabrik, in der Nähmaschinen und Fahrräder gemacht wurden. Im Gespräch machte ich sie darauf aufmerksam, dass die Automobile eine große Zukunft hätten und ob es nicht redlich wäre, sobald wie möglich die Fabrikation derselben aufzunehmen. Zuerst waren sie etwas ängstlich, aber dann griffen sie mit Begeisterung zu. Die Mutter Opel, welche eine in ihrer Art wirklich bedeutende Frau war und der die Fabrik persönlich gehörte, musste überstimmt werden, aber dann war sie auch ganz für den Gedanken eingenommen. Ich fühlte mich richtig verantwortlich, denn ich hatte doch sehr stark für den Gedanken gewirkt. Wie oft haben wir neue Pläne zusammen ausgearbeitet und um klar zu sehen, habe ich eine Zeit lang in jeder Abteilung mich ganz orientiert, in der die jeweiligen Vorarbeiter mir über den Aufbau des Autos ganz genau alles erklärten. Jahrelang war ich wie ein Reisender für die Firma und machte wilde Propaganda für dieselbe. Groß und gut ist die Fabrik geworden.[377]

Herr Dietz, Präsident der Landesversicherung, hatte im Hessenland Lungenheilstätten eingerichtet, denn er wollte den Kampf gegen die Tuberkulose viel stärker einleiten. Er war ein praktischer aber auch sehr warmherziger Mann, sodass wir uns ganz mit ihm verbanden.[378] Nun gab es sehr viele arme Kranke, welche die Kur nicht bezahlen konnten, dazu kam noch, dass wenn man ihnen helfen wollte, man auch ihre Wohnungen ganz erneuern musste. Wie sollte aber das Geld dazu beschafft werden? Wir kamen auf die Idee, jährlich einen "Verkaufstag der Großherzogin" immer in einer anderen Stadt zu machen. Der Erste war im November 1908 im Schloss. Es arbeiteten an ihm alle wichtigen Frauen und Männer der Stadt. Jeder Stand hatte eine Farbe und verkaufte Gegenstände in derselben Farbe. Mamas Stand war vielfarbig. Alles arbeitete wild für diesen Verkaufstag und das Resultat war eine große Summe.[379] Die Verteilung der Farben der Stände blieb immer die Gleiche. Der zweite Verkaufstag war November 1909 in Mainz. Der Andrang war so riesenhaft, dass die Stadthalle, in der der Verkauf stattfand, ein paar Mal geschlossen werden musste. Es gab wieder eine enorme Summe. November 1910 war der Verkaufstag in Offenbach, an dem die Kinder von Alix mithalfen. Wieder war die Summe sehr groß. Juni 1911 war der Verkaufstag in Gießen. Bei diesem hatten wir viele sommerliche Sachen und sein Ertrag war vorzüglich. November 1912 war er in Worms und von überall strömten die Menschen herzu und gaben ihr Geld. Auf diese Art haben wir Massen von Menschen und ihren Familien helfen können, sodass bis zum Kriege die Tuberkulose beinahe aufgehört hatte zu bestehen. Zugleich

---

[377] Die 1862 gegründete Nähmaschinen- und (seit 1886) Fahrradfabrik Adam Opel in Rüsselsheim erwarb 1895 die Motorwagenfabrik Ing. Lutzmann in Dessau, deren Fabrikation im Winter 1898/99 nach Rüsselsheim verlegt wurde. Im Frühjahr 1899 wurde dort der erste Opel-Patent-Motorwagen gebaut; vgl. Bartels (2000). Das erste Automobil für den Großherzoglichen Hof wurde am 30. Juli 1904 geliefert; vgl. das Tagebuch der Hofdame Georgina von Rotsmann, HStAD D 24 Nr. 61/12.
[378] Bereits 1899/1900 wurde auf Betreiben von Dr. August Dietz (1854–1920), die Ernst-Ludwig-Heilstätte in Sandbach gegründet. 1905 folgte die Eleonoren-Heilstätte für Frauen bei Winterkasten im Odenwald.
[379] Über den ersten „Verkaufstag der Großherzogin" für „arme Lungenkranke und Tuberkulöse" am 14. November 1908, der 20 000 Mark Reinerlös erbrachte, berichtete die Darmstädter Zeitung 132. Jg. Nr. 270, S. 1992; der zweite Verkaufstag in der Stadthalle Mainz am 6. November 1909 erbrachte bereits über 60 000 Mark.

Der erste „Verkaufstag der Großherzogin", in der Mitte stehend, v.l.n.r. Landgräfin Margarethe von Hessen, Großherzogin Eleonore, Großherzog Ernst Ludwig, Prinzessin Victoria von Battenberg, Darmstadt, November 1908.

lernten wir sehr viele neue Menschen kennen. Diese Verkaufstage waren ein wirklicher großer Erfolg in jeder Beziehung, denn durchschnittlich brachte jeder ungefähr 60 000.-- Mk Reinertrag. 1913 war eine Pause und 1914 sollte wieder ein Verkauf sein.

Von mir am 16. März 1917 niedergeschriebene Worte.[380]

In den 25 Jahren meiner Regierung sind die folgenden Gedanken entweder ganz von mir ausgearbeitet oder besonders angeregt worden.

Das Landesmuseum.
In den ersten Monaten meiner Regierung war die Ausstellung der Pläne und Entwürfe für das neue Landesmuseum. Alle waren hässlich, außer dem von Tiersch.[381] Dieser war aber zu teuer und protzig (Zwinger Dresden). Verschiedene waren prämiiert, und den ersten Preis erhielt der Entwurf von Regierungsbaumeister Welzin[382] (ein gefühlloser hässlicher Kasten). Kein Hesse war dabei. Ich sollte nun mitbestimmen und war doch der Überzeugung, dass alle eine Verschandelung der Stadt und eine Blamage für die Regierung wären. Harte Kämpfe hatte ich, bis ich Staatsminister Finger sagte, ich würde einen Baumeister selber wählen und ihm meine Gedanken erklären. Nur eines wünsche ich, dass wenn die Pläne gefielen und dabei billiger wären als die anderen, sie von der Regierung angekauft würden, sonst würde ich sie selber bezahlen. Ex.[zellenz] Finger konnte nicht nein sagen. Er verließ mich ziemlich aufgeregt und ließ dabei die Türe offen, sodass ich genau hören konnte, wie er draußen zu den anderen Herren sagte: "Mit dem Großherzog ist nichts anzufangen, er steckt voller Utopien!" Nun ließ ich Messel (ein Hesse) kommen, an den damals niemand dachte. Ich erklärte ihm, er solle die Sammlungen ganz genau studieren, denn aus den Sammlungen heraus würden sich erst die einzelnen Raumverhältnisse zeigen. Dann müsse man die Pläne zeichnen, wie die Räume sich aneinander gliedern und zuletzt käme erst die äußere Architektur. Er verstand mich vollkommen. So entstand das jetzige Landesmuseum.[383]

Weil ich die große Notwendigkeit vom Werte der Bildung für das öffentliche Leben fühlte, war mein Augenmerk besonders auf die neu zu gründenden Schulen und auf die Reorganisation der Oberrealschule, Volksschule etc. gerichtet. (Ich sprach oft mit Direktor Münch unserer Oberrealschule darüber, der früher mein Lehrer gewesen war).

Die Ludwigsbahn ist mein eigener Gedanke. Ganz vorsichtig streute ich den Gedanken der Verstaatlichung aus, sodass die meisten glaub-

---

[380] Die nachfolgende Aufzählung stammt aus einem Notizbuch, das der Großherzog im Sommer 1915 begonnen und seither unregelmäßig fortgeführt hatte. Sie ist nicht Teil der Erinnerungen im eigentlichen Sinne, wurde aber, teils leicht variiert, von ihm selbst dort zitiert. Hessische Hausstiftung, Schlossmuseum Darmstadt, DA H 22537.
[381] Friedrich Maximilian Ritter von Thiersch (1852–1921), deutscher Architekt und Maler.
[382] Victor von Weltzien (1836–1927), deutscher Architekt, großherzoglich hessischer Oberbaurat.
[383] Für Planung und Bau des Hessischen Landesmuseums Darmstadt, 1897–1902, zeichnete der in Darmstadt geborene Architekt Alfred Messel (1853–1909) verantwortlich.

„Mit dem Großherzog ist nichts anzufangen, er steckt voller Utopien!" Das Hessische Landesmuseum Darmstadt.

ten, sie hätten ihn zuerst gehabt, zugleich aber die Vereinigung der hessischen und preußischen Bahnen. Als im Frühling 1896 die Verhandlungen mit Preußen immer schwieriger wurden, sagte ich dem Kaiser in Coburg am 21. April 1896, dass ich meinen Herren in Berlin den Befehl gegeben hätte, dass wenn man uns in wenigen Tagen nicht zuvorkommender behandle, sie sofort zurückzukommen hätten. Ich als Bundesfürst, der als erster so deutsch denke, (denn dies solle doch nur der Anfang sein, damit alle Bahnen deutsch würden) bäte ihn, mir zu helfen. Der Kaiser war ganz meiner Ansicht und sagte mir den nächsten Tag, er hätte den Herren "den Kopf gewaschen". Es muss so gewesen sein, denn von nun an ging alles auf freundschaftlichem Weg.[384]

---

[384] Der Staatsvertrag über die Preußisch-Hessische Eisenbahngemeinschaft, welche zunächst die Ludwigsbahn (Hauptlinie Mainz–Darmstadt–Aschaffenburg), später auch die Main-Neckar-Bahn übernahm, wurde am 13. Juli 1896 unterzeichnet. Der von Ernst Ludwig so genau erinnerte Aufenthalt in Coburg drei Monate zuvor erfolgte anlässlich der Hochzeit seiner Schwägerin Alexandra von Sachsen-Coburg und Gotha (1878–1942) mit dem Fürsten Ernst II. zu Hohenlohe-Langenburg (1863–1950).

Die Hinauslegung des Bahnhofs von Darmstadt auf die jetzige Stelle ist auf meine Anregung geschehen. Erst schrie alles, es wäre zu weit draußen, es würde zu teuer kommen, es würde nichts bebaut werden etc. Es waren harte Kämpfe, aber zuletzt siegten meine Argumente. Nun sollte der Bahnhof praktisch und neu sein, denn es war noch die Zeit, wo sie als falsche Paläste hingestellt wurden wie z.B. Homburg, Wiesbaden, Frankfurt etc. Ich bearbeitete die Pläne mit Prof. Pützer. Da sie erst nach Berlin mussten (als Reichsbahn), kamen sie auch in die Hände des Kaisers, der außer sich war. Er gab aber nach mit der Bemerkung: Er wolle sich überhaupt nicht in die Pläne des Großherzogs mischen.[385]

Schon lange fühlte ich, dass von der Regierung zu wenig für Bad-Nauheim geschah. Ich habe lange Kämpfe mit derselben gehabt, denn ich konnte zu Anfang den Herren nicht den Geschäftsgedanken beibringen, dass man viel in Etwas hineinstecken muss, wenn man viel daraus herausholen will. Erst Finanzminister Gnauth verstand mich richtig. Nun aber wollten die Kammern nicht daran. Zuletzt ist Nauheim doch das geworden, was ich mir erträumte. Alle Pläne etc. habe ich selbst mit durchgearbeitet. Und die Kurgäste sind zufrieden und bewundern die Anlagen.[386]

Im Jahre 1902 war ich damals ganz allein. Ich war eigentlich der Anreger der Änderung des Artikels 5 über die Regelung der Regentschaft.[387]

Die Frage der Mütter und Säuglinge beschäftigte mich und meine Frau schon längere Zeit. Wir lernten Ex.[zellenz] Lingner kennen, der uns seine Pläne auseinandersetzte und der uns zur Seite stand mit seinen großen Erfahrungen. Denn es galt doch, neugeborene gesunde Kinder kräftig und frisch zu erhalten. Also musste man mit den Müttern anfangen. So entstand die Zentrale für Mutter- und Säuglingsfürsorge, die wir zur Geburt unseres Ältesten ins Leben riefen.[388] Verbunden mit den Einwohnern und dem Staat geht diese Hilfe über das ganze Land. Der Zukunftsgedanke ist der, dass die Fürsorge über die Kinder sich immer weiter entfaltet, bis sie aus der Schule entlassen werden als zukünftige gesunde und kräftige junge Staatsbürger. Die braunen Schwestern sind im ganzen Land bekannt und unser Plan scheint sich zu verwirklichen.

---

[385] Der von Friedrich Pützer (1871–1922) erbaute Darmstädter Hauptbahnhof wurde am 28. April 1912 eingeweiht und ersetzte als Durchgangsbahnhof den im 19. Jahrhundert errichteten Rhein-Neckar-Bahnhof sowie den Ludwigsbahnhof.
[386] Die zwischen 1905 und 1911 durch den Architekten Wilhelm Jost (1874–1944) neugestalteten Kuranlagen Bad Nauheims zählen zu den herausragenden Zeugnissen der Architektur der frühen Moderne in Hessen. Im Herbst 1910 hielt sich Zarin Alexandra von Russland, Ernst Ludwigs Schwester, zu einer mehrwöchigen Bade- und Trinkkur in Nauheim auf.
[387] Die „Frage der Thronfolge im Großherzogtum Hessen" wurde seit spätestens 1898 öffentlich diskutiert; vgl. den entsprechenden Artikel in den Berliner Neuesten Nachrichten vom 26.5.1898. Zum Zeitpunkt der Scheidung seiner ersten Ehe (Dezember 1901) wurde Ernst Ludwig lediglich eine Tochter gezeugt. Paragraph 5 der Verfassung des Großherzogtums Hessen, der die männliche Thronfolge vorsah, wurde 1902 um einen Absatz ergänzt, dem zufolge „in Ermangelung eines durch Verwandtschaft, oder Erbverbrüderung zur Nachfolge berechtigten Prinzen" die Regierung auf „das weibliche Geschlecht" übergehen sollte. Zuvor hatten die Prinzessinnen eine Verzichts-Urkunde „zugunsten des hessischen Mannesstammes" unterzeichnet, die Ansprüche auf die Thronfolge und das Hausvermögen betraf. Vgl. HStAD B 1 531, Verzichtserklärung der Prinzessin Alix von Hessen, 1894.
[388] Durch die Einrichtung der „Großherzoglichen Zentrale für Mütter- und Säuglingsfürsorge" am 4.12.1906, dem Tauftag des Erbgroßherzogs Georg Donatus, konnte die Säuglingssterblichkeit in Hessen binnen weniger Jahre um mehrere Prozent auf 9,4% gesenkt werden. Zur Förderung der Zentrale kamen teils innovative Projekte wie eine Luftpostbeförderung im Rahmen der „Postkartenwoche der Großherzogin" 1912 zustande.

Ich habe immer bei der Forstverwaltung auf den Gedanken gedrückt, schlechte Wälder aufzukaufen, welche die Bauern nicht halten können und ihnen dafür Wiesen und Felder, wenn möglich nahe bei ihren Dörfern, umzutauschen. Der Gedanke war gut, denn wir haben viel erreicht. Derselbe Gedanke leitete mich später, als ich die Weinbaudomänen schuf.

Die Weinbaudomänen sind meine persönliche Erfindung. Ich war geleitet durch den Gedanken, dass Vorträge, Schulen, Versammlungen etc. nicht so helfen wie die Praxis. Deshalb vom Staat aus schlechte Weinberge ankaufen und den Beweis liefern, wie ein tüchtiges rationelles Arbeiten sich rentiert. Es hat geholfen und das Resultat ist besser geworden, als ich es selbst glaubte, so sehr, dass später die Weinbauern sagten, der Staat mache ihnen Konkurrenz und bereichere sich auf ihre Kosten, aber sie haben doch gelernt intensiver zu arbeiten. Finanzminister Küchler war in dieser Frage derjenige, welcher mit Begeisterung meinen Gedanken aufgriff.[389]

Derselbe Gedanke leitete mich als ich dem Minister des Innern, von Hombergk,[390] den Gedanken zur Besserung unserer Obst- und Gemüsekultur (im selben Sinne wie den Weinbau) vorschlug. Der Staat sollte zeigen, was tüchtige rationelle Arbeit hervorbringt. Er sollte in den Ebenen anfangen und von dort aus in die Täler eindringen, immer mit dem Gedanken verbunden, was sich am besten für jede Stelle eignete. Es sollten auch Massen von Glasfenstern gemacht werden, welche die Bauern für billiges Geld kaufen konnten um an den Abhängen durch Aufstellen derselben das Obst vor Frühfrost zu schützen. Es wurde ein ganz systematischer Plan ausgearbeitet, wie mit den Jahren vorzugehen sei. Noch vor dem Krieg waren Herren in Belgien, England und Frankreich. Es war alles schon in Vorbereitung. Nun ist aber der Krieg dazwischen gekommen. Ich lasse den Gedanken nicht fallen, es ist nur verschoben. Starkenburg und Rheinhessen müssen die Obst- und Gemüsekammer für Mitteldeutschland, vielleicht auch noch für weitere Strecken werden.

Alle größeren und kleineren Baufragen laufen durch meine Hände, auch sehr viele aus den Städten und alle von Darmstadt. So konnte ich das Interesse zu der Altertumsfrage und Geschichtsforschung erwecken und Einfluss auf die Neubauten gewinnen. Buchschlag ist auch ein Kind von mir.[391]

Von der Künstlerkolonie sage ich nur: Ich gründete sie in dem Gedanken, damit in der damaligen Zeit (wo ein selbstständiger junger Künstler keine Möglichkeit hatte, sich frei zu

---

[389] Die am 1. Juli 1901 angeordnete Einrichtung einer Großherzoglichen Weinbaudomänenverwaltung in Mainz wurde im Landtag mit der beträchtlichen Erweiterung des Domanialweinbergbesitzes in Rheinhessen und an der Bergstraße begründet; vgl. Knodt (1978), S. 268.
[390] Friedrich von Hombergk zu Vach (1857–1935), von 1910–18 letzter Innenminister des Großherzogtums Hessen.
[391] Die Errichtung der zwischen Darmstadt und Frankfurt gelegenen Gartenstadt und Villenkolonie Buchschlag leitete der Frankfurter Unternehmer und Sozialreformer Jakob Latscha (1849–1912) in Zusammenarbeit mit der Großherzoglichen Vermögensverwaltung 1903/04 ein. Ihr erster Bürgermeister wurde 1913 der Dichter Rudolf G. Binding, Ernst Ludwigs Studienfreund.

entfalten) junge Künstler frei schalten und walten sollten um auf freien Fuß zu gelangen. Ich sagte ihnen immer: "Ihr seid niemanden verantwortlich, außer der Menschheit und die wird später erst sagen, was gut an euren Gedanken ist. Also frisch drauf los und Mut, dazu reine Farben und klare Formen." Es heißt Künstlerkolonie, weil jeder gehen kann wann er will und ich kann seinen Kontrakt lösen wann ich will. Es ist kein Verein, trotzdem glauben immer Einige, wenn Künstler gehen, ginge es schlecht mit der Künstlerkolonie. Das ist ganz falsch.[392]

Nun hat sich vorgestern auf meine Anregung hin der Verein für Kriegerheimstätten gebildet.[393] Er geht über das ganze Land. Es musste dafür etwas geschehen, damit unsere braven Krieger, wenn sie von der Front zurückkehren wissen, wofür sie gekämpft haben. Das ist nur der Anfang für diese für das Volk so entscheidende Frage.

Die Anlage der Kriegergräber auf dem Friedhof ist von mir.[394] Ich hatte schwere Kämpfe mit der Stadt deshalb. Die ganzen Rhododendren besorgte ich dafür aus Brüssel, Genf etc. (Von den Rhododendren ist nichts mehr zu sehen.)

2. Dezember 1918

Einzelne meiner Pläne, welche durch die Revolution vernichtet worden sind.[395]

Seeheim. Ich wollte oben auf der Höhe ein Haus errichten, ganz nach meinen Plänen und es ganz nach meiner Eigenart ausstatten. Es ist der älteste meiner Pläne. Ich wollte, dass nach meinem Tode ein persönliches Gebäude dastände, denn die Menschen urteilen durch ihre Augen und vergessen den Erbauer nicht. All mein Bauen bestand mein Leben lang im Verschönern und Erhalten alter Gebäude.

Schloss. Seit meinem ersten Regierungsjahre baute ich am Schloss herum und verbesserte seine innere Einrichtung.[396] Es sollte der Schmuckkasten von Darmstadt werden. Nun ist der Gedanke auch dahin.

Ich wollte mit der Regierung eine Art Verein gründen, in dem die weitsichtigsten Einwohner, die besten Fabrikanten und Landwirte etc. der verschiedenen Provinzen wären, um durch einen regen Verkehr das Verständnis der Provinzbewohner für einander zu vergrößern. Denn es ist tragisch zu sehen, wie der Oberhesse den Rheinhessen nicht versteht und der Starkenburger die beiden anderen nicht begreift.

---

[392] Vgl. die Ausführungen zur Künstlerkolonie auf S. 133–135.
[393] Der anlässlich des Regierungsjubiläums im Frühjahr 1917 gegründete „Hessische Landesverein für Kriegerheimstätten", der binnen drei Jahren über 10 000 Mitglieder gewonnen hatte, wandelte sich 1920 in einen „Hessischen Wohnungs- und Heimstättenverein" um.
[394] Gemeint ist der nach Plänen des Stadtbaumeisters August Buxbaum (1876–1960) angelegte und 1914 eingeweihte Darmstädter Waldfriedhof.
[395] Die Umstände der eigenen revolutionsbedingten Absetzung wie auch die unmittelbar zuvor unternommenen Versuche einer Gegensteuerung durch Verfassungsreformen übergeht der Großherzog in seinen Schilderungen gänzlich; vgl. hierzu Engels (2019), S. 26-27.
[396] Zu den bis heute sichtbaren Baumaßnahmen Ernst Ludwigs am Darmstädter Residenzschloss zählt die Errichtung des Eckpavillons an der Nordwestfassade des Herrenbaus 1894; vgl. Sauer (2006), S. 58. 1924 wurde auf Anregung des ehemaligen Großherzogs das Schlossmuseum eröffnet, das neben Prunk- und Repräsentationsräumen insbesondere das hessische Militärwesen zeigte. Die Konzeption leistete der vormalige Hofmarschall und enge Vertraute Ernst Ludwigs, Graf Kuno von Hardenberg (1871–1939); vgl. Ludwig (2010), S. 55.

Dem Odenwald wollte ich intensiver helfen, deshalb der Gedanke der Obst- und Gemüsegärten als Beispiele und dabei die Hilfeleistung bei ihrer Einrichtung, den Bauern. Es war schon alles vorbereitet.

Der Ausbau von Autostraßen, besonders längs der Bergstraße.

Die Unterstützung der Bodenreform.

Deshalb der Anfang mit den Kriegerheimstätten.

Die ganze Umarbeitung der Hygiene mit der Mutter und dem Säugling anfangend bis nach der Schulentlassung. Immer unter der Aufsicht des Staates.

Die Durcharbeitung der großen Stadtpläne, um sie den Neuanforderungen besser anzupassen,

Eine neue Rheinbrücke bei Oppenheim.

Eine neue Mainbrücke bei Kelsterbach.[397]

Die Main-Rhein-Kanalfrage wieder neu bearbeiten.

Das Alicehospital woandershin und nach neuen Ansprüchen bauen.

Die Trennung von Kirche und Staat, aber von der Kirchenbehörde ausgehend.[398]

Das große Festspielhaus, in dem die größten jungen Dichter vollkommen aufgeführt zu Ehre kommen.

Eine Theaterschule für Oper, Schauspiel, Regie, Finanzen etc., damit die Anfänger sich gleich auf den Brettern zu Hause fühlen.

Viel intensivere Arbeit zur Hebung der Viehzucht und Milchwirtschaft.

Das Denkmal der Dankbarkeit für unsere gefallenen Krieger, von mir errichtet, vom Volk unterstützt.[399]

Dieses sind nur einige meiner Pläne im Augenblick hingeschrieben. Nun bin ich 50 Jahre geworden und meine Hände sind mir gebunden. Werde ich doch noch einzelne vor meinem Tode ausführen können?

---

[397] Zu den wichtigsten staatlichen Baumaßnahmen der Regierungszeit Ernst Ludwigs gehörten die 1904 errichtete Eisenbahnbrücke Mainz-Bingen und die beiden Rheinbrücken in Worms, die 1900/01 fertiggestellt wurden.
[398] In seinen privaten, 1907 begonnenen Niederschriften „Grundideen für einen konstitutionellen Fürsten und jeden Prinzen" hatte der Großherzog notiert: „Die Trennung von Staat und Kirche wird einstens kommen. Denn durch den jetzigen Zustand wird der Staat in zu vielen politischen Handlungen gehemmt. Er müsste die Freiheit der Ausübung der Religion gewähren, aber für sich keinen Kultus unterhalten. [...] Der Staat soll doch eine vom Geiste der Güte durchleuchtete Gemeinschaft sein. Deshalb ist das Verderblichste für ihn und die Religion, wenn die religiös-politische Macht in den Händen der Geistlichkeit ist." An anderer Stelle heißt es: „Warum nur muss der Glaube, der etwas Göttliches ist, immer in die Zwangsjacke der Religion geschnürt werden? HStAD D 24 Nr. 32/5, Einträge aus dem Jahr 1908.
[399] Die Festschrift zum 25-jährigen Regierungsjubiläum des Großherzogs (1917) berichtet von den Plänen zu einem „Friedenshain" in den Darmstädter Woogswiesen nach Entwürfen Albin Müllers.

19. Januar 1919. Der Tag der Volkswahl[400]

Dem Vergangenen nachweinen schwächt. Immer geradeaussehen und mit der Zeit vorwärts schreiten, dabei das Gute aus der Vergangenheit in das Streben der Zukunft mit hineinflechten. Alles auf der Erde, was entstanden ist, bildet sich neu aus dem Guten der Vergangenheit. Aus Nichts kann nur Nichts entstehen, denn wir sind kein Gott. Neue Gedanken und neue Taten müssen geboren werden, also war der Mutterleib da um zu gebären.

12. September 1921

Es fängt schon an, der Schrei nach dem Diktator, denn der Parteihader zerreißt das Volk, sodass der gegenseitige Hass und vor allem die innere und äußere Feigheit wächst.[401] Käme ein Diktator, so kann und muss es einer sein, der keinen Egoismus und Parteianschauung hat. Er muss nur für das Volk leben. Das Beste wäre, wenn das Volk über die Parteien hinaus ihn auf seine Schultern hebt. Die Deutschen müssen einen Deutschen wählen. Nur wenn der Grundgedanke Deutschland echt und wahr ist, wird Deutschland wieder auferstehen können. Nur dieser Gedanke muss alles beherrschen und dafür will ich mitarbeiten, wo immer mir die Möglichkeit gegeben wird.

25. November 1933[402]

Mein Traum und meine Hoffnung sind erfüllt. Wir haben einen Kanzler, der Diktator ist. Aus dem Volk entstanden, hat er um die deutsche Seele gerungen und gekämpft. Das Volk hat ihn gewählt! Der ganzen Welt gegenüber hat das deutsche Volk seine Einheit mit seinem Kanzler, seinem Führer entgegengerufen. Auswüchse können entstehen, werden aber ausgetilgt. Missverständnisse und Ungerechtigkeiten werden durch kleine Unterbeamtenmenschen[403] gesät, aber auch diese werden alle vergehen, denn alles lebt und webt jetzt für Deutschland. Groß ist unsere Zeit! Und ich weiß jetzt, warum ich lebe.

---

[400] Im Folgenden zitiert der Großherzog aus seinen o.g. „Grundideen für einen konstitutionellen Fürsten und jeden Prinzen". Die 1921 und 1933 datierten Passagen wurden in der Erstedition der Erinnerungen (1983) kommentarlos gestrichen, vgl. die Einleitung, S. 20–21. Ernst Ludwig bezieht sich in diesem Fall (1919) auf die Wahl zur deutschen Nationalversammlung auf Reichsebene, die erstmals auch Frauen zur Stimmabgabe berechtigte.
[401] Die im Dezember 1919 verabschiedete Verfassung für den neugegründeten Volksstaat Hessen vermochte nicht, „die existenziellen Probleme für die Bevölkerung" wie Mangelernährung, Inflation und Arbeitslosigkeit zu beheben. Gleichzeitig war der „Weimarer Parteienstaat" durch die Neugründung von Parteien am extremen rechten und linken Rand gekennzeichnet". Jeweils zit. nach Engels (2019), S. 30.
[402] Der 65. Geburtstag des Großherzogs. Trotz der augenfälligen gesellschaftlichen Radikalisierung und systematischen Gleichschaltung staatlicher Organe seit der sog. Machtergreifung der Nationalsozialisten wenige Monate zuvor, wähnt Ernst Ludwig an seinem 65. Geburtstag die Erfüllung seines 1921 niedergeschriebenen Wunsches: des „Auferstehens" Deutschlands unter der Führung eines gewählten Diktators. Welche Ereignisse zu diesem überschwänglichen Eintrag führten, bleibt unklar. Das von Kammerdiener Ludolf geführte Termintagebuch der großherzoglichen Familie vermerkt lapidar: „Geburtstag S.K.H. des Großherzogs. Vormittags die übliche Gratulation, zum Mittagessen waren der Landgraf, die Landgräfin, Prinzessin Wolfgang und Prinz Richard [von Hessen-Kassel] eingeladen". HStAD D 24 Nr. 60/3, Eintrag vom 25.11.1933. Ich danke Rainer von Hessen für die Einschätzung, die Verehrung des Landgrafenpaares für Hitler dürfte Ernst Ludwigs Stimmung beflügelt haben.
[403] Im handschriftlichen Original „Unterbeamtenseelen".

Großherzog Ernst Ludwig (in Uniform), Großherzogin Eleonore und das erbgroßherzogliche Paar (rechts dahinter) bei der Einweihung des Ehrenmals für das Infanterie-Leib-Regiment „Großherzogin" (3. Großherzoglich Hessisches) Nr. 117 in Mainz, 1.7.1933

Ankedoten

Früher bei meinen Audienzen im Schloss kam einstens ein Bürgermeister eines Dorfes herein. Er fing sofort ein Gespräch mit mir an. Zuletzt frug ich ihn, was er denn wolle. Ruhig sagte er: "Das sage ich erst dem Großherzog." Ich konnte es ihm nicht beibringen, dass ich derselbe wäre. Er blieb dabei, im Vorzimmer wären verschiedene Herren gewesen, hier wäre ich wohl ein Adjutant, hinter mir aber wäre die Türe zum Großherzog. Ich machte die Türe auf und zeigte ihm, dass niemand da wäre. "Da ist er halt fort", sagte er beleidigt, drehte sich um und ging fort.

Ein anderes Mal kam ein sehr schüchterner kleiner Beamter vom Lande im Frack, den Chapeau claque vor dem Bauch haltend herein. Er war so schüchtern, dass er kaum ein Wort hervorbrachte. Er muss in seiner Angst mit dem Daumen gegen den Hut gedrückt haben, denn plötzlich knallte derselbe auf und flog ihm aus der Hand gerade zwischen meine Beine. Er mit einem wilden Kopfsprung hinterher, sodass ich nur noch eilig in die Luft springen konnte, sonst hätten wir auf dem Boden gelegen. Den Hut ergreifen, umdrehen und hinauslaufen war eins.

Einst ging ich in der Nähe von Romrod im Wald spazieren, da traf ich zwei Wanderburschen, die von Süden heraufgewandert waren. Wir kamen in's Gespräch und dabei hängten sie sich rechts und links bei mir ein. Erst dachte ich, sie wollten etwas von mir, aber es war nicht der Fall. Sie wollten nur schwatzen und erzählten mir von ihrer Wanderschaft. Auch sprachen sie über Politik und meinten, die Fürsten wären ein überwundener Standpunkt. Man sage aber, der Großherzog von Hessen mache gar keinen Unterschied zwischen den Menschen, das wäre wohl auch so eine Übertreibung. Ein Fürst bliebe doch ein Fürst und könne nicht aus seiner Haut, deshalb könne er auch nicht andere Menschen begreifen. Ich bestritt diese Anschauung. Da meinten sie, ich wäre wohl ein Angestellter eines Fürsten. Als ich das lachend verneinte, meinten sie aber, so etwas ähnliches wäre ich doch. Im Gespräch kamen wir vor Romrod. Da grüßten mich die Bauern zum großen Erstaunen meiner Begleiter. Nun musste ich ihnen sagen wer ich war. Die Gesichter der Beiden wurden vor Erstaunen unbezahlbar, aber sie glaubten mir doch. Da sagte der Eine: "Bleib so wie Du bist, jetzt wissen wir auch, dass wir alle als Deutsche zusammengehören." Noch lange winkten sie mir zu als ich weiterging.

Ich interessierte mich sehr für das Bauen in der Stadt und kam oft mit den Bauleuten ins Gespräch. Einstens, wie ich die obere Wilhelminenstraße entlangging, hörte ich plötzlich: "Sie, Großherzog!" Ich wusste nicht, woher der Ruf kam. Da tönte es wieder: "Sie, Herr Großherzog, kommen Sie doch einmal herauf!" Da merkte ich, dass es oben von einem Neubau herrührte und Arbeiter riefen mich. Ich kletterte an den Leitern hoch und da zeigten mir die Arbeiter mit Stolz eine neue Art Backstein, der auf eine bestimmte Art gelegt werden müsse. Sie hatten mich gerufen, weil sie mein Interesse für solche Fragen kannten.

Dasselbe passierte mir am Hochzeitsturm. Da riefen mich die Arbeiter herauf, weil Olbrich klage, die Mauern sähen so glatt und hart aus. Ich probierte mit ihnen herum. Zuletzt fand ich die Art heraus, wie man die Ziegel ganz unregelmäßig aneinanderlegen müsse. Olbrich kam und war sehr zufrieden über die Bauart. So ist der Hochzeitsturm eigentlich von mir aus gemacht worden.

Kurz nach der Revolution im Winter ging ich abends durch die Straßen der halb dunklen Stadt. Da merkte ich am Ende der Ludwigstrasse, dass einzelne Kerle im Zwielicht hinter mir hergingen. Ich bog links auf den Marktplatz und stellte mich in eine Türe, um sie an mir vorbeizulassen. Aber plötzlich standen sie vor mir. Da sagte der Eine: "Sie sind doch der Großherzog." Ich bejahte. Darauf sagte er: "Wir sind Arbeiter. So wie es eben ist, kann es nicht weitergehen. Da wollten wir Sie fragen, ob Sie nicht unser Präsident werden wollten. Wir werden schon sorgen, dass Sie gewählt werden." Ich dankte den Leuten und sagte ungefähr: "Was würdet Ihr sagen, wenn einer aus seiner Arbeit, weil er nicht genügt, herausgeschmissen wird und dann sofort wieder eine gleiche Stellung annimmt? So ist es bei mir. Ihr Kinder schmeißt mich hinaus und nun soll ich gleich wieder euer Präsident werden. Als ehrlicher Mensch bin ich mir dazu zu gut. Könnt ihr mich verstehen?" Da sagten sie nur: "Leider ja. Also nichts für ungut" und fort waren sie. Es war eine merkwürdige Stimmung damals. Aus dieser Zeit stammt das Wort "Wir wollen wieder einen gelernten Großherzog haben".

Zum Feste der hundertjährigen Zugehörigkeit von Wimpfen an Hessen fuhr ich dorthin.[404] Erst war ein großer Empfang und dann ein großes Festessen, welches die Stadt mir gab. Neben mir saß der Bürgermeister. Er wurde immer stiller und ich merkte bald, dass der arme Mensch eine furchtbare Angst vor der Rede hatte. Ich versuchte ihn zu beruhigen, indem ich ihm sagte, ich wüsste ja selbst nur zu genau, wie furchtbar das Gefühl wäre, man müsste aber versuchen, die Zähne zusammen zu beißen. Es half aber nichts. Seine Verzweiflung war, dass er wüsste, dass er stecken bleiben würde und dann könne er nicht weiter. Ich frug ihn, ob seine Rede nicht aufgeschrieben wäre. Er bestätig-

---

[404] Am 3. September 1903. Zum Festtag und den mehrfach aufgeführten Jubiläumsfestspielen „Im Wandel der Zeiten" s. Darmstädter Zeitung 127. Jg. Nr. 414, S. 1729.

te es, sagte aber, in der großen Aufregung würde er sie nicht lesen können. Da schlug ich ihm vor, die Abschrift mir zu geben, ich würde sie nachlesen und ihm soufflieren, so oft er nicht weiterkönne. So geschah es auch. Ich hatte das Papier neben meinem Teller und soufflierte eifrig. Auf diese Art gelang es sehr gut und ich glaube, niemand hat den Trick bemerkt. Danach wurden wir in der Erleichterung große Freunde. Aber es war doch ein sehr komisches Gefühl gewesen, eine Rede auf sich selbst zu soufflieren. Dann kam noch ein großes Festspiel, in dem beinahe alle Bürger mitspielten. Nach dem Ende begleiteten alle mich in ihren Kostümen durch die Stadt, hinunter nach dem Bahnhof. Mein Salonwagen war gleich voll von mittelalterlich angezogenen Mädchen, die absolut bis zur nächsten Station mitfahren wollten. Da dieselbe ziemlich weit ab lag, wären die armen Wesen in ihren Schleppkleidern furchtbar müde geworden. Ich hatte aber sehr große Mühe sie davon zu überzeugen und sie endlich aus dem Salonwagen heraus zu bugsieren.

Abb: Großherzog Ernst Ludwig von Hessen, um 1925.

Es ist mein Wunsch, die letzte Bitte:
Soll scheiden ich aus dieser Welt
Laßt mich nicht in der Ahnen Mitte
Laßt ruhen mich auf freiem Feld.
In meinem Garten möchte ich liegen,
Hier grüßt der Himmel frei herab.
Die Schwalben fliegen hin und wieder,
Die Sterne blicken auf mein Grab.
Und Sonntags, wenn die Glocken rufen,
Von Kirchentürmen zum Gebet,
Weiß ich, daß meines Grabes Stufen
Ihr wohlvertrauter Klang umweht.
Und wenn im Schnee die Wege schwinden
Und alle Gräber tief verschneit,
Dann kann man meinen Hügel finden
Zur Rosenhöhe ist's nicht weit.[405]

Abb: Großherzog Ernst Ludwig auf dem Totenbett,
Pastell von Franz Huth, Schloss Wolfsgarten,
9. Oktober 1937.

---

[405] Das Gedicht, ein maschinenschriftliches Blatt mit dem Vermerk „Verfaßt von Großherzog Ernst Ludwig kurz vor seinem Tode", war nicht ursprünglich Teil der Erinnerungen, sondern wurde nachträglich in die erhaltenen Bände eingeklebt; vgl. die editorische Notiz.

Stammtafel Großherzog Ernst Ludwigs von Hessen und bei Rhein

Karl
Prinz von Hessen und bei Rhein
1809–1877

Elisabeth
Prinzessin von Preußen
1815–1885

Ludwig IV.
Großherzog von Hessen und bei Rhein
1837–1892

 1862

Alice
Prinzessin von Großbritannien und Irland
1843–1878

Victoria
Königin von Großbritannien und Irland
1819–1901
⚭
Albert
Prinz von Sachsen-Coburg und Gotha
1819–1861

Victoria 1863–1950	⚭ 1884	**Ludwig** Prinz von Battenberg 1854–1921	**Alice** 1885–1969 **Louise** 1889–1965	**George** 1892–1938 **Louis** 1900–1979
Elisabeth (**Elisaweta** **Feodorowna**) 1864–1918	⚭ 1884	**Sergej** Großfürst von Russland 1857–1905		
Irène 1866–1953	⚭ 1888	**Heinrich** Prinz von Preußen 1862–1929	**Waldemar** 1889–1945 **Sigismund** 1896–1978 **Heinrich** 1900–1904	
Ernst Ludwig 1868–1937	1. ⚭ 1894 gesch. 1901	**Victoria Melita** Prinzessin von Sachsen- Coburg und Gotha 1876–1936	(aus 1.) **Elisabeth** 1895–1903	
	2. ⚭ 1905	**Eleonore** Prinzessin zu Solms-Hohensolms-Lich 1871–1937	(aus 2.) **Georg Donatus** 1906–1937 ⚭	**Cécile** Prinzessin von Griechenland und Dänemark 1911–1937
			Ludwig 1908–1968 ⚭	**Margaret** Campbell Geddes 1913–1997
Friedrich Wilhelm 1870–1873				
Alix (**Alexandra** **Feodorowna**) 1872–1918	⚭ 1894	**Nikolaus II.** Zar von Russland 1868–1918	**Olga** 1895–1918 **Tatiana** 1897–1918 **Maria** 1899–1918	**Anastasia** 1901–1918 **Alexej** 1904–1918
Marie 1874–1878				

QUELLEN UND LITERATURVERZEICHNIS

QUELLEN

Royal Archives (Mit freundlicher Genehmigung Seiner Majestät König Charles III.)
RA VIC/QVJ/1885

Archiv des Hauses Hessen, Schloss Fasanerie
G VI HessD 1983 2

Hessische Hausstiftung, Schlossmuseum Darmstadt
Inv. Nr. DA H 22537

Hessisches Staatsarchiv Darmstadt
Bestand B 1: Urkunden des Großherzoglich-Hessischen Hauses
HStAD B 1 Nr. 531

Bestand D 4: Großherzogliches Haus
Nachlass Landgraf Ludwigs IX. von Hessen-Darmstadt
HStAD D 4 Nr. 509-520

Nachlass Großherzog Ludwig III. von Hessen und bei Rhein
HStAD D 4 Nr. 767/12

Bestand D 24: Großherzogliches Familienarchiv (Jüngerer Teil)

Nachlass Großherzog Ludwig IV. von Hessen und bei Rhein
HStAD D 24 Nr. 10/3

HStAD D 24 Nr. 7/2
HStAD D 24 Nr. 9/1-6
HStAD D 24 Nr. 11/1-4
HStAD D 24 Nr. 13/3
HStAD D 24 Nr. 12/1-3
HStAD D 24 Nr. 13/3

Nachlass Großherzogin Alice von Hessen und bei Rhein
HStAD D 24 Nr. 18/5
HStAD D 24 Nr. 29/5

Nachlass Großherzog Ernst Ludwig von Hessen und bei Rhein
HStAD D 24 Nr. 31/1
HStAD D 24 Nr. 31/4
HStAD D 24 Nr. 32/2
HStAD D 24 Nr. 32/5
HStAD D 24 Nr. 32/6+7
HStAD D 24 Nr. 32/8 und Nr. 32/8a
HStAD D 24 Nr. 36/5-8
HStAD D24 Nr. 37/2
HStAD D 24 Nr. 61/4 und Nr. 61/12
HStAD D 24 Nr. 62/6

Teilnachlass Prinzessin Irène von Preußen
HStAD D 24 Nr. 66/1

Nachlass Großherzogin Eleonore von Hessen und bei Rhein
HStAD D 24 Nr. 44/2

HStAD D 24 Nr. 44/10
HStAD D 24 Nr. 45/2
HStAD D 24 Nr. 46/5
HStAD D 24 Nr. 49/6-11, Teil 5
HStAD D 24 Nr. 53/5

Nachlass Erbgroßherzogin Cécile von Hessen und bei Rhein
HStAD D 24 Nr. 73/3

Nachlass Prinz Ludwig und Prinzessin Margaret von Hessen und bei Rhein
HStAD D 26 Nr. 11/3
HStAD D 26 Nr. 52/4
HStAD D 26 Nr. 54/2

Bestand O: Familienarchive und Nachlässe
HStAD O 59 Nr. 10

Bestand Q 1: Benutzerfilme
HStAD Q 1 Nr. 342

Archiv der Hessischen Historischen Kommission Darmstadt
HFtAD N22 Nr. 1

Bundesarchiv
BArch R 9361-VIII KARTEI
BArch R 9361-IC KARTEI

Archiv des Auswärtigen Amtes
PA Ausw. Amt I AA Hessen Nr. 56/2
PA Ausw. Amt I AA Hessen Nr. 56/6
PA AA, RZ 201/3072
PA AA Nr. 201/3058.
PA AA, RZ 201/3062

Privatarchiv Familie Römheld
(Römheld 1933): Lebenserinnerungen Gustav v. Römheld, 1933 (unpubliziert)

Privatarchiv Familie Bracht
(Bracht 1947): Lebenserinnerungen Antonie Bracht, geb. Becker. 1947 (unpubliziert)

GEDRUCKTE QUELLEN

Großherzoglich Hessisches Regierungsblatt 1894

Großherzoglich Hessisches Regierungsblatt 1898

HISTORISCHE TAGESZEITUNGEN

Berliner Neueste Nachrichten, 26.5.1898.

Darmstädter Wochenschau, JG 1936, Nr. 26 (4. Juniheft)

Darmstädter Zeitung
104. Jg. Nr. 35
137. Jg. Nr. 110 und 111
113. Jg. Nr. 19 und 21
117. Jg. Nr. 349
118. Jg. Nr. 306
119. Jg. Nr. 194 und 197
121. Jg. Nr. 4 und 470
122 Jg. Nr. 28
123. Jg. Nr. 125
127. Jg. Nr. 467
130. Jg. Nr. 16
132. Jg. Nr. 270
137. Jg. Nr. 63

LITERATUR

Ausst.kat. 1976: Ein Dokument Deutscher Kunst, Darmstadt (Hessisches Landesmuseum Darmstadt, Kunsthalle Darmstadt, Institut Mathildenhöhe), 5 Bde, Darmstadt 1976.

Ausst.kat. 1978: Was weiter wirkt. Großherzogin Alice von Hessen und bei Rhein 1843-1878, Darmstadt (Schlossmuseum Darmstadt), Darmstadt 1978.

Ausst.kat. 2014: Meisterhafte Porträts der Fürstenmaler im 19. Jahrhundert, Eichenzell (Schloss Fasanerie, Kulturstiftung des Hauses Hessen), Petersberg 2014.

Ausst.kat. 2021: Götterdämmerung II. Die letzten Monarchen, Augsburg (Haus der Bayerischen Geschichte), Margot Hamm, Evamaria Brockhoff, Linda Brüggemann et al. (Hgg.), Augsburg 2021.

Ausst.kat. 2021a: Albinmüller. Architekt, Gestalter, Lehrer, Darmstadt (Institut Mathildenhöhe), Darmstadt 2021.

(Albinmüller 2016) Albinmüller [sive Albin Müller]: Aus meinem Leben, o.O. 1940, hg. von Norbert Eisold, Gert Kley und Norbert Pohlmann, Berlin 2007.

(Aufleger 2016) Aufleger, Thomas: Die Nachkommen Großherzog Ludwigs IV. Hessische Familienbande zwischen den Höfen Europas, in: Fabergé. Geschenke der Zarenfamilie. Kat. Ausst. Schloss Fasanerie, Petersberg 2016, S. 9–28.

(Aufleger 2018) Aufleger, Thomas und Spreti, Heinrich von (Hgg.): Alix an Gretchen. Briefe der Zarin Alexandra von Russland an Margarethe Freiin von Fabrice 1891-1914, Darmstadt 2018.

(Bartels 2000) Bartels, Eckhart: Opel, Fahrzeugchronik von 1887-2000, Brilon 2000.

(Baum 1962) Baum, Vicky: Es war alles ganz anders. Erinnerungen, Berlin u. Frankfurt/Main, 1962.

(Eilers 1997) Eilers, Marlene: Queen Victoria's descendants, Falköping 1997.

(Engels 2019) Engels, Peter: Politik, Gesellschaft, Kultur 1914-1933, in: Ders. und Dieter Schrott (Hgg.): Von der Residenzstadt zur Wissenschaftsstadt 1914-2019. Ein Jahrhundert Darmstadt. Band 2.1. Politik, Gesellschaft und Stadtentwicklung, Darmstadt 2019, S. 15 - 60.

(Engels 2019 a) Engels, Peter: Darmstadt als Großstadt und als „Hauptwaffenplatz des Westens", in: Ders. und Dieter Schrott (Hgg.): Von der Residenzstadt zur Wissenschaftsstadt 1914-2019. Ein Jahrhundert Darmstadt. Band 2.1. Politik, Gesellschaft und Stadtentwicklung, Darmstadt 2019, S. 139 – 170.

(Erbach-Schönberg 1923) Erbach-Schönberg, Marie Fürstin zu: Bd. 1 Entscheidende Jahre; Bd. 2 Aus stiller und bewegter Zeit; Bd. 3 Erklungenes und Verklungenes, Darmstadt 1923.

(Ewald 1938) Ewald, Maria von: Großherzogin Eleonore und ihr Werk, Darmstadt 1938.

(Franz 1977) Franz, Eckhart G. (Hg.): Großherzog Ernst Ludwig von Hessen und bei Rhein: Grundideen eines konstitutionellen Fürsten, Darmstadt 1977.

(Franz 1983) Franz, Eckhart G. (Hg.): Erinnertes. Aufzeichnungen des letzten Großherzogs Ernst Ludwig von Hessen und bei Rhein. Arbeiten der Hessischen Historischen Kommission Darmstadt, Darmstadt 1983.

(Franz 1987) Franz, Eckhart G. (Hg.): Friede durch geistige Erneuerung. Fritz von Unruh und Großherzog Ernst Ludwig von Hessen, Darmstadt. 1987.

(Franz 2003) Franz, Eckhart G. (Hg.): Staatsbesuch im Indien der Maharajas. Tagebücher zur indischen Reise Großherzog Ernst Ludwigs von Hessen und bei Rhein. 1902/1903. Quellen und Forschungen zur hessischen Geschichte 131, Darmstadt 2003.

(Franz 2012) Franz, Eckhart G.: Ernst Ludwig, reg. Großherzog von Hessen und bei Rhein, in: Haus Hessen. Biografisches Lexikon, hg. v. Eckhart G. Franz, Arbeiten der Hessischen Historischen Kommission Neue Folge Band 34, Darmstadt 2012, S. 373-375.

(Haberkorn 2018) Haberkorn, Eva: Verschmelzung von Kunst und Leben. Höfische Fest um 1900, in: Archivnachrichten aus Hessen Heft 18/2,2018, hg. vom Landesarchiv in Zusammenarbeit mit dem Verband deutscher Archivarinnen und Archivare e.V. / Landesverband Hessen (VdA) und dem Verband hessischer Kommunalarchivarinnen und Kommunalarchivare (VhK), S. 34-36.

(Hamann 2003) Hamann, Brigitte: Winifred Wagner oder: Hitlers Bayreuth, München 2003.

(Hanesch 2019) Hanesch, Walter: Soziale Lage und Sozialpolitik im Nationalsozialismus, in: Engels, Peter und Dieter Schrott (Hgg.): Von der Residenzstadt zur Wissenschaftsstadt 1914-2019. Ein Jahrhundert Darmstadt. Band 2.1. Politik, Gesellschaft und Stadtentwicklung, Darmstadt 2019, S. 197 – 216.

(Hessen 1927) Hessen und bei Rhein, Ernst Ludwig Großherzog von: Rosenhöhe, 1927.

(Hessen 1950) Hessen und bei Rhein, Ludwig Prinz von: Die Darmstädter Künstlerkolonie und ihr Gründer Grossherzog Ernst Ludwig, Darmstadt 1950.

(Hessen 1956) Hessen und bei Rhein, Ludwig Prinz von: Großherzog Ernst Ludwig, in: Sabais,

Heinz-Winfried (Hg.): Vom Geist einer Stadt. Ein Darmstädter Lesebuch, Darmstadt 1956, S. 42-56.

(Hessen 1986) Hessen, Rainer (Hg.) und Wolfgang Prinz von: Aufzeichnungen, Kronberg/Taunus, 1986.

(Heuss 1967) Heuss, Theodor: Ein Dokument Deutscher Kunst, in: Sabais, Heinz-Winfried (Hg.): Lob der Provinz, Darmstadt 1967, S. 57-60.

(Hofmann 2000) Hofmann, Beate: Von der Distanz zur Einmischung. Evangelische Frauen und Politik im 20. Jahrhundert, in: Frauen in der einen Welt. Zeitschrift für interkulturelle Frauenalltagsforschung. Frauen in der Politik, 2/2000, S. 20-30.

(Hoffmann 2019) Hoffmann, Renate: Die Darmstädter Künstlerkolonie bis 1914, in: Engels, Peter und Dieter Schrott (Hgg.): Von der Residenzstadt zur Wissenschaftsstadt 1914-2019. Ein Jahrhundert Darmstadt. Band 1: Kunst, Kultur und Kirche, Darmstadt 2019, S. 123-142.

(Holzhauer 2005) Holzhauer, Heinz und Eckhart Franz: Ernst Ludwig und Victoria Melita. Eine landesherrliche Ehescheidung im Jahre 1901 zwischen Feudalrecht und bürgerlichem Recht, in: Archiv für hessische Geschichte und Altertumskunde, Neue Folge 63. Band 2005, herausgegeben vom Hessischen Staatsarchiv Darmstadt in Verbindung mit dem Historischen Verein für Hessen, Darmstadt 2005, S. 217-254.

(Hough 1975) Hough, Richard: Advice to a granddaughter. Letters from Queen Victoria to Princess Victoria of Hesse, London 1975.

(Hürter 1998) Hürter, Johannes: Paul von Hintze: Marineoffizier, Diplomat, Staatssekretär: Dokumente einer Karriere zwischen Militär und Politik, 1903-1918. Deutsche Geschichtsquellen des 19. und 20. Jahrhunderts Band 60, Berlin 1998.

(Kaiser 1955) Kaiser, Hermann: Modernes Theater in Darmstadt. Ein Beitrag zur Stilgeschichte des deutschen Theaters zu Beginn des 20. Jahrhunderts, Darmstadt 1955.

(Kaiser 1964) Ders.: Das Großherzogliche Hoftheater zu Darmstadt 1810-1910, Darmstadt 1964.

(Kaiser 1968) Ders.: Der Bühnenmeister Carl Brandt und Richard Wagner. Kunst der Szene in Darmstadt und Bayreuth, Darmstadt 1968.

(Kleinpenning 2010) Kleinpenning, Petra (Hg.): The Correspondance of the Empress Alexandra of Russia with Ernst Ludwig and Eleonore, Grand Duke and Duchess of Hesse. 1878-1916, o.O. 2010.

(Knispel 1910) Knispel, Hermann: Das Großherzogliche Hoftheater zu Darmstadt von 1810-1910, Darmstadt 1910.

(Knodt 1978) Knodt, Manfred: Ernst Ludwig Großherzog von Hessen und bei Rhein, Darmstadt 1978.

(Kramer 2020) Kramer, Ursula: Der dirigierende Großherzog von Hessen und bei Rhein – Ludewig I. und die Hofmusik, in: Archiv für hessische Geschichte und Altertumskunde NF 78 (2020), S. 45-68.

(Landgraf o.J.) Landgraf, Ludwig [i.e. Ludwig Prinz von Hessen und bei Rhein]: Erinnerungen eines Darmstädters, Darmstadt o.J.

(Ludwig 2010) Ludwig, Heidrun: Das Residenz- und Heeresmuseum, in: Die Geschichte der Darmstädter Sammlungen, Peter Märker zum 65. Geburtstag. Kunst in Hessen und am Mittelrhein 2010 / NF 5, S. 52-59.

(Maaß 2019) Maaß, Rainer: Das Unglück von Ostende: Der Flugzeugabsturz der großherzoglichen Familie am 16. November 1937, in: AHG 77. Band, Darmstadt 2019, S. 183-203.

(Machtan 2008) Machtan, Lothar: Die Abdankung. Wie Deutschlands gekrönte Häupter aus der Geschichte fielen, Berlin 2008.

(Mandache 2021) Mandache, Diana (Hg.): My dearest Missy. The letters of Marie, Crown Princess of Romania, and of her mother, Marie Alexandrovna, Grand Duchess of Russia, Duchess of Edinburgh and of Saxe-Coburg and Gotha. 1901–1910, Falkoping 2021.

(Mann 1976) Mann, Golo: Der letzte Großherzog, in: Ausst.kat. 1976, Ein Dokument Deutscher Kunst, Darmstadt (Hessisches Landesmuseum Darmstadt, Kunsthalle Darmstadt, Institut Mathildenhöhe), 5 Bde, Band 1, S. 29-34.

(Mann 1983) Ders.: Der letzte Großherzog, in: Franz, Eckhart G. (Hg.): Erinnertes. Aufzeichnungen des letzten Großherzogs Ernst Ludwig von Hessen und bei Rhein. Arbeiten der Hessischen Historischen Kommission Darmstadt, Darmstadt 1983, S. 7-18.

(Milford-Haven 2020) Milford-Haven, Victoria: Reminiscences, hg. v. Arturo Beeche und Ilana D. Miller, o.O. 2020.

(Möckl 1972) Möckl, Karl: Die Prinzregentenzeit, München 1972.

(Netuschil 2019) Netuschil, Claus K.: In Darmstadt leben die Künste. Bildende Kunst in Darmstadt seit 1915, in: Engels, Peter und Dieter Schrott (Hgg.): Von der Residenzstadt zur Wissenschaftsstadt 1914-2019. Ein Jahrhundert Darmstadt. Band 1: Kunst, Kultur und Kirche, Darmstadt 2019, S. 163-190.

(Olbrich 1900) Olbrich, Joseph Maria: Unsere nächste Arbeit, in: Deutsche Kunst und Dekoration 6, 1900.

(Petropoulos 2006) Petropoulos, Jonathan: Royals and the Reich. The Princes von Hessen in Nazi Germany, New York 2006.

(Sauer 2006) Sauer, Mona: Das Darmstädter Schloss. Entstehung, Veränderung, Zerstörung, Wiederaufbau, Denkmalschutz in Darmstadt Heft 10, Wissenschaftsstadt Darmstadt (Hg.), Darmstadt 2006.

(Seitz 2011) Seitz, Maria: „Hätt' ich Flügel, um mich zu Dir schwingen zu können..." Dokument einer lebenslangen Freundschaft: Briefwechsel zwischen König Ludwig II von Bayern von der Kronprinzenzeit bis zur ersten Bauplanung, Darmstadt 2011.

(Sell 1884) Sell, Karl und N.N. Strecker: Alice Großherzogin von Hessen und bei Rhein, geb. Prinzessin von Großbritannien und Irland. Mittheilungen aus ihrem Leben und aus ihren Briefen, Darmstadt 1884.

(Tücks 2005) Tücks, Petra: Das Darmstädter Neue Palais. Ein fürstlicher Wohnsitz zwischen Historismus und Jugendstil. Quellen und Forschungen zur hessischen Geschichte Band 148. Hessische Historische Kommission Darmstadt (Hg.), Darmstadt 2005.

(Vorres 1964) Vorres, Ian: The last Grand Duchess, London 1964.

(Wauer 1938) Wauer, Max: Großherzog Ernst Ludwig und das Schicksal seines Hauses, Darmstadt 1938.

(Weber 1962) Weber, Friedrich: Die Brüder Ludwig und Friedrich Knauß, in: Darmstädter Adreßbuch 1962/63, Darmstadt 1962, S. 49-64.

(York 1995) York, Sarah und Benita Stoney: Travels with Queen Victoria, London 1995.

PERSONENREGISTER

A

Adam, Adolphe *184*

D'Albert, Eugene *142*

Albinmüller (eig. Albin Müller) *199*

Alighieri, Dante *186*

Alma-Tadema, Lawrence *118*

Alter, Ludwig *136*

Alvary, Max (eig. Max Achenbach) *55*

Ammermann, Liselott *147*

Angeli, Heinrich von *128, 130, 237*

Argyll, John Campbell, Herzog *118*
- Louise, Herzogin (s. Großbritannien) *118*

B

Bach, Johann Sebastian *143*

Baden, Amalie, Großherzogin von *185*
- Friedrich I., Großherzog von *186*
- Friedrich II., Großherzog von *104, 186*
- Louise (s. Russland, Elisaweta Alexejewna)
- Luise, Großherzogin von *186*
- Theodora, Markgräfin von *113*

Balling, Michael *151*

Becker, Ernst Dr. *79*
- Mathilde *79*

de Banville, Théodore *153*

Battenberg, Alexander Prinz von (s. Bulgarien)
- Alice (s. Griechenland)
- Anna, Prinzessin von *65, 119*
- Beatrice, Prinzessin von *63*, 113*, 119, 137*
- Franz Joseph, Prinz von *63*, 119*
- George, Prinz von (s. Milford-Haven)
- Heinrich, Prinz von *63*, 64, 65, 113*, 236*
- Julie, Prinzessin von *61, 62, 63**
- Louis, Prinz von (s. Mountbatten of Burma)
- Ludwig, Prinz von (s. Milford-Haven)
- Victoria, Prinzessin von (s. Milford-Haven)

Baum, Vicky *143, 154*

Bayern, Caroline, Königin von *182*
- Ludwig I., König von *60*
- Ludwig II., König von *68*
- Ludwig III., König von *183, 184*
- Luitpold, Prinzregent von *183*

- Otto, König von *184*
- Rupprecht, Kronprinz von *173, 185*

Becker, Ernst Dr. *79*
- Johann Baptist *166, 167*
- Mathilde *79*

Beethoven, Ludwig van *143*

Behrens, Peter *133*

Belgien, Leopold II. König von *180*

Bender, Josephine (s. von Lichtenberg)

Bendix, Roderich *112*

Bethmann-Hollweg, Theobald von *159, 164*

Binding, Karl, Prof. Dr. *53, 56*
- Rudolph G. *50*, 52*, 53, 54, 197, 229*

Bismarck, Otto Fürst von *60, 61, 63, 64, 83, 162, 163*, 231*

Blech, Leo *140*

Böcklin, Arnold *131*

Boehm, Joseph Edgar *37*, 85, 86, 228*

Bracht, Antonie *66*

Brahms, Johannes *79, 143*

Brandt, Karl *138, 139*

Brauchitsch, Richard von *40*

Braun, Ernst *167*

Braunschweig und Lüneburg, Victoria Luise, Herzogin von *127*

Brentano, Lujo *56*

Büchner, Georg *83*
- Ludwig *83*
- Luise *83*

Bülow, Bernhard von *83, 162, 164*

Bürck, Paul *135*

Bulgarien, Alexander I., Fürst von *61, 63*, 64*

Burmester, Willy *132*

Burne-Jones, Edward *91*

Buttlar (s. Treusch von Buttlar-Brandenfels)

Buxbaum, August *198*

C

Cambridge, Adolph, Herzog von *117*
- Augusta, Herzogin von *177*

Caprivi, Georg Leo von *83*

Caruso, Enrico 147

Chappuis, Hermann von 40

Chatham, Pitt 154

Chopin, Frédéric 78

Christiansen, Hans 133, 135

Clarence and Avondale, Albert Victor, Herzog von 58*, 116, 117

Clemm, Ludwig, Dr. 19, 20, 21, 23

Connaught, Arthur, Herzog von (s. Großbritannien)
- Luise Margarethe, Herzogin von (s. Großbritannien)

Curzon, George, Marquess of 47, 114
- Mary Victoria, Marchioness of 47

D
Dadelsen, Hans von 35

Dänemark, Waldemar, Prinz von 104

Deutsches Reich, Augusta, Kaiserin 94, 187
- Friedrich III., Kaiser 82*, 83, 94
- Victoria, Kaiserin Friedrich 42, 82*, 83, 116, 162
- Wilhelm I., Kaiser 44, 57, 61, 94, 126, 186, 187
- Wilhelm II., Kaiser 22, 45*, 61, 83, 94, 104, 112, 123*, 124, 125*, 126, 127, 158, 161, 162, 166, 183, 185, 231, 234, 235

Diethe, Alfred 186

Dietz, August 192

Disraeli, Benjamin 165

Dönhoff, Otto Graf von 122

Doherty, Laurence 38
- Reginald 38

Dornberg, Elimar, Freiherr von 67
- Emilie (Milena), Freifrau 67

Duncan, Elizabeth 152
- Isadora 152

E
Egli, Marie 139

Eigenbrodt, Carl, Dr. med. 81

Erbach Schönberg, Marie, Fürstin zu 17, 120*, 235

Ernesti, Adolph Dr. 41

Eulenburg, August Graf von 124

Ewald, Carl von   *167, 168*, 231*

F

Fabergé, Carl Peter   *91*

Finger, Jakob   *52, 194*

Flotow, Friedrich von   *184*

Frank, Martha   *148*

Frankenberg und Ludwigsdorff, Alexander, Freiherr von   *40*

Frankreich, Eugenie, Kaiserin von   *180*, 181, 233*
- Louis Napoléon, Prinz von   *180*
- Napoléon I., Kaiser von   *66*
- Napoléon III., Kaiser von   *180*

Franz, Eckhart G., Prof. Dr.   *11, 13, 20, 21*

Fredericks, Wladimir Borisowitsch, Graf   *106, 107, 108*

Friedberg, Emil von   *56*

G

Gagern, Heinrich, Freiherr von   *77*

Gail, Wilhelm   *54*

Gall, Karl, Freiherr von   *174*

Germann, Daniel   *104*

Gladstone, Catherina   *166*
- William Ewert   *165, 166*

Gluck, Christoph Willibald, Ritter von   *152*

Glückert, Julius   *136*

Gnauth, Feodor   *166, 167, 196*

Goltz, Karl, Graf von der   *122*

Gordon, Geordy   *109*

von Gordon, Rudolf   *138*

Grant, Arthur   *109*

Griechenland, Alice, Prinzessin von   *37, 63*, 74*, 85, 116, 119, 120, 130, 209, 235*
- Andrea(s), Prinz von   *116, 119, 120, 235*
- Christoph, Prinz von   *119, 120*, 235*
- Elena, Prinzessin von   *119, 120*, 235*
- Georg I., König von   *119, 120*, 235*
- Georg, Prinz von   *119, 120*, 235*
- Konstantin I., König von   *119, 120*, 235*
- Nikolaus, Prinz von   *119, 120*, 235*
- Olga, Königin von   *119, 120*, 235*
- Sophie, Königin von   *119, 120*, 235*

von Griesheim, Kurt   *125*

Großbritannien und Irland, Albert, Prinzgemahl *76, 112, 119, 120*, 233, 235*
- Albert Victor, Prinz von, Herzog von Clarence und Avondale *58*, 116, 117*
- Alexandra, Königin von *58*, 115*, 116*
- Arthur, Prinz von, Herzog von Connaught *45*, 47,*
- Charles III., König von *86, 236*
- Edward VII. (Albert Edward), König von *42, 44, 45*, 47, 49/50*, 58*, 114, 115*, 116, 117, 123, 126, 158, 160, 233*
- Elizabeth II., Königin von *37, 116*
- George V., König von *44, 58*, 64, 116, 117*
- Luise Margarethe, Prinzessin von Herzogin von Connaught *47*
- Louise, Prinzessin von, Herzogin von Argyll *118*
- Louise, Herzogin von Fife *58**
- Mary, Königin von *117*
- Maud, Prinzessin von, Königin von Norwegen *58**
- Philip, Prinz von, Herzog von Edinburgh *37*
- Victoria, Königin von *22, 35, 37*, 43*, 45*, 77, 84, 108, 109*, 110, 111*, 112, 113*, 114, 228, 230, 231, 236, 237*
- Victoria, Prinzessin von *58*, 119, 120**
- Victoria Mary (s. Mary, Königin)

Gulbranson, Ellen *139*

H
Haan, Willem de *147, 147*

Habich, Ludwig *85, 86, 133*

Happel, Friedrich, Dr. med. *102*

Hardenberg, Kuno, Graf von *198*

Hartenau, Alexander von (s. Bulgarien)
- Johanna, Gräfin von *61*

Hartmann, Joseph *130*

Hauke, Julie Gräfin von (s. Battenberg)
- Moritz, Graf von *62*

Hessen, Philipp Landgraf von, „Der Großmütige" *68*

Hessen-Darmstadt, Georg I., Landgraf von *68, 73*
- Ludwig VIII., Landgraf von *145, 181*
- Ludwig IX., Landgraf von *145*
- Ludwig X., Landgraf von (s. Hessen und bei Rhein, Ludewig I.)

Hessen-Kassel, Friedrich III., Landgraf von *117*
- Auguste (s. Cambridge) *117*
- Friedrich Karl, Landgraf von *200*
- Margarethe, Landgräfin von *119, 193, 200*
- Marie Alexandra, Prinzessin von *200*
- Richard, Prinz von *200*
- Wolfgang, Prinz von *173*

Hessen und bei Rhein, Alexander, Prinz von (1823-1888) *37, 61, 62, 63**

- Anna, Prinzessin von   67*, 232
- Alice, Großherzogin von   32*, 34*, 35, 37, 65, 68*, 76*, 77, 78, 79, 80*, 81, 82, 83, 84, 104, 128*, 130, 133, 165, 180, 199, 208, 228, 230, 231, 232, 233, 237
- Carl, Prinz von (s. Karl)
- Cécile, Erbgroßherzogin von   140*, 209
- Eleonore, Großherzogin von   17, 21, 91, 93, 95, 96, 107*, 116, 119, 121*, 123, 140*, 154*, 173*, 174*, 175*, 192, 193*, 201*, 209, 229, 233, 235
- Elisabeth, Prinzessin von (1815-1885)   35, 65*, 66, 67, 68, 69
- Elisabeth, Prinzessin von (1864-1918) (s. Russland, Elisaweta Feodorowna)
- Elisabeth, Prinzessin von (1895-1903)   74*, 84*, 85*, 120*, 209
- Friedrich Wilhelm, Prinz von   32*, 34, 77, 78*, 94*, 99, 180, 209
- Georg Donatus, Erbgroßherzog von   17, 30*, 31, 91, 140*, 167, 196, 209
- Heinrich, Prinz von   67*, 69
- Karl, Prinz von   60, 61, 65*
- Ludewig I., Großherzog von   146
- Ludwig II., Großherzog von   73, 182
- Ludwig III., Großherzog von   45, 60*, 61, 65, 67, 146
- Ludwig IV., Großherzog von   32*, 34, 35, 36, 37, 39, 41, 45, 52, 58*, 60, 63*, 66, 67*, 68*, 69, 70*, 71, 72*, 73, 76, 77, 78, 79, 84, 86, 89, 93, 95, 101, 103, 104, 105, 108, 109*, 113*, 115*, 124, 128*, 130, 146, 152, 153*, 162, 166, 180, 182, 184, 187, 208
- Ludwig, Prinz von (1908-1968)   18, 30*, 31

- Marie, Prinzessin von   78, 84, 95, 102*, 103, 180
- Margaret, Prinzessin von   10, 11, 19, 20, 23, 209
- Mathilde, Großherzogin von   60, 183, 186
- Victoria Melita, Großherzogin von (s. Sachsen-Coburg und Gotha)   40, 74*, 84*, 85, 95, 116, 209, 230
- Wilhelm, Prinz von   67*, 68, 69
- Wilhelmine, Großherzogin von   182

Heyl zu Herrnsheim, Dorothea, Freifrau von   131, 132*, 133
- Maximilian, Freiherr von   131, 132*, 133

Hintze, Paul von   158, 159

Hirth, Johanna   17
- Walter   17

Hitler, Adolf   11, 12

Hitrowo, N.N.   64

Hofmannsthal, Hugo von   153

Hofmann-Zeitz, Ludwig   130

Hofmüller, Sebastian   146

Hohenlohe-Oehringen, Hans Prinz zu   125, 126, 167, 182, 188

Hohenlohe-Langenburg, Alexandra, Fürstin zu *195*
- Ernst II., Fürst zu *195*
- Margarita, Fürstin zu *116*

Holbein, Hans d.J. *46*

Homberg zu Vach, Friedrich von *197*

Hrzic, Milena (s. von Dornberg)

Humboldt-Dachroeden, Bernhard, Freiherr von *41*

I

Ihne, Wilhelm, Professor *117*

Italien, Victor Emanuel III., König von *164*

J

Jackson, Margaret Hardcastle *165*

Jakowlewa, Warwara *93*

Jannings, Emil *147*

Jost, Wilhelm *196*

K

Kaljajew, Iwan *90*

Kaschowska, Felicie *146*

Kaulbach, Friedrich August von *87*, 130, 131*, 312, 165, 228, 235*

Kempin, Kurt *148*

Klemperer, Otto *142*

Kleukens, Christian Heinrich *136*
- Friedrich Wilhelm *136*

Knauß, Johann Philipp Ludwig *182*

Kranich, Friedrich d.Ä. *138, 147*

Küchler, Wilhelm *166, 167, 197*

Kühne, Alfred von *174, 175*
- Hans Georg *175*

Kwast-Hodapp, Frieda *20, 144*

L

Lancken, Eberhard von der *41*

Lansdowne, Henry *159*

Latscha, Jakob *197*

Lederer, Georg (José) *55*

Lenbach, Franz von *132*

Levi, Hermann *139*

Lichtenberg, Gottfried von *68*
- Josephine von *68*

Lingner, Karl August *196*

List, Hans *53*

Loisinger, Johanna (s. Hartenau)

Lorenz, Max *140**

Luther, Martin *37, 68*

M

Malten, Therese *139*

Mann, Golo, Prof. Dr. *13, 14, 20, 144, 186*

Mann, Josef *147*

Marberg, Lilli *143*

Massenbach, Fabian, Freiherr von *19, 161*

Materna-Friedrich, Amalie *138, 139*

de Maupassant, Guy *176*

Meiner, N.N. *53*

Mendelssohn-Bartholdy, Felix *112*

Messel, Alfred *194*

Milford-Haven, George, 2. Marquess of *74*, 119, 209*
- Ludwig, 1. Marquess of *62, 63*, 64, 65, 103*, 104, 130, 161*
- Victoria, Marchioness of *24, 35*, 36*, 37, 58*, 63*, 66, 70, 74*, 79, 80, 81, 84, 85, 86*, 91, 93, 95, 103*, 109*, 111, 113*, 114, 115*, 116, 119, 120*, 124, 130, 161, 172, 187, 193*, 209, 228, 232, 233, 234, 235*

Montenegro, Anastasia, Prinzessin von (s. Russland)
- Anna, Prinzessin von (s. Battenberg)
- Militza, Prinzessin von (s. Russland)

Moran-Olden, Fanny *55*

Mottl, Felix *139*

Mountbatten of Burma, Louis *119, 209*

Mozart, Wolfgang Amadeus *73, 146*

Muck, Carl *139*

Müller, Albin (s. Albinmüller)

Münch, Ludwig *194*

Muhl, Ferdinand *105*

Muther, Moritz *35*, 37, 38, 108, 180, 229*

N

Natzmer, Oldwig von *41*

Nidda, Caroline, Freifrau von *67*
- Karl, Freiherr von *67*

Nikisch, Arthur *140, 141, 142, 149*

Nitschajew, N.N., Fürst *90*

Nordica, Lilian *112*

O

Österreich, Elisabeth, Kaiserin von *182, 183*
- Franz Ferdinand, Erzherzog von *42*
- Franz Joseph, Kaiser von *181, 182, 183**
- Franz I. Stefan, Kaiser von *181*
- Maria Theresia, Kaiserin von *181*
- Karl, Kaiser von *183*
- Rudolf, Erzherzog von *89*
- Zita, Kaiserin von *183*

Offenbach, Jacques *148*

Olbrich, Joseph Maria *11, 133, 134*, 203, 236*

Opel, Adam *192*
- Sophie Marie *192*

Ottenheimer, Paul *141*

P

Paget, Violet *166*

Passavant, Emma von *174*

Perron, Karl *55*

Pfitzner, Hans *143*

Plessen, Ludwig, Freiherr von *122*

Plüskow, Hans von *41*

Preußen, Adalbert, Prinz von *127*
- August Wilhelm, Prinz von *127*
- Augusta, Kaiserin (s. Deutsches Reich)
- Eitel Friedrich, Prinz von *127*
- Friedrich Wilhelm II., *66*
- Friedrich Wilhelm III., König von *57*
- Friedrich Wilhelm IV., König von *57*
- Heinrich (1862-1929), Prinz von *94, 104, 105*, 120*, 156*, 184, 187, 209*
- Heinrich (1900-1904), Prinz von *94*
- Irène, Prinzessin von *32*, 36*, 58*, 63*, 66, 74*, 77, 80, 83, 84, 93*, 94, 96*, 99, 104, 105, 109*, 115*, 119, 120*, 124, 172, 209*
- Joachim, Prinz von *127*
- Luise, Königin von *66*
- Marianne (Maria Anna), Prinzessin von *66*
- Oskar, Prinz von *127*
- Sigismund, Prinz von *94*
- Waldemar, Prinz von *74*, 94*
- Wilhelm I., Kaiser (s. Deutsches Reich)
- Wilhelm II., Kaiser (s. Deutsches Reich)
- Wilhelm, Prinz von *66*
- Wilhelm, Kronprinz von *127*
- Victoria, Kaiserin (s. Deutsches Reich)

- Victoria, Prinzessin von
(s. Schaumburg-Lippe)
- Victoria Luise, Prinzessin von
(s. Braunschweig und Lüneburg)

Pützer, Friedrich *196*

R

Rasputin, Grigori *65, 99, 100*

Rathenau, Walther *164*

Reger, Max *143, 144*

Reichmann, Theodor *138*

Reinecke, Carl *142*

Reszke, Eduard de *112*
- Jean de *112*

Richter, Hans *139, 142*

Riedesel zu Eisenbach, Moritz, Freiherr von *122*

Riegel, Ernst *136, 228*

Ritsert, N.N. *81, 82*

Ritzert, Karl *81, 82*

Roeder, Otto von *41*

Römheld, Gustav von *50*, 52*, 53, 54, 138, 147, 152, 185, 186, 229*

Rooy, Anton van *139*

Roth, Sidonie *146*

Rothe, Carl *167*

Rotsmann, Georgina, Freifrau von *130, 192*

Rubinstein, Anton *143*

Russland, Alexander I., Zar von *67*
- Alexander II., Zar von *60, 64, 88, 93*
- Alexander III., Zar von *64, 88, 96*
- Alexandra Feodorowna (1796-1861), Zarin von *98, 158*
- Alexandra Feodorowna (1872-1918), Zarin von *44, 46*, 63*, 65, 66, 76, 77, 80, 84, 88, 89, 95*, 96*, 97, 98, 99, 100, 101, 102, 103, 105, 109*, 113*, 115*, 116, 119, 120*, 121, 128*, 130, 131*, 152, 159, 172, 180, 181, 192, 196, 209, 229*, 230, 234**
- Alexej Nikolajewitsch, Großfürst von *98*, 99, 102, 130, 192*
- Anastasia Nikolajewna (1868-1935), Großfürstin von, *65, 99*
- Anastasia Nikolajewna (1901-1918), Großfürstin von *98*, 99, 102, 119, 120*, 130, 192*
- Dimitrij Pawlowitsch, Großfürst von *99*
- Elisaweta Alexejewna, Zarin von *98*

- Elisaweta Feodorowna, Großfürstin von   88, 89*, 92, 93, 96*, 99, 102, 103*, 119, 120*, 121, 130, 172
- Georgij Michaelowitsch, Großfürst   119, 120*
- Katharina II., Zarin von   97
- Maria Alexandrowna, Zarin von   60, 62, 93
- Maria Feodorowna, Zarin von (1759-1828)   97
- Maria Feodorowna, Zarin von (1847-1928)   88, 96, 97, 98, 99, 100, 102
- Maria Georgijewna, Großfürstin von   119, 120*
- Maria Pawlowna d.Ä. (1854-1920), Großfürstin von   100, 101
- Maria Pawlowna d.J. (1890-1958), Großfürstin von   120*
- Maria Nikolajewna, Großfürstin von   98*, 99, 102, 107*, 119, 120*, 130, 192
- Michael Nikolajewitsch, Großfürst von   97
- Militza Nikolajewna, Großfürstin von   65, 99
- Nikolaus I., Zar von   62, 158
- Nikolaus II., Zar von   44, 46*, 80, 92, 96*, 97, 99, 100, 101, 102, 105, 106, 107*, 119, 120*, 121, 156*, 158, 159, 160, 180, 190*, 209, 229*, 230*, 233*
- Olga Nikolajewna, Großfürstin von   98*, 99, 102, 119, 120*, 192
- Pawel I., Zar von   97, 99
- Pawel Alexandrowitsch, Großfürst von   93, 96*, 119
- Sergej Alexandrowitsch, Großfürst von   96*, 103, 119, 120*, 121
- Tatiana Nikolajewna, Großfürstin von   98*, 99, 102, 107*, 119, 120*, 130, 192

- Xenia, Großfürstin von   93

S

Sachsen, Albert, König von   61, 62, 185, 186
- Carola, Königin von   185, 187
- Friedrich III. August, König von   186
- Georg, König von   186
- Johann, König von   186
- Johann Georg, Prinz von   186
- Mathilde, Prinzessin von   94, 186
- Maximilian, Prinz von   186

Sachsen-Coburg und Gotha, Albert, Prinz von (s. Großbritannien und Irland)
- Alexandrine, Herzogin von   187
- Alfred, Herzog von (s. Großbritannien)
- Ernst II., Herzog von   187
- Karl Eduard, Herzog von   117
- Victoria Melita, Prinzessin von (s. Hessen und bei Rhein)

Sachsen-Meiningen, Charlotte, Herzogin von   119

Sachsen-Weimar-Eisenach, Karl Alexander, Herzog von   110, 187

Salden, Ida   139

Salisbury, Robert Cecil, 3. Marquess of   162, 165, 166

Sasonow, Sergej Dimitriewitsch   160

Scharnhorst, Gerhard Johann von   67

Scharvogel, Jacob Julius *135*

Schaumburg-Lippe, Victoria Prinzessin von *61*

Scheidemantel, Carl *55, 138*

Schelper, Otto *55*

Schenk zu Schweinsberg, Christiane, Freifrau von *37*
- Moritz, Freiherr von *79*

Schillings, Max von *132, 140*

Schirmer, Heinrich *54*

Schleswig-Holstein-Sonderburg-Augustenburg, Albert, Prinz von *58**
- Christian, Prinz von *58**
- Christian Victor, Prinz von *58**
- Helena, Prinzessin von *58*, 111, 118, 119*
- Helena Victoria, Prinzessin von *111*

Schleswig-Holstein-Sonderburg-Glücksburg, Albert Herzog von *104*

Sligo, Margaret *70*

Schmidt, N.N. *53*

Schneckendorf, Josef Emil *135**

Scholl, Friedrich von *161*

Schubert, Franz *130*

Schützendorf, Leo *147*

Schumann, Robert *54, 80, 130*

Schumann-Heink, Ernestine *112*

Schwartzkoppen, Maximilian von *38*

Schweden, Louise, Königin von *74*, 93, 119, 120*, 209*

Schweden-Wasa, Gustav IV. Adolf, König von *185*
- Gustav, Prinz von *185*

Seidl, Gabriel von *131*

Sell, Karl, Dr. *37*

Senarclens de Grancy, Wilhelmine, Freifrau *37, 181*

Shakespeare, William *147*

Siam, Rama V. (Chulalongkorn), König von *180*

Simson, Eduard von *57*

Sinding, Christian *142*

Sohm, Rudolph, Prof. *56*

229

Solms-Hohensolms-Lich, Hermann Fürst zu *116*
- Agnes, Fürstin zu *121*

Sontag, Anna Auguste *83*

Spanien, Victoria Eugenia, Königin von *65, 119*

Springer, Anton *56*

Staegemann, Max *55*

Stahmer-Andriessen, Pelagie *55*

Stewart, Donald *109*

Strauss, Richard *143*

Strecker, Karoline *82*

Stuck, Franz von *132, 133**

Sucher, Rosa *139*

T

Tatischtschew, Ilja Leonidowitsch *158*

Tauchnitz, Christian Bernhard von *54*

Teck, Adolph, Herzog von *119*
- Victoria Mary, Prinzessin von
(s. Großbritannien und Irland, Mary)

Thiersch, Friedrich Maximilian von *194*

Thüringen, Elisabeth Landgräfin von (Heilige Elisabeth) *93*

Tirpitz, Alfred von *159*

Treitschke, Heinrich von *57*

Treusch von Buttlar-Brandenfels, Oswald, Freiherr *41, 124, 125*

Trier, Joseph *136*

Tschaikowsky, Piotr Iljitsch *143*

U

Ulrich, Carl *188*

Ungern-Sternberg, Reinhold, Freiherr von *184*

Unruh, Fritz von *158, 176, 177*

V

Varnesi, Augusto *86*

Verdi, Giuseppe *141, 149*

Vigna, Arturo *41*

Voss-Schönau, Viktor, Graf von *38*

W

Wach, Adolf 56

Wagner, Cosima 68
- Richard 68, 127, 138, 140, 142, 147, 148, 150, 151
- Siegfried 139, 140
- Winifred 140

Wales, George, Prinz von (s. Großbritannien und Irland)
- Louise, Prinzessin (s. Großbritannien und Irland, Herzogin von Fife)
- Maud, Prinzessin von (s. Großbritannien und Irland)
- Victoria, Prinzessin von (s. Großbritannien und Irland)

Ware, s. Jakowlewa

Wassiltschikowa, Maria Alexandrowna 99

Weber, Adolf, Dr. 77

Weingartner, Felix von 140

Weltzien, Viktor von 194

Wende, Theodor 136

Wernher, Paul 77
- Wilhelm 77

Westerweller von Anthoni, Paul 80

Wilde, Oscar 143

Wildenbruch, Ernst von 187

Willich gen. von Pöllnitz, Caroline (s. Nidda)
- Karl von (s. Nidda)
- Ludwig von 67

Windscheid, Bernhard 56

Winkler, Julius 143

Wolf, Otto 146

Wolfskehl, Lili 144, 145

Woronzow-Daschkow, Illarion Iwanowitsch 160

Wünzer, Theodor 146

Württemberg, Albrecht, Herzog von 185
- Charlotte, Königin von 185
- Marie, Prinzessin von (s. Russland, Maria Feodorowna, 1759-1828)
- Vera, Herzogin von 119, 120*
- Wilhelm II., König von 185

Wundt, Wilhelm, Prof. 56

ABBILDUNGSNACHWEIS

Hessische Hausstiftung und Kulturstiftung des Hauses Hessen

Edward Tayler: Großherzog Ludwig IV. von Hessen und bei Rhein
Aquarell auf Elfenbein, 1864. WO I 8601_7
(Seite 68)

Edward Tayler: Großherzogin Alice von Hessen und bei Rhein
Aquarell auf Elfenbein, 1864. WO I 8604_8
(Seite 68)

Joseph Edgar Boehm: Königin Victoria von Großbritannien und Irland
Marmor, Silber, 1885. WO S 8015
(Seite 37)

Friedrich August Kaulbach: Großfürstin Elisaweta Feodorowna von Russland
Pastell auf Karton, April 1892. WO H 8526
(Seite 87)

Philip Alexius de László: Großherzog Ernst Ludwig von Hessen und bei Rhein in orientalischem Kostüm
Öl auf Pappe, 1907. WO B 8058
(Seite 47)

Franz von Stuck: Großherzog Ernst Ludwigs von Hessen und bei Rhein
Öl auf Holz, 1907. WO H 8136
(Seite 133)

Ernst Riegel: Deckelpokal in Form eines bekrönten Adlers
Roter Achat, Silber, Amethyst, Perlen, um 1908. WO S 8074
(Seite 136)

Otto Eckmann (Entwurf): Schreibtisch für Großherzog Ernst Ludwig von Hessen und bei Rhein, ausgeführt für das Arbeitszimmer im Neuen Palais in Darmstadt
Buche, dunkel gebeizt mit Perlmutteinlagen, 1897/98. WO M 8157
(Seite 16)

Franz Huth: Großherzog Ernst Ludwig von Hessen und bei Rhein in der Bibliothek von Schloss Wolfsgarten Pastell, 1915. WO H 8224
(Seite 15)

Hessische Hausstiftung, Schlossmuseum Darmstadt

Hanns Pellar: Großherzog Ernst Ludwig von Hessen und bei Rhein, Kohle und Farbkreide auf Karton, 1914. DA H 21006
(Seite 29)

Prinzessin Victoria von Battenberg: Karikatur auf Ernst Ludwigs Erzieher Moritz Muther (?)
Tusche und Aquarellfarbe auf Papier, Cowes 1885. DA H K 21008
(Seite 35)

August Noack: Prinzessin Elisabeth von Hessen und bei Rhein
Öl auf Leinwand, 1888. DA B 21627
(Seite 65)

August Noack: Prinz Karl von Hessen und bei Rhein
Öl auf Leinwand, 1888. DA B 21628
(Seite 65)

Erbgroßherzog Ernst Ludwig von Hessen und bei Rhein mit seinen Leipziger Studienfreunden, v.l.n.r. Unbekannt, Ernst Ludwig, Rudolf G. Binding, Gustav von Römheld
Fotografie Leipzig, 1889/90. DA B 21803 b
(Seite 52)

Erbgroßherzog Ernst Ludwig von Hessen und bei Rhein mit seinen Leipziger Studienfreunden v.l.n.r. Unbekannt, Gustav von Römheld, Ernst Ludwig, Rudolf G. Binding
Fotografie, Leipzig 1889/90. DA B 21803 f
(Seite 50)

Schmuckblatt auf die Krönung von Zar Nikolaus II. und Zarin Alexandra Feodorowna von Russland, geb. Prinzessin von Hessen
Papier, Mai 1896. DA H 21035
(Seite 46)

Josefine Swoboda (?): Prinzessin Elisabeth von Hessen und bei Rhein
Aquarell, um 1899. DA H 21423
(Seite 85)

Walter Illner: Großherzog Ernst Ludwig von Hessen und bei Rhein
Aquarell und Bleistift auf Papier, wohl 1913. DA H 21011
(Seite 121)

Walter Illner: Großherzogin Eleonore von Hessen und bei Rhein
Aquarell auf Papier, wohl 1913. DA H 21012
(Seite 121)

Franz Huth: Großherzog Ernst Ludwig von Hessen und bei Rhein auf dem Totenbett
Pastell, Oktober 1937. DA H 22063
(Seite 206)

Hessisches Landesmuseum Darmstadt

Josef Emil Schneckendorf (Entwurf), Großherzogliche Edelglasmanufaktur Darmstadt (Ausführung): Flache Schale
Glas, Metallsalze, um 1908. Inv. Nr. Kg 64:183
Foto: Hessisches Landesmuseum Darmstadt, CC BY-SA 4.0
(Seite 135)

Großherzogliches Familienarchiv im Hessischen Staatsarchiv Darmstadt (HStAD)

Vorlesungsplan des Erbgroßherzogs Ernst Ludwig von Hessen und bei Rhein während des ersten Studiensemesters an der Universität Leipzig
Mai 1889. D 24 13/3
(Seite 55)

Großherzogin Alice von Hessen und bei Rhein: Wolfach im Schwarzwald
Bleistift auf Papier, 1876. D 24 Nr. 11/1-4, Teil 5
(Seite 34)

Prinz Friedrich Wilhelm von Hessen und bei Rhein auf dem Totenbett
Kolorierte Fotografie, Darmstadt, Mai 1873.
D 24 Nr. 18/5
Foto: Nasser Amini
(Seite 78)

Rosen vom Totenbett des Prinzen Friedrich Wilhelm von Hessen und bei Rhein
Mai 1873. D 24 Nr. 18/5
Foto: Nasser Amini
(Seite 78)

Typoskriptseite aus Kapitel III. der Erinnerungen mit handschriftlichen Ergänzungen Großherzog Ernst Ludwigs. D 24 Nr. 32/8a
(Seite 25)

Großherzogin Victoria Melita von Hessen und bei Rhein mit Prinzessin Elisabeth
Fotografie, November 1895. D 24 Nr. 66/1
Foto: Nasser Amini
(Seite 84)

Tedeum zu Ehren Königin Victorias von Großbritannien und Irlands aus Anlass ihres 60-jährigen Regierungsjubiläums, St. Paul's Cathedral, London, 20. Juni 1897.
Fotografie, London, 20. Juni 1897. D 24 Nr. 66/1
Foto: Nasser Amini
(Seite 43)

Zarskoje Selo bei St. Petersburg, die Residenz des letzten Zarenpaares: Aquarelliertes Albumblatt mit Fotografien und den Unterschriften von Zar Nikolaus II., Zarin Alexandra, Großfürst Sergej, Großfürstin Elisaweta und Großfürst Pawel von Russland
Mai 1897. D 24 Nr. 66/1
(Seite 96)

Familienbesuch auf Schloss Wolfsgarten
Fotografie, 1896. D 24 Nr. 66/1
Foto: Nasser Amini
(Seite 74)

Einladung zur „Großherzoglichen Tafel" aus Anlass des 18. Geburtstags von Erbgroßherzog Ernst Ludwig von Hessen und bei Rhein
Darmstadt, 25.11.1886. D 24 Nr. 31/2
(Seite 39)

Mitglieder des „Alice Frauenvereins" mit verwundeten Soldaten während des Deutsch-Französischen Krieges
Fotografie, Darmstadt, 1870/71. R 4 Nr. 1672
(Seite 81)

Prinz Friedrich Wilhelm von Hessen und bei Rhein
Fotografie, Oktober 1872. R 4 Nr. 18888 UF
(Seite 94)

Großherzog Ludwig III. von Hessen und bei Rhein
Fotografie, um 1865. R 4 Nr. 32236 UF
(Seite 60)

Festzug in der oberen Rheinstraße anlässlich des Besuches von Kaiser Wilhelm II. in Darmstadt
Fotografie, 25. April 1890. R 4 Nr. 39556
(Seite 90)

Blick auf die Mathildenhöhe von Südosten her.
Fotografie, Darmstadt, nach 1908.
R 4 Nr. 39388
(Seite 137)

Das Festspielhaus in Bayreuth
Fotografie. R 4 Nr. 20892
(Seite 138)

Das großherzogliche Hoftheater in Darmstadt
Fotografie, um 1900. R 4 Nr. 39738
(Seite 145)

Hessische Soldaten beim Ausmarsch auf der Darmstädter Rheinstraße
Fotografie, August 1914. R 4 Nr. 24657
(Seite 170)

Der deutsche Fürstentag des Jahres 1863 in Frankfurt am Main
Fotografie. R 4 Nr. 29373
(Seite 178)

Großherzog Ernst Ludwig von Hessen und bei Rhein
Fotografie, um 1925. R 4 Nr. 39198
(Seite 205)

Das Hessische Landesmuseum Darmstadt
Fotografie, um 1900. R 4 Nr. 39735
(Seite 195)

Die Enthüllung des Bismarckdenkmals auf dem Darmstädter Ludwigsplatz
Fotografie, 1. April 1905. R 4 Nr. 21443
(Seite 163)

Staatsminister Carl von Ewald
Fotografie, 1910. R 4 Nr. 1297
(Seite 168)

Königin Victoria von Großbritannien und Irland
Fotografie, um 1885. D 27 A Nr. ½
(Seite 111)

Freiherr Maximilian von Heyl und seine Ehefrau Dorothea
Fotografie, um 1875. D 27 A Nr. 3/24
(Seite 132)

Großherzogin Alice von Hessen und bei Rhein
Fotografie, um 1873. D 27 A Nr. 7/307
(Seite 76)

Das Wohn- und Arbeitszimmer Großherzog Ludwigs IV. von Hessen und bei Rhein im Darmstädter Neuen Palais
Fotografie, 1891. D 27 A Nr. 9/22
(Seite 72)

Ernst Ludwig in der Uniform eines Seconde-Lieutenant des Leibgarde-Infanterie-Regiments (1. Großherzoglich Hessisches) Nr. 115
Fotografie, Darmstadt 1885. D 27 A Nr. 40/183
(Seite 38)

Prinzessin Marie „May" von Hessen und bei Rhein
Fotografie, Eastbourne 1878. D 27 A Nr. 40/50
(Seite 102)

Großfürst Sergej und Großfürstin Elisaweta „Ella" von Russland, Prinzessin Victoria und Prinz Ludwig von Battenberg, um 1885.
D 27 A Nr. 40/158
(Seite 103)

Erbgroßherzog Ernst Ludwig von Hessen und bei Rhein (links) mit seinem Schwager Prinz Heinrich von Preußen
Fotografie, Darmstadt 1887. D 27 A 40/204
(Seite 105)

Großherzog Ludwig IV. von Hessen und bei Rhein (Mitte) mit seinen Geschwistern Anna, Heinrich (rechts) und Wilhelm
Fotografie, Darmstadt 1861. D 27 A Nr. 48/60
(Seite 67)

Großherzog Ludwig IV. von Hessen und bei Rhein
Fotografie, 1875. D 27 A Nr. 48/275
(Seite 70)

Hofball in Renaissancekostümen: Ernst Ludwig mit seiner Schwester Alix und seinem Vater, Großherzog Ludwig IV., Darmstadt 1891.
Fotografie, Darmstadt, 1891. D 27 A Nr. 48/374
(Seite 153)

Der 45. Geburtstag Großherzog Ludwigs IV. von Hessen
Fotografie, Darmstadt, 12. September 1882.
D 27 A Nr. 48/321
(Seite 57)

Queen Victoria von England mit der Familie Ludwigs IV. von Hessen und bei Rhein
Fotografie, Windsor Castle, Februar 1879.
D 27 A Nr. 48/315
(Seite 109)

König Edward VII. und Königin Alexandra von England mit der Familie Großherzog Ludwigs IV. von Hessen
Fotografie, Darmstadt, 3.4.1880.
D 27 A Nr. 48/307
(Seite 115)

Prinzessin Victoria von Battenberg, Marchioness of Milford-Haven
Fotografie, 1936. D 27 A Nr. 111/194
(Seite 86)

Großherzog Ludwig IV. und Großherzogin Alice von Hessen und bei Rhein mit ihren Kindern im Garten des Neuen Palais in Darmstadt
Fotografie, Darmstadt, Oktober 1872.
D 27 A Nr. 60/41
(Seite 32)

Großherzog Ernst Ludwig von Hessen und bei Rhein mit seinen Söhnen Georg Donatus (links) und Ludwig
Fotografie, um 1925. D 27 A Nr. 78/53
(Seite 30)

Schloss Wolfsgarten
Fotografie, um 1900. D 27 A Nr. 89/2
(Seite 75)

Einzug der indischen Fürstlichkeiten anlässlich der Krönungs-Durbar zu Ehren König Edwards VII. von Großbritannien und Irland. Der Festzug vor der Westseite der Jama Masjid
Fotografie, Delhi, 1. Januar 1903. D 27 A 92/129
(Seite 48–49)

Großherzog Ernst Ludwig und Großherzogin Eleonore von Hessen und bei Rhein anlässlich des Renaissancefestes im Jahr 1906
Fotografie, Darmstadt 1906. D 27 A Nr. 79/2
(Seite 154)

Kaiserin Eugenie von Frankreich
Fotografie, 1873. D 27 A Nr. 49/7
(Seite 180)

Die großherzogliche Familie mit verwundeten Soldaten
Fotografie, Schloss Wolfsgarten, 18.10.1918.
D 27 A Nr. 65/538
(Seite 175)

Großherzog Ernst Ludwig von Hessen und bei Rhein (links) mit seinem Schwager, Zar Nikolaus II. von Russland, auf dem Rücksitz eines Automobils der Firma Opel
Fotografie, Friedberg 1910. D 27 A Nr. 5/8
(Seite 107)

Die großherzogliche Familie bei der Einweihung des Denkmals für die Gefallenen des Großherzoglich-Hessischen Regiments Nr. 117
Fotografie, Mainz, 1. Juli 1933. D 27 A 110/249
(Seite 201)

Die großherzogliche Familie während der Bayreuther Festspielsaison
Fotografie, nach 1933. D 27 A 112/103
(Seite 140)

Kaiser Wilhelm II.
Fotografie, um 1900. D 27 B 1790
(Seite 125)

Kronprinz Friedrich (III.) und Kronprinzessin Victoria von Preußen
Fotografie, um 1865. D 27 Nr. B 311
(Seite 82)

Ernst Ludwigs ältere Schwestern, die Prinzessinnen Victoria (stehend), Elisabeth (Mitte) und Irène von Hessen und bei Rhein
Fotografie, 1875. D 27 B 326
(Seite 36)

Großfürstin Elisaweta Feodorowna von Russland
Fotografie, um 1900. D 27 B 2131
(Seite 89)

Großfürstin Elisaweta Feodorowna von Russland in der Tracht des von ihr gegründeten Martha-Marienstiftes
Fotografie, Moskau, 1910. D 27 B 2117 UF
(Seite 92)

Prinzessin Irène von Preußen
Fotografie, Schloss Wolfsgarten, um 1906.
D 27 B 719/3 UF
(Seite 93)

Prinzessin Alix von Hessen, die spätere Zarin Alexandra Feodorowna von Russland
Fotografie, Harrogate, 1894. D 27 B 2073
(Seite 95)

Die Kinder von Zar Nikolaus II. von Russland, v.l.n.r. Großfürstin Tatiana und Großfürstin Anastasia, Großfürst Alexej, Großfürstin Maria und Großfürstin Olga
Fotografie, 1910. D 27 B Nr. 2070
(Seite 98)

Großherzog Ernst Ludwig von Hessen und bei Rhein (links) mit seinem Schwager, Zar Nikolaus II., an Bord der kaiserlichen Yacht Standart. Im Hintergrund v.l.n.r. die Zarentöchter Maria und Tatiana, Prinz Ludwig und Großherzogin Eleonore von Hessen und bei Rhein.
Fotografie, 1912. D 27 B 2198/9
(Seite 190)

Großherzog Ernst Ludwig von Hessen und bei Rhein empfängt Kaiser Wilhelm am Bahnhof Egelsbach, v.l.n.r. Großherzog Ernst Ludwig, Zar Nikolaus II. von Russland, Kaiser Wilhelm II., Prinz Heinrich von Preußen
Fotografie, 1903. D 27 B Nr. 597/2 UF
(Seite 155)

Prinzessin Alix von Hessen und bei Rhein
Fotografie nach einem Pastell von Friedrich August von Kaulbach, 1892. D 27 B Nr. 2024
(Seite 131)

Großherzog Ernst Ludwig von Hessen und bei Rhein und seine als Lazarettschwester tätige Ehefrau Eleonore bei einem Zusammentreffen nahe der Kriegsfront. Im Hintergrund Prinz Wolfgang von Hessen
Fotografie, Frankreich 1915. D 27 B 607
(Seite 173)

Der erste „Verkaufstag der Großherzogin". In der Mitte stehend, v.l.n.r. Landgräfin Margarethe von Hessen, Großherzogin Eleonore , Großherzog Ernst Ludwig, Prinzessin Victoria von Battenberg
Fotografie, Darmstadt, November 1908.
D 27 B Nr. 609 UF
(Seite 193)

Kaiser Franz Joseph von Österreich
Fotografie, um 1910. O 3 Nr. 345/70
(Seite 183)

Hochzeitsgesellschaft anlässlich der Trauung des Prinzen Andreas von Griechenland und der Prinzessin Alice von Battenberg, vordere Reihe v.l.n.r. Großfürstin Tatiana von Russland, Prinzessin Elisabeth von Hessen, Großfürstin Olga von Russland. 2. Reihe v. l. Großherzog Ernst Ludwig von Hessen, Prinz Nikolaus und Prinzessin Elena von Griechenland, Prinz George und Prinzessin Louise von Battenberg, Großfürstin Anastasia, Zarin Alexandra und Großfürstin Maria Nikolajewna von Russland. 3. Reihe v. l. Königin Olga von Griechenland, Herzogin Vera von Württemberg, Prinz Christoph von Griechenland, Zar Nikolaus II. von Russland, Kronprinz Konstantin von Griechenland, Großfürstin Elisaweta von Russland, Prinz Georg von Griechenland. 4. Reihe v. l. Prinz Heinrich und Prinzessin Irène von Preußen, Prinzessin Victoria von Battenberg, Fürstin Marie zu Erbach-Schönberg, Großfürst Sergej von Russland, Prinzessin Victoria von Wales, Königin Alexandra von England, Großfürstin Maria Pawlowna d.J. von Russland, König Georg I. von Griechenland, Großfürst Dimitrij von Russland, Landgraf Friedrich Karl von Hessen, Großfürst Georgij und Großfürstin Maria Georgijewna von Russland, Kronprinzessin Sophie von Griechenland, Landgräfin Margarethe von Hessen.
Fotografie, Darmstadt, Oktober 1903
O 59 Becker Familie Nr. 157/32
(Seite 120)

Hessische Universitäts- und Landesbibliothek Darmstadt

Bühnenbildentwurf Großherzog Ernst Ludwigs für die Darmstädter Inszenierung der Oper „Aida" von Giuseppe Verdi im Jahr 1914, 1. Akt, 1. Bild
Aquarell und Bleistift auf Papier. K-3-37
(Seite 149)

Entwurf Großherzog Ernst Ludwigs für eine Gralstruhe im Rahmen der Darmstädter Erstaufführung der Oper „Parsifal" von Richard Wagner am 19. September 1915
Tusche und Bleistift auf Papier. K-3-38
(Seite 150)

Entwürfe Großherzog Ernst Ludwigs für „Act I, 1.Bild" und „Act III., 1. Bild" der Darmstädter Erstaufführung der Oper „Parsifal" von Richard Wagner am 19. September 1915.
Tusche und Bleistift auf Papier. K-3-38
(Seite 151)

Insitut Mathildenhöhe, Städtische Kunstsammlung Darmstadt

Joseph Maria Olbrich / Hof- und Buchdruckerei Heinrich Hohmann, Darmstadt, Plakat für die Ausstellung der Künstlerkolonie, 1901, Farblithografie, 82,0 x 50,0 cm, Institut Mathildenhöhe, Städtische Kunstsammlung Darmstadt
Foto: Gregor Schuster
(Seite 134)

Joseph Maria Olbrich (Entwurf), Schmuckkästchen, um 1901, Mahagoni, Intarsien aus Perlmutt und Elfenbein, Kupferbeschläge, 40,2 x 20,0 x 14,9 cm, Institut Mathildenhöhe, Städtische Kunstsammlung Darmstadt
Foto: Gregor Schuster
(Seite 134)

Royal Collection (Mit freundlicher Genehmigung Seiner Majestät König Charles III.)

Die Prinzen von Battenberg mit ihren hessischen Verwandten
Fotografie, Osborne House, Juli 1885.
RCIN 2904305
(Seite 63)

Trauerzug für Königin Victoria von England
Fotografie, London, Januar 1901. RCIN 2916457
(Seite 45)

Königin Victoria und die großherzogliche Familie vor dem Neuen Palais in Darmstadt, in der Kutsche sitzend, v.l.n.r. Erbgroßherzog Ernst Ludwig von Hessen, Königin Victoria und Prinzessin Victoria von Battenberg. Großherzog Ludwig IV. von Hessen (2.v.r.). Auf dem Treppenabsatz stehend, v.l.n.r. Prinz Heinrich und Prinzessin Beatrice von Battenberg, Prinzessin Alix von Hessen, 29. April 1890.
RCIN 2105931
(Seite 113)

Großherzogin Alice von Hessen und bei Rhein
Erbgroßherzog Ernst Ludwig von Hessen und bei Rhein
Tusche und Bleistift auf Papier, Kranichstein, 1875. RCIN 980089
(Seite 80)

Heinrich von Angeli
Großherzog Ludwig IV. von Hessen und seine Familie
Öl auf Leinwand, 1878. RCIN 408904
(Seite 127)

Der Bearbeiter hat die Quellenlage mit größter Sorgfalt recherchiert und die Nennung der Rechtinhaber dementsprechend vorgenommen. Sollte dennoch eine Quelle nicht hinreichend belegt worden sein, bittet der Verlag um einen entsprechenden Hinweis des Rechtinhabers.